教育部人文社会科学重点研究基地重大项目资助

政府信息资源管理标准化

张晓娟 著

科学出版社
北京

内 容 简 介

本书立足于推进我国政府信息资源管理的标准化。首先，在宏观层面上，对政府信息资源标准化体系进行顶层设计；其次，在微观层面上，围绕政务信息资源目录体系建设、政府信息服务评估、政府信息元数据与互操作等核心内容，对政府信息资源的组织、服务和技术的标准化进行研究，并探讨政府信息资源管理绩效评估体系和安全标准体系两大标准化保障体系；最后，针对数据开放背景下的政府信息资源管理标准化，从国际上政府数据开放的模式以及政府数据开放网站的影响力等方面进行探讨，重点分析我国政府数据开放的提升路径。

本书可供各高等院校电子政务专业、信息资源管理专业、公共管理专业相关教学人员、科研人员和学生及政府信息化机构的管理者、工作者阅读。

图书在版编目(CIP)数据

政府信息资源管理标准化/张晓娟著. —北京：科学出版社，2020.3
ISBN 978-7-03-064573-9

Ⅰ. ①政… Ⅱ. ①张… Ⅲ. ①国家行政机关－信息管理－资源管理－标准化管理 Ⅳ. ①D035.1

中国版本图书馆 CIP 数据核字(2020)第 035928 号

责任编辑：陈 静 王楠楠 / 责任校对：张凤琴
责任印制：吴兆东 / 封面设计：迷底书装

科学出版社出版
北京东黄城根北街 16 号
邮政编码：100717
http://www.sciencep.com

北京中石油彩色印刷有限责任公司 印刷
科学出版社发行 各地新华书店经销
*
2020 年 3 月第 一 版　　开本：720×1 000　1/16
2020 年 3 月第一次印刷　　印张：13 1/2　　插页：2
字数：262 000
定价：109.00 元
(如有印装质量问题，我社负责调换)

前　　言

在信息时代，信息作为不可或缺的宝贵资源，对于经济和社会的发展有着日益突出的作用和贡献，许多国家已经把信息资源看作竞争的核心战略资源。政府信息资源来源多样、范围广泛，不仅关系到政府内部事务，也与社会和公民息息相关，是国家信息资源的重要组成部分。政府信息资源管理是否科学有效，是否具备和符合制度规范，已成为影响政府行政能力甚至社会发展水平的一个重要因素。而标准化是制度化的一种表现形式，将标准化管理方法引入政府信息资源管理领域，使政府信息资源的收集、存储和开发利用等流程能够有章可循，按照统一的标准进行，不仅有利于提升政府行政效率，而且对于消除政府信息孤岛，促进信息共享大有裨益。在这种背景下政府信息资源管理标准化的研究呼之欲出。

本书是笔者长期关注该领域的阶段性成果，也是教育部人文社会科学重点研究基地重大项目"政府信息资源管理标准化"（项目编号：13JJD870004）的结项成果。由初期的专家调查讨论，到课题组成员分工合作，对每个子课题进行严谨的论证，最终产生了一系列研究成果，这些成果构成了本书的主体。政府信息资源管理标准覆盖范围极其广泛，包括宏观管理标准体系，采集、鉴定、保存、交换、传递、共享和利用等信息生命周期各环节的标准，以及应用技术标准，绩效评估和安全保障标准等，这些都是彼此联系、密切相关的。作为课题成果，本书在构建政府信息资源管理标准化体系的基础上，主要围绕政府信息资源组织的标准化、政府信息服务的标准化、政府信息资源管理技术的标准化、政府信息资源管理标准化保障体系以及数据开放背景下的政府信息资源管理标准化等主题来展开。

需要说明的是，政府信息公开目录体系建设作为政府信息公开标准化的组成内容，限于篇幅，课题成果未能在本书中呈现。此外，笔者清醒地认识到，本书在体例与内容的安排上难免有不够科学的地方，加之笔者水平和能力的限制，在写作过程中也不免存在局限和不足之处。借本书出版之际，恳请专家、同行批评指正，以便笔者在日后的研究中进一步改进和完善。

本书参阅和引用了诸多前人的成果，其完成离不开国内外众多相关成果的有益借鉴。在本书出版之际，还要感谢以下成员的协助：董克、唐长乐、邓福成、李淑媛、杨文绮、肖思利、陈诚、郭娟、谢芳芳、王文强、刘梦怡、张梦田、陈丹凤、刘亚茹、段先娥、谢志成、任文华、向锦鹏、孙成和翟丹。

张晓娟

2018 年 12 月于珞珈山

目　录

前言

第1章　绪论 ·· 1
1.1　政府信息资源与政府信息资源管理概述 ······················· 1
1.1.1　政府信息资源定义 ··· 1
1.1.2　政府信息资源管理定义 ··································· 1
1.2　标准及标准化的概念 ··· 2
1.2.1　标准 ··· 2
1.2.2　标准化 ·· 2
1.3　政府信息资源管理标准化概述 ·································· 2
1.3.1　政府信息资源管理标准化的必要性 ····················· 2
1.3.2　政府信息资源管理标准化的内容 ························ 3
1.3.3　政府信息资源管理标准化相关文献计量 ··············· 3
参考文献 ··· 5

第2章　政府信息资源管理标准化体系 ································· 6
2.1　国内外政府信息资源管理标准化体系建设 ····················· 6
2.1.1　国外政府信息资源管理标准化体系建设 ··············· 6
2.1.2　我国政府信息资源管理标准化体系建设 ·············· 13
2.2　国内外政府信息资源管理标准化体系研究 ··················· 14
2.2.1　国外政府信息资源管理标准化体系研究 ············· 15
2.2.2　我国政府信息资源管理标准化体系研究 ············· 16
2.3　我国政府信息资源管理标准化体系顶层设计 ················ 17
2.3.1　维度与指标选取 ·· 17
2.3.2　维度与指标体系的确定 ································· 18
2.3.3　确定指标权重 ·· 19
2.3.4　应用前景 ·· 23
参考文献 ··· 24

第3章　政府信息资源组织的标准化——政务信息资源目录体系建设 ··· 27
3.1　我国政务信息资源目录体系研究述评 ························· 27

####### 3.1.1 数据统计与分析 ···28
####### 3.1.2 我国政务信息资源目录体系研究的主要内容 ··31
3.2 我国政务信息资源目录体系建设 ···35
####### 3.2.1 我国政务信息资源目录体系建设的第一阶段(2003 年~2007 年 8 月) ···············35
####### 3.2.2 我国政务信息资源目录体系建设的第二阶段(2007 年 9 月~2017 年 5 月) ·········39
####### 3.2.3 我国政务信息资源目录体系建设的第三阶段(2017 年 6 月至今) ·······················44
####### 3.2.4 我国政务信息资源目录体系建设的成就与不足 ··45
####### 3.2.5 推进我国政务信息资源目录体系建设的建议 ···47
参考文献 ···48

第 4 章 政府信息服务的标准化——基于用户的政府信息服务评价 ····································52
4.1 基于用户满意度的政务微信服务质量评价模型及其实证研究 ·······································52
####### 4.1.1 基于用户满意度的政务微信服务质量评价模型构建 ··53
####### 4.1.2 政务微信服务质量评价模型的实证分析 ··56
4.2 政务 APP 使用意向影响因素及其实证研究 ··61
####### 4.2.1 政务 APP 使用意向影响因素模型 ···61
####### 4.2.2 政务 APP 持续使用评价模型的实证分析 ···66
参考文献 ···75

第 5 章 政府信息资源管理技术的标准化——元数据与互操作 ···79
5.1 政府信息资源管理元数据概述 ···79
####### 5.1.1 政府信息资源管理元数据的定义 ··79
####### 5.1.2 国外政府信息资源管理元数据标准研究 ··80
####### 5.1.3 国内政府信息资源管理元数据标准研究 ··81
5.2 我国政府信息元数据标准体系框架构建 ···83
####### 5.2.1 我国政府信息元数据标准规范 ··83
####### 5.2.2 基于政府信息多维特征和生命周期的元数据标准体系框架的构建 ······················85
####### 5.2.3 政府信息元数据标准体系框架的应用流程 ···94
5.3 政府信息资源元数据语义互操作模式 ···95
####### 5.3.1 政府信息资源语义互操作 ··96
####### 5.3.2 政府信息资源单领域的元数据语义互操作模式 ···97
####### 5.3.3 政府信息资源多领域的元数据语义互操作模式 ···100
5.4 国外政府信息资源互操作标准体系实例分析 ···103
####### 5.4.1 美国政府信息资源互操作标准体系 ···104
####### 5.4.2 欧盟政府信息资源互操作标准体系 ···108

  5.4.3 欧洲一些国家政府信息资源互操作标准体系 ·· 109
  5.4.4 国外政府信息资源互操作标准体系建设经验与借鉴 ······························ 111
 参考文献 ·· 114

第6章 政府信息资源管理标准化保障体系 ·· 119
 6.1 政府信息资源管理绩效评估标准体系 ··· 119
  6.1.1 国内外政府信息资源管理绩效评估体系研究概况 ································ 119
  6.1.2 我国政府信息资源管理绩效评估体系的构建 ······································ 124
 6.2 政府信息安全标准体系 ·· 129
  6.2.1 政府信息安全标准体系建设的背景和意义 ·· 129
  6.2.2 政府信息安全标准研究概况 ·· 131
  6.2.3 国外政府信息安全标准体系建设现状 ·· 135
  6.2.4 我国政府信息安全标准体系建设现状 ·· 147
  6.2.5 我国政府信息安全标准体系的构建 ·· 153
 参考文献 ·· 160

第7章 数据开放背景下的政府信息资源管理标准化 ································ 168
 7.1 基于国际评估体系的政府数据开放模式与路径分析 ························ 168
  7.1.1 全球政府数据开放发展的现状与特征 ·· 168
  7.1.2 政府数据开放的模式分析与选择 ··· 184
  7.1.3 我国政府数据开放的提升路径分析与选择 ··· 189
 7.2 基于流量与链接特征的国际政府开放数据网站影响力评估 ············· 195
  7.2.1 流量分析与链接分析方法的应用 ··· 195
  7.2.2 描述统计结果、指标相关分析及综合评测 ··· 197
  7.2.3 国际政府开放数据网站影响力评估 ·· 201
 参考文献 ·· 203

附录A ··· 205

附录B ··· 207

彩图

第 1 章 绪 论

政府由于其公共和社会管理的独特职能,在整个行政管理过程中会产生和使用大量的信息,形成了丰富多样的政府信息资源;政府信息资源涵盖范围和来源广泛,不仅与政府行政管理事务紧密联系,也与社会发展息息相关,是国家信息资源的重要组成部分。政府信息资源管理是否科学有效,是否具备和符合制度规范,已成为影响政府行政能力甚至社会发展水平的一个重要因素。标准化管理作为科学管理的一个重要手段,同时是制度化的一种表现形式,将标准化管理方法引入政府信息资源管理领域,能使政府信息资源的收集、存储和开发利用等流程有章可循,按照统一的标准进行,从而提升政府信息资源管理的效率。如何科学合理地将标准化管理的相关理论、原则、方法和技术应用到政府信息资源管理中,实现政府信息资源管理的标准化也是目前学术界和政府管理工作中亟待解决的问题。

本章围绕政府信息资源管理标准化,对相关的基本概念和基本内容进行阐释,为后续研究奠定基础。

1.1 政府信息资源与政府信息资源管理概述

1.1.1 政府信息资源定义

狭义上的政府信息资源是指政府在履行职能过程中形成的信息,主要指政府职能履行中产生、收集、处理、传播或处置的信息内容本身;广义上的政府信息资源不仅包括政府自身形成的信息,还包括与该信息形成相关的人和技术等要素,即政府信息资源是政府信息、政府信息生产者、资金、信息技术等政府信息活动要素的集合[1]。本书采用的是广义上的定义。

1.1.2 政府信息资源管理定义

政府信息资源管理(Government Information Resources Management,GIRM)是与政府信息资源开发及利用有关的决策、计划、预算、组织、指导、培训和控制活动,特别是与信息内容及其有关的资源如人员、设备、资金和技术等的管理[2]。现代政府信息资源管理起源于记录管理,此后逐步成为各国政府管理的重要组成部分[3];社会信息化是政府信息资源管理发展的动力,历经数十年的发展,现今世界各国的政府信息资源管理都朝着电子政务的方向发展,电子政务也为政府信息资源管理提供了新的手段和机会。政府信息资源管理水平是影响政府行政能力甚至社会发展水平的一个重要因素,政府信息资源管理研究日益受到学界的关注。

1.2 标准及标准化的概念

1.2.1 标准

标准是对一定范围内的重复性事物和概念所做的统一规定。它以科学、技术和实践经验的综合成果为基础,以获得最佳秩序、促进最佳社会效益为目的,经有关方面协商一致,由主管机构批准,以特定形式发布,作为共同遵守的准则和依据[4]。它是发明和创新的基石,是实现信息交流、沟通和共享的基础。按标准的级别分类,有国际标准、国家标准、行业标准、地方标准和企业标准;按标准的性质分类,有技术标准、管理标准和工作标准;按标准的功能分类,有基础标准、产品标准、方法标准、安全标准、卫生标准、环保标准和管理标准;按标准的属性分类,有强制性标准和推荐性标准。标准、规范、指南都是标准化的重要文件形式,本书将三者统称为标准。

1.2.2 标准化

标准化是制度化的一种表现形式,是为了在既定范围内获得最佳秩序,促进共同效益,对现实问题或潜在问题确立共同使用和重复使用的条款以及编制、发布与应用文件的活动[5],它是科学、技术和经验的综合成果,旨在得到最佳的社会效益[6]。

关于管理标准化和标准化管理的区别:管理标准化是过程,强调对某类事物的管理进行规范化的过程;标准化管理是目标,经由规范化的过程不断趋向标准化的管理,它是科学管理的重要手段之一。

1.3 政府信息资源管理标准化概述

1.3.1 政府信息资源管理标准化的必要性

2015年12月17日国务院发布的《国家标准化体系建设发展规划(2016—2020年)》中,"加强政府管理标准化,提高行政效能"成为我国标准化建设的重点领域。该文件明确提出:"加强权力运行监督、公共服务供给、执法监管、政府绩效管理、电子政务等领域标准制定与实施,构建政府管理标准化体系,树立依法依标管理和服务意识,建设人民满意政府。"政府信息资源管理作为其中的重要部分,得到了政府的强调和重视。

我国于20世纪90年代开始发展电子政务,而今也遇到了发达国家信息化早期遇到的问题,如信息孤岛,没有有效的整体解决方案,注重部门信息系统建设、跨部门的资源共享难协调等。信息的种类繁多，已经发布的标准没有严格执行，导致了信息无序、格式异构、元数据不完整等问题。政府信息资源标准化的程度低，致使管理的各方面协同发展困难。因此，政府信息资源管理标准化势在必行。

1.3.2 政府信息资源管理标准化的内容

政府信息资源管理标准覆盖范围极其广泛，包括宏观管理标准体系，采集、鉴定、保存、交换、传递、共享和利用等信息生命周期各环节的标准，以及应用技术标准，绩效评估和安全保障标准等，这些是彼此联系、密切相关的。本书关于政府信息资源管理标准化的研究内容主要包括政府信息资源管理标准化体系、政府信息资源组织的标准化、政府信息服务的标准化、政府信息资源管理技术的标准化、政府信息资源管理标准化保障体系以及数据开放背景下的政府信息资源管理标准化。

1.3.3 政府信息资源管理标准化相关文献计量

笔者于2017年12月1日在中国知网（"中国学术期刊网络出版总库""中国博士学位论文全文数据库""中国优秀硕士学位论文全文数据库""中国重要会议论文全文数据库"和"国际会议论文全文数据库"）上检索相关文献，选择的检索词组合如表1-1所示，文献发表时间限制为2000年1月1日~2017年11月30日。剔除通信报道等学术价值不高、与主题关系度较低的文献后得到的检索结果如表1-1所示。剔除部分重复文献后，共得到450条结果。

表 1-1 文献检索结果（一）

检索词组合		检索结果/条
政府(政务)信息资源管理	标准化/规范化	13
政府(政务)信息资源管理	标准/规范/指南	30
政府(政务)信息资源	标准/规范/指南	155
政府(政务)信息资源	标准化/规范化	59
政府(政务)信息	标准/规范/指南	201
政府(政务)信息	元数据(标准)	98
政府(政务)信息	互操作	106
政府(政务)信息	绩效评估/绩效评价/绩效测评	134
政府(政务)+网站/门户/微博	绩效评估/绩效评价/绩效测评	113
政府(政务)信息	安全保障	47
检索结果剔除重复项后的总量		450

从图1-1年度分布折线图来看，可以更直观地发现我国的政府资源管理标准化研究在2000年后得到发展，在2007年左右达到小高峰，随后研究文献量较为稳定，在2014年稍有下跌后，2015年开始文献数量迅速增长，研究热度再次提升。可以说我国的政府信息资源管理标准化起步较晚，经过发展已经取得了一定的进展，在稳步发展后迎来新的研究高峰。

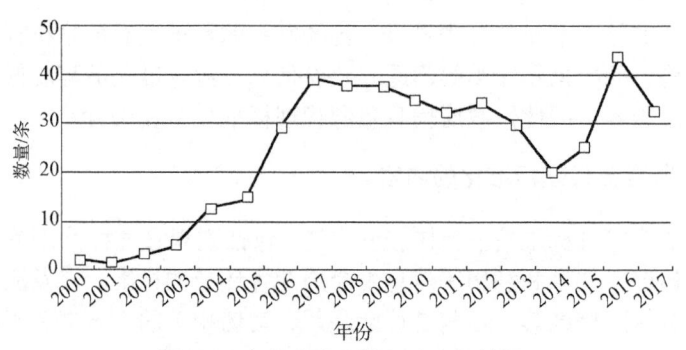

图 1-1 各年度发表的相关文献数量

将各年度研究文献中出现频率较高的关键词进行总结，得出表 1-2（政府信息、电子政务、标准等不计入）。根据出现频次较多的关键词，大致可以看出政府信息资源管理标准化研究热点的变迁：2003 年之前的研究集中在向国外学习元数据先进经验，之后信息公开、绩效评估、目录体系、信息安全等多方面多角度的研究百花齐放；互操作的研究出现得相对较晚，集中于 2010 年之后；2014 年出现了较多关于政务微博、规范化（管理）的探讨；另外，近年来随着服务型政府的建设，与信息服务密切相关的绩效评估、政府门户网站和信息公开一直是学者探索研究的热点。

表 1-2 高频关键词年度分布表

年份	2000	2001	2002	2003	2004	2005
高频关键词	元数据、GILS、信息政策	GILS、元数据	政府信息指引服务、元数据	政府信息公开、元数据、格式、GILS、DC-Government	指标体系、指标构建、绩效评估体系、语义模型、业务流程、安全管理	目录体系、交换体系、元数据标准、信息公开、政府网站、网站评估

年份	2006	2007	2008	2009	2010	2011
高频关键词	元数据、标准化、政府信息公开、门户网站、GILS、DC-Government	分类体系、资源目录、政府门户、目录体系、交换体系、元数据、绩效评估、互操作	元数据、网站绩效、目录体系、信息公开、分类体系、信息服务	元数据描述、政府网站、信息分类、目录体系、绩效评估、公共获取	元数据、目录体系、信息公开、绩效评估、互操作框架、标准体系	政府网站、绩效评估、语义互操作、元数据、政府门户网站

年份	2012	2013	2014	2015	2016	2017
高频关键词	元数据、互操作、绩效评估、标准体系、目录体系、评价指标	信息公开、绩效评估、政府门户网站、互操作、元数据	政府信息公开、绩效评估、互操作、政务微博、规范化（管理）	政府门户网站、信息标准化、信息公开、互操作	政府网站、绩效评价、大数据、信息公开、政府门户网站、信息安全	信息安全、政府网站、元数据、绩效评估、指标体系、开放政府数据

注：GILS 即政府信息定位服务（Government Information Locator Service），DC-Government 即都柏林核心-政府（Dublin Core-Government）

另外，笔者选择 Emerald、Springer、JSTOR、Taylor & Francis 和 ScienceDirect 五个外文数据库，限定时间为 2000 年 1 月 1 日～2017 年 11 月 30 日，将表 1-3 中的关键词进行组合检索，删去重复项后得到的检索结果中共 349 篇相关外文文献。

表 1-3　文献检索结果（二）

检索词组合		检索结果/条
government information (data)/ government information (data) resources management	standard/standards	70
government information (data)/ government information (data) resources management	Metadata	29
government information (data)/ government information (data) resources management	interoperation/interoperability	110
government information (data)/ government information (data) resources management	evaluation (appraisal)/performance evaluation (appraisal)/ auditing	113
government web (portal)	evaluation (appraisal)/performance evaluation (appraisal)/ auditing	93
剔除重复项后的总和		349

可以说，国外关于政府信息资源管理标准化的研究起步较早，众多学者对政府信息资源管理标准化进行了较为深入的研究，但是相较于其他学科，从信息资源管理学科的角度对政府信息资源管理标准化进行研究的成果较少。而近几年来随着对政府工作效率和公共服务的关注，与政府信息互操作和信息服务相关的研究得到了更多的关注。

参 考 文 献

[1] 王新才. 政府信息资源管理[M]. 北京: 科学出版社, 2011.
[2] 李绪蓉. 政府信息资源开发与管理[M]. 北京: 北京大学出版社, 2005.
[3] 冯惠玲. 政府信息资源管理[M]. 北京: 中国人民大学出版社, 2006.
[4] 程万高. 政府信息资源开发利用[M]. 北京: 科学出版社, 2009.
[5] 全国标准化原理与方法标准化技术委员会. 标准化工作指南 第 1 部分 标准化和相关活动的通用术语: GB/T 20000.1—2014[S]. 北京: 中国标准出版社, 2014.
[6] International Organization for Standardization. Standardization and Related Activities: General Vocabulary[M]. Ginebra: ISO/IEC, 2004.

第 2 章　政府信息资源管理标准化体系

政府信息资源管理标准覆盖范围广泛，包括宏观的标准体系，组织、公开、共享、服务、利用等政府信息资源管理业务流程相关的标准，以及应用技术标准、绩效评估和安全保障标准等，它们彼此联系、紧密相关。其中，政府信息资源管理标准化体系作为由政府信息资源管理系统范围内的、具有内在联系的标准组成的有序集合和科学有机整体，是促进政府信息资源管理系统内的标准组成趋向科学合理化的手段，是保证政府信息资源建设工程顺利实施的前提和基础[1]，是保障政府信息资源建设有序推进的关键要素[2]。

2.1　国内外政府信息资源管理标准化体系建设

建立完善的标准化体系不能仅停留在概念和理论层面，而应总结已有的实践经验，取长补短、推陈出新。国内外在政府信息资源管理标准化体系建设方面已经有不少的实践经验，虽然尚未建立一套能涵盖整个政府信息资源管理系统的完整体系，但这些具有不同特点的标准化框架或体系，能为政府信息资源管理标准化体系的充实、完善提供重要的借鉴。为此有必要对国内外已开展的政府信息资源管理标准化体系建设进行梳理总结。

2.1.1　国外政府信息资源管理标准化体系建设

国外政府信息资源管理标准化体系的建设体现为已形成多个政府信息资源管理标准化框架。国外政府信息资源管理标准化工作可以追溯到 1980 年美国颁布的《文书削减法》(Paperwork Reduction Act of 1980)。1975 年，美国国会成立了联邦文书委员会，该委员会先后向美国国会递交了 37 份报告。受该委员会工作的影响，1980 年美国国会通过了关于联邦政府的信息搜集、维护、使用和传递服务的《文书削减法》。《文书削减法》明确提出了"信息资源管理"概念和实施的具体框架，并且将记录管理的对象从记录扩展到文件、报告和记录中的信息。该法案包括信息资源管理的七个方面，即简化文书工作、数据处理和通信、统计、记录管理、信息共享和公开、信息政策和监督、组织发展和管理。该法案旨在利用信息资源管理的手段提高政府工作的效率，也使得政府信息资源管理逐渐走向规范化，自此以后，政府信息资源管理标准化工作不断推进。目前国外与政府信息资源管理标准化框架相关的实践以借鉴企业的政府组织架构、政务互操作框架和各类信息管理框架或电子政务架构为主，主要包括如下内容。

1. 美国联邦政府组织架构

早在20世纪90年代，美国联邦政府首席信息官（Chief Information Officer，CIO）委员会就开始着手研究政府信息资源管理标准化问题，并在1999年提出了联邦政府组织架构框架（Federal Enterprise Architecture Framework，FEAF）的研究报告。进入21世纪，随着美国电子政务战略以及《总统管理议程》中的24个总统优先项目的实施，共享联邦政府信息技术（Information Technology，IT）投资、实现政府信息资源的互联互通就显得尤其紧迫。因此，美国行政管理与预算局（Office of Management and Budget，OMB）根据联邦政府组织架构的基本精神，于2002年提出了联邦政府组织架构（Federal Enterprise Architecture，FEA），并为此成立了FEA管理办公室（Federal Enterprise Architecture Management Office，FEAMO）。从内容上来看，FEA和FEAF之间存在着很大的差异。FEAF主要基于IBM公司在20世纪80年代发展起来的、用于分析复杂的信息管理系统工程的基本思路和方法，特别是Zachman模型。但是，FEA则更多地从联邦政府行政管理本身的规律和特点出发，因此更具有可操作性。

FEA采用顶层设计的方法利用信息技术对行政系统实施管理，涵盖政府信息资源管理中的各类标准指南，自上而下地解决政府管理活动的各种问题[3]。因此FEA实质上是美国政府对联邦电子政务信息资源建设的统一规划，是一个用于改善政府工作、基于业务的电子政务总体框架；FEA通过一系列相关的参考模型来开展顶层设计。参考模型的定义是：从政府提供什么公共服务、以什么方式和手段提供、政府对公共服务目标与提供方式的支持和监督，以及达成目标需要的政府资源等方面去分析政府的职能和核心业务，建立政府提供的直接公共服务与间接公共服务之间的支撑关系。FEA参考模型包括绩效参考模型（Performance Reference Model，PRM）、业务参考模型（Business Reference Model，BRM）、服务构件参考模型（Service component Reference Model，SRM）、数据参考模型（Data Reference Model，DRM）、技术参考模型（Technical Reference Model，TRM）五层，如图2-1所示。设计这些参考模型的目的是方便机构分析、识别重复投资，识别信息化发展不平衡造成的部门数字鸿沟，识别联邦机构跨部门合作机会。FEA吸收了企业架构（Enterprise Architecture，EA）和面向服务的架构（Service-Oriented Architecture，SOA）的理念，以业务为驱动力，以公共服务为导向，结构、层次清晰，可操作性强，为其他国家和组织的电子政务标准化体系的建立提供了借鉴，成为电子政务总体框架的典范。

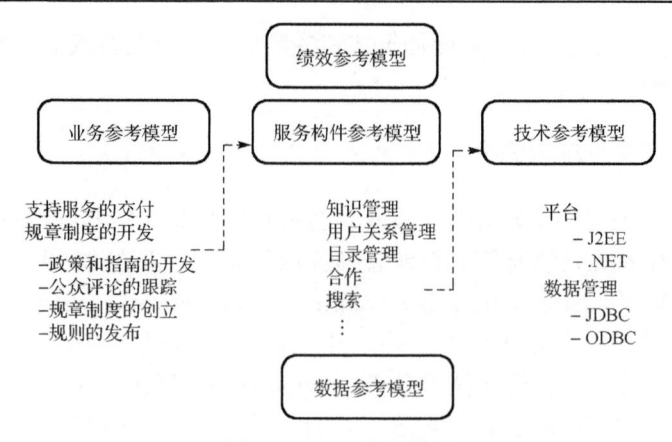

图 2-1 FEA 参考模型

资料来源：Federal Enterprise Architecture Management Office. FEA Practice Guidance

2. 英国电子政务互操作框架

为了加强政府公共部门之间数据和信息的互操作性，建立一种在公共部门之间能够以无缝隙的、前后一致的方式进行相互可操作的体系框架，英国内阁电子特使办公室在 2000 年便发布了电子政务互操作框架(e-Government Interoperability Framework，e-GIF，并保证每 6 个月更新一次，以确保各政府部门在统一的标准下能够协同运作，而且使信息可以在公共部门之间实现自由传递和共享。2004 年 6 月内阁办公室的电子政务处建立并接替电子特使办公室负责 e-GIF 的维护和更新，至 2005 年 3 月，e-GIF 已经更新至 6.1 版。

与美国的 FEA 不同，英国发布的 e-GIF 主要基于政府资源的信息管理(Information Management，IM)。因此，英国的电子政务总体设计主要表现在对技术标准的关注以促进不同系统之间的交互，以及开发电子服务的方法和步骤、用户访问的方式等方面[4]。其主要内容包括两大部分(表 2-1)：总体框架和数据管理。总体框架又包括政府高层的政策文件、技术政策与规范、电子服务开发框架、管理流程和实施制度；数据管理的内容包括电子政务元数据标准(e-Government Metadata Standard，e-GMS)、政府类别清单(Government Category List，GCL)、政府数据标准(Government Data Standard，GDS)目录、XML (Extensible Markup Language)标准、技术标准目录(Technical Standards Catalogue，TSC)。e-GIF 将政府信息资源管理标准化工作作为一个完整的信息工程，e-GIF 标准体系分为五个部分，包括网络互联、数据集成、内容管理元数据、电子服务访问和业务领域。e-GIF 实行统一管理并通过采取市场广泛支持的标准，借助信息资源标准化基础平台达到互操作的目的，保持公众部门间信息系统的一致性[5]；e-GIF 详细说明了构建联合的、基于 Web 的政府所需要的先决条件，它是英国整个电子政务战略的基石，对它的遵守也是强制性的。它是最成功的电子政务总体框架之一，在实际的电子政务建设中取得了巨大的成功。它保证了电子政务建设中不同信息系统间的互操作性，是整个英国电子政务建设的核心和总体框架。

表 2-1　e-GIF 的结构体系

e-GIF	总体框架	政府高层的政策文件
		技术政策与规范
		电子服务开发框架
		管理流程
		实施制度
	数据管理	电子政务元数据标准
		政府类别清单
		政府数据标准目录
		XML 标准
		技术标准目录

资料来源：Cabinet Office United Kingdom e-Government Interoperability Framework

3. 加拿大政府信息管理框架

加拿大政府将信息资源作为重要的战略资源来管理，并将信息资源管理作为政府管理的重要组成部分。1999 年，加拿大总理发布了国家电子政务战略计划——政府在线，提出到 2004 年底实现政府所有的信息和服务全部上网。在总理的亲自领导下，由财政部长负责电子政务的全面实施。值得注意的是，加拿大还采用了中央集权式的"自上而下"的实施思路，提出了"统一政府"的发展策略，由财政部统一负责跨地区和跨部门的电子政务整合。2001 年起，在加拿大财政部秘书处下设的首席信息主管分部 (Chief Information Officer Branch，CIOB) 领导下，形成了包括图书档案部门、公共事务部门和政府服务机构在内的跨部门工作组，开展信息资源管理的相关研究。2003 年 5 月加拿大政府发布了政府信息管理政策——*Policy on the Management of Government Information*，确定了政府信息管理的指导思想，并规定了各级信息管理部门及各类人员的主要职能。

加拿大于 2002 年 7 月制定了加拿大政府信息管理框架(Framework for the Management of Information in the Government of Canada，FMIGC)，自下而上分为三个层次，分别为基础、标准与指导原则、资源。其中，基础主要是关于政府信息管理的范围、前景、目标、原则、相关法律和政策等内容；标准与指导原则主要提供一些规范的强制性方法及描述性指南，为政府机构开发信息管理系统提供基础；资源部分主要包括面向政府工作人员的资源、面向信息管理专业人员的资源和专业活动指南三个方面的内容。FMIGC 如图 2-2 所示。

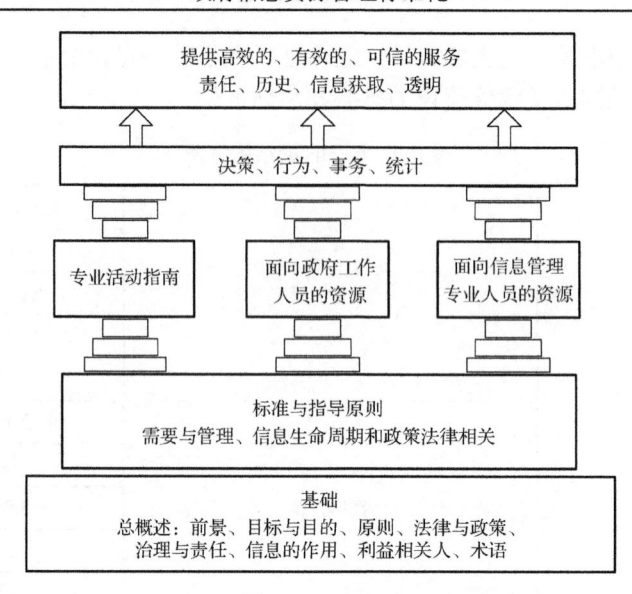

图 2-2　FMIGC

资料来源：Treasury Board of Canada Secretariat. Framework for the Management of Information in the Government of Canada

为了更加有效地管理政府信息资产，2006 年加拿大政府制定了加拿大企业政府信息管理总体框架（The Enterprise Government of Canada（GC）Information Management（IM）Framework）。该框架可以确保在政府机构中采用企业级的治理、方向、信息架构、流程、工具和技能集。该管理框架包括政策与治理、使用者和能力、企业信息架构、IM 工具及应用，由这四个部分确保政府信息管理工作的顺利进行[6]。

4. 澳大利亚政府架构

2006 年，澳大利亚将发展一个整体政府服务导向的架构作为本国政府信息化的优先战略，并开始了服务型政府建设中服务、数据和技术参考模式间的关系研究，在此基础上，澳大利亚借鉴美国 FEA 编制了澳大利亚政府架构（Australian Government Architecture，AGA）。澳大利亚政府首席信息官员 Steward 在 2007 年 6 月由澳大利亚政府信息管理办公室（Australian Government Information Management Office，AGIMO）发布的《澳大利亚政府架构（AGA）参考模型（1.0 版）》一书的前言中指出，"美国政府开发的美国联邦组织架构参考模型已被证实是成功的，很多国家在发展电子政务中加以应用，澳大利亚政府架构参考模型就是一个例证。"[7]

整个架构的设计中，将澳大利亚政府信息管理办公室在 2006 年 3 月出版的《2006 电子政府战略》作为基本需求，用来指导各机构在传递整个政府服务时的跨机构合作，其目的就是将公众需求的服务连贯地传递给公众，并得到公众对政府所提供的信息传递与技术交流服务体系的支持[8]。

AGA 包括 5 个参考模型以及原则、模式、标准、SOA 知识库和服务目录。与 FEA

一样，AGA 参考模型包括绩效参考模型、业务参考模型、服务构件参考模型、数据参考模型、技术参考模型。其中绩效参考模型强调了产出和要求，业务参考模型强调了业务子功能和过程，服务构件参考模型强调了共享组件和共享服务，数据参考模型强调了数据资产和交换包，技术参考模型强调了产品和标准。AGA 参考模型(1.0 版本)构造了一个可覆盖整个政府服务范围的人工知识库，其中包括标准、指导方针、设计方案和解决办法等，使各机构在传递完整的政府服务时具有沟通的基础(图 2-3)。

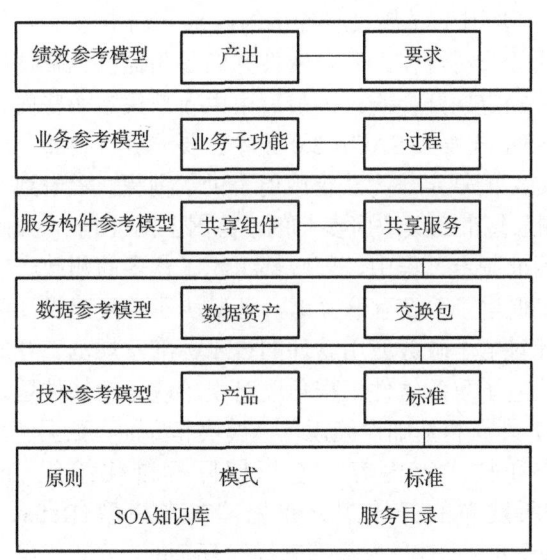

图 2-3 AGA
资料来源：AGIMO

2006 年，AGIMO 发布了澳大利亚政府信息互操作框架(Australian Government Information Interoperability Framework，AGIIF)，该框架提供了政府信息化管理的一系列原则和标准，促进降低成本的业务流程的信息共享和利用整合[9]；框架一共包括三个部分，前两个部分是技术和信息互操作框架、澳大利亚政府架构和促进服务框架，2007 年，澳大利亚政府发布了澳大利亚政府信息互操作框架的第三部分，也是最后一个部分——澳大利亚政府业务流程互操作框架。澳大利亚政府业务流程互操作框架对政府部门之间的业务流程对接进行了规划，提出了辨别业务流程成熟度的模型，通过一系列案例总结本部门及跨部门业务流程管理方法。

5. 德国电子政务应用标准与架构

德国联邦政府非常重视对电子政务的组织领导和统筹规划。德国内政部负责联邦政府电子政务总体规划，并设立首席信息化官员办公室负责全国信息技术领域的综合协调，下设的联邦政府信息技术协调和咨询处提供信息技术的顾问咨询并承担联邦信息基础设施建设；德国信息安全处承担信息安全研究和实施；"联邦在线 2005 项目组"

负责"联邦在线2005"计划的制定和实施协调工作。这一架构在德国联邦电子政务整体规划和统筹建设方面发挥着极其重要的作用。

2000年9月，德国发布了"联邦在线2005"计划，它的目标是使联邦政府的所有政务实现网上办公，以便公民、企业、院校及其他管理机构能更方便快捷和有效地获取联邦政府的各种服务。2002年德国联邦政府内政部在"联邦在线2005"倡议框架下公布了电子政务应用标准与架构(Standards and Architectures for e-Government Applications，SAGA)[10]。SAGA主要用于联邦政府各部的内部司局电子政务项目的建设及互联互通，以此为基础与软件公司合作，开发软件并向各州提供免费使用的服务。联邦内政部组织的专家小组首先定期开会研讨，最后由内政部决定哪些内容写入SAGA。2003年12月，联邦内政部正式发布SAGA 2.0版本，要求所有参加"联邦在线2005"的部门，必须把符合SAGA的规定作为获得政府资助的前提。考虑到"联邦在线2005"完成之后将是联邦、州、县市三级政府参与的"德国上网计划"，为确保该标准的执行力度和可操作性，在标准制定过程中，内政部组织了众多的州政府参与SAGA的讨论。注重标准化工作不仅促进了系统互联互通，还减少了重复建设，节约了项目投资[11]。

SAGA主要是针对电子政务应用软件的技术标准、规范、开发过程、数据结构等进行系统的规定，从电子政务软件工程角度对电子政务的软件系统开发和应用方面进行规范，主要包括IT硬件和基础设施规范、模块和界面、数据和数据模型、业务处理模型与角色、标准和技术等内容。它以国际标准化组织(International Standard Organization，ISO)所发布的开放式分布处理参考模型(Reference Model of Open Distributed Processing，RM-ODP)为基础来描述复杂的、分布式电子政务应用软件设计和开发过程。这个参考模型将系统分解成不同的视图来观察，从而降低了系统分析和建模的复杂性。整个电子政务应用体系架构模型由组织视图、信息视图、计算视图、工程视图和技术视图组成(图2-4)[12]。

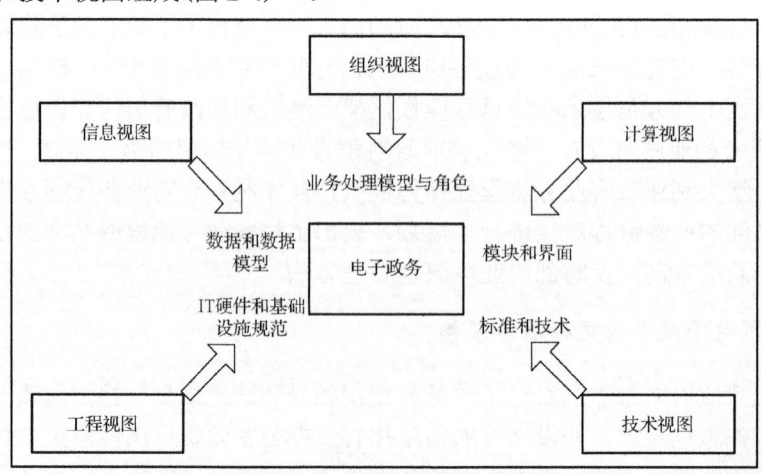

图2-4 德国电子政务应用体系架构模型

资料来源：Federal Ministry of the Interior, Building and Community. Standards and Architectures for e-Government Applications Version 4.0

从本质上来说，SAGA 遵循企业架构，但更多地关注信息系统设计和开发战略。与英国的 e-GIF 相比，SAGA 不仅包括数据模型、标准和技术、基础设施以及模块和接口，还包括对过程模型的建模描述，即在技术标准中规定了一些建模工具和建模语言，从而保证了模型的通用性和可识别性。

西方国家的政府信息管理标准化框架的建立，为本国的政府信息资源管理效率的提升和资源利用的最大化奠定了基础。从国家层面对政府信息资源管理体系框架进行总体设计，能够为政府信息资源管理标准化发展指明方向，为设置合理和完善的相关管理标准提供明确的指导，为政府信息资源管理工作提供具体的操作规范。

2.1.2 我国政府信息资源管理标准化体系建设

我国政府信息资源管理标准化体系建设主要集中于电子政务标准化以及政务信息资源目录、交换体系建设两个方面。

我国的电子政务标准化工作于 2002 年全面启动，由国家电子政务标准化总体组牵头对我国电子政务相关标准进行研究。《国家信息化领导小组关于我国电子政务建设指导意见》（中办发〔2002〕17 号）中提及电子政务建设的主要目标和任务之一便是完善电子政务标准化体系。《电子政务标准化指南》（第二版）征求意见稿提出了我国电子政务标准体系结构，该框架主要由总体标准、应用标准、应用支撑标准、信息安全标准、管理标准、网络基础设施标准这六大部分构成（图 2-5）。2012 年，工业和信息化部（简称工信部）制定《国家电子政务"十二五"规划》，对顶层设计进行了着重强调，并在 2013 年发布了《基于云计算的电子政务公共平台顶层设计指南》。

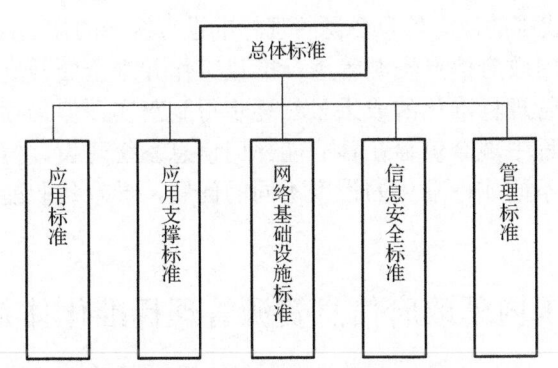

图 2-5 我国电子政务标准体系结构
资料来源：国家电子政务标准化总体组，《电子政务标准化指南》

为响应国家开展电子政务顶层设计的号召，地方政府积极开展了电子政务顶层设计的研究实践。2009 年，福建省便开始进行电子政务顶层设计试点，上海、北京和深圳等地也积极跟进，但实践成果并不理想。例如，上海市以美国 FEA 为参考，提出了电子政务顶层设计的总体参考模型，包括绩效、业务、服务构件、数据和技术五类参考模型，但除业务参考模型外，其他参考模型基本上是对FEA的直接借鉴，而且未能建立起全局性的综合管理部门，顶层设计长期维护和落地实施的机制没有形成。与上海相比，福建省的电子政务顶层设计方法和技术路线比较完整，但其设计思路存在明显的缺陷。福建省采用的是先建立部门级架构，再设计总体架构的设计顺序，使总体架构受到部门架构的限制，也给部门间架构整合带来困难，业务整合与协同的思想体现不充分，这实际上是对顶层设计思想的背离。此外，中华人民共和国审计署、交通运输部海事局等部门也对本部门的信息系统进行了顶层设计，但由于这种设计在部门内部进行，仍然存在一定的局限性，对于解决跨部门协同问题意义有限。

另外，《政务信息资源目录体系》（以下简称《目录体系》）、《政务信息资源交换体系》（以下简称《交换体系》）等文件也都涉及政府信息资源管理的标准体系。目录体系和交换体系以统一的电子政务网络和信息安全为基础，建设政务信息资源的定位、查询和信息交换的平台。依托信息技术所实现的目录体系和交换体系，通过编目和分类的一体化，将构建起信息资源的管理框架，能够支撑政务信息资源从采集、组织、加工到利用，再到销毁处置的全生命周期的管理[13]。电子政务作为现代政府信息资源管理的发展方向，为政府信息资源管理提供了新的手段和机会。电子政务的标准化、《目录体系》和《交换体系》虽然对我国政府信息资源管理发展起到了重要推动作用，但它们仅是政府信息资源管理标准化体系的组成成分。除此之外，政府信息资源管理的核心在于"信息资源"的管理，而电子政务注重信息技术的应用，且已有的相关标准多注重技术层面和基础设施的建设，因此我国政府信息资源管理标准化建设依然是片面的，缺乏全局性管理标准化体系。为防止标准重复制定造成的资源浪费，当务之急是从宏观层面对我国的政府信息资源管理标准进行统一的规划建设。

总体而言，我国政府信息资源管理标准化工作并未全面开展，其标准化体系尚未建立，部分相关管理标准化的成果虽然逐步得到落实，但仍存在着诸多的问题，如政府信息管理过程中现今仍存在各职能部门信息系统建设、信息资源建设、网络建设等采用的标准不同或标准化的程度不同的问题，导致各职能部门间的互联互通陷入困境[14]。

2.2 国内外政府信息资源管理标准化体系研究

学术研究既可以是对已有研究成果的归纳和创新，也可以是对已有建设经验的论证和补充。国内外政府信息资源管理标准化体系的研究既立足于已有理论成果，也依赖于以往的建设经验。政府信息资源管理标准化体系作为政府信息资源管理系统范围内的、具有内在联系的标准组成的科学有机整体，在已有的实践经验基础上，更需要系统、严密的理论研究。因此，有必要梳理和分析学术界对政府信息资源管理标准化体系的研究现状。

2.2.1 国外政府信息资源管理标准化体系研究

针对政府信息资源管理标准化体系的内容，有学者指出，国外政府信息管理标准体系通常主要由全国性标准、技术标准和服务标准三部分组成，其中全国性标准起框架性和基础性的规范作用；技术标准主要是指信息和通信技术方面的政府标准，主要包括政府信息资源管理元数据标准和政府信息目录系统、交换系统标准等；服务标准则是立足于信息及信息资源管理的服务功能而制定的标准。其中，服务标准作为政府信息资源开放利用工作的重要部分而备受关注，例如，澳大利亚的《澳大利亚政府定位服务》（Australian Government Locator Service，AGLS），使澳大利亚政府信息资源的规范和共享得以实现；基于都柏林核心元数据集，还制定了《澳大利亚政府定位服务元数据标准》（AGLS Metadata Standard-Reference Description）[15]。另外，有学者就美国大城市政府文件制定实施的公共服务标准（Public Service Standards，PSS）进行了分析研究[16,17]。

部分发达国家已经制定了国家层面的标准化战略，在其引导下建立了较为完备的政府信息资源管理标准化体系，并不断完善。目前，国外一部分学者关注于已有实践成果的补充完善，如各国政府信息互操作框架内容也成为研究的焦点[18]，有学者对美国 FEA 项目进行研究，指出了 FEA 对电子政务建设的指导性作用以及存在价值[19]。此外，Shuler 研究了美国在推动电子政务标准化的建设过程中采用的联邦公钥基础设施（Public Key Infrastructure，PKI）这个统一的安全操作平台，并在该平台的基础上建立了针对各部门的业务系统，联邦 PKI 指导委员会同时成立了专门的管理部门来促进不同机构所建设的 PKI 间的互操作，促进政务信息资源的有效共享[20]。另外一部分研究者主要聚焦于研究发达国家的实践经验，或将先进经验引入本国并完成本土化的研究。加拿大构建的信息高速公路发展战略框架和 FMIGC 项目将标准化问题囊括进来，此后政府有计划、有步骤地统一推行电子政务及其标准化建设，标准体系呈现具体化发展趋势，墨西哥、美国、英国、澳大利亚等国的政务标准建设都吸收了加拿大的经验[21,22]，英国的 e-GIF 更是成为众多国家学习引进的重要经验。代表性的研究，如 Pankowska 选择对 15 个国家地区的电子政务互操作框架进行介绍分析[23]，而 Fragkou 等则尝试丰富 e-GIF 本体以改善希腊政府信息公开中链接数据技术的应用[24]。

学者在总结各国实践后发现，因缺乏实际运行经验的支持，众多国家的 e-GIF 的本土化运行存在着失败的风险，e-GIF 实践仅依靠开放标准、政策和环境引导是难以成功的，它需要更多的实际应用支持[25]。立足于实践，研究者进一步概括了政府信息资源管理实现互操作的两阶段路线图：第一阶段包括实现互操作，即提供基本的技术标准和政策，使不同的信息主管部门之间的电子服务流程实现无缝连接；第二阶段是行政管理程序与技术系统管理程序的对接，以提高不同部门之间的互操作组织水平[26,27]。

2.2.2 我国政府信息资源管理标准化体系研究

我国学界的研究关注国外政府信息资源管理标准化体系建设的实践经验，并对建设适应我国国情的政府信息资源管理标准化体系进行了理论阐述和框架设计。学者在借鉴学习国外先进经验的基础上进行了本土化的尝试和探索。从政务信息资源目录体系角度看，政府信息资源标准化主要内容由标准化技术、标准化设施、标准化术语、标准化管理过程构成[28]，学者进一步将信息标准的内涵归纳为技术标准、管理标准、服务标准三个方面共同组成的政府信息资源标准体系[29]，也有学者认为应当从数据标准、技术标准和管理规范等方面研究如何完善政务信息资源标准与规范体系[2]。政府信息资源管理相关的标准范围和类型十分广泛，几乎覆盖了政府信息资源的全部管理过程。信息资源管理一般包括信息的组织、整理、存储、检索、传递、利用等过程，在信息资源的管理过程视角下也有学者尝试构建政府信息资源管理标准化体系[30,31]。而在国外实践的影响下，EA方法也被引入我国政府信息资源标准体系框架研究中，兼顾政府信息资源的特性和信息资源管理生命周期，可建立起包括基础标准、业务标准、数据标准、管理标准、通用技术标准、应用领域标准六部分的政府信息资源标准体系框架[32]。除了从以上两个方面构建政府信息资源管理的标准体系，也有研究者提出从信息资源管理的五项基础标准出发，即以数据元素标准、信息编码分类标准、用户视图标准、概念数据库标准、逻辑数据库标准这五类标准为依据，从政府信息资源角度出发探讨标准体系建设的具体内容[33,34]。另外，有学者参考英国的e-GIF，建立了以技术标准体系为核心的电子政务建设框架[35]。虽然我国也在引进美国FEA经验，但研究发现我国的电子政务FEA实践是不充分的，整体还处在初期阶段。由此可见，关于标准体系的研究尚不充分，需要学界更多的关注[36]。

政府信息资源管理标准化体系框架是政府信息资源管理效率提升的重要途径，学者也从各个角度对政府信息资源管理标准化体系进行了探索和设计，并形成众多有益成果。其中，发达国家的研究侧重点在对实践经验的回顾总结和对现有标准化相关体系的完善与补充，发展中国家的研究侧重点倾向于学习经验、成果本土化及本国标准化体系的建设落实。总体而言，目前的政府信息资源管理标准化的多数研究都能站在已有实践的基础上结合本国或本地区的实际情况进行探索，使研究成果具有更高的理论价值和实践意义，已形成的不同管理标准化体系之间在研究过程中也能够相互借鉴，共同促进标准化体系理论的完善和实践的推行。

然而，现有的研究还存在着诸多待改进和补充之处，对政府信息资源管理标准化体系进行顶层分析设计还需要更多的学者参与研究。一方面，专门针对政府信息资源管理标准化的宏观设计较少，学者更多地从电子政务的角度来研究管理标准化体系，因此需要进一步从政府信息资源管理的角度开展研究；另一方面，部分已设计的标准化体系框架中，多数研究是从宏观层面开展的，这些标准化体系中只设计了指标内容而不见指标的权重量化，极易导致实践中标准化指标体系应用的随意性，同时不利于后期对运行效果的评估反馈和体系框架的改进提升。

因此，需要围绕政府信息资源建设，从整体和全局的视角出发，利用系统规范的科学理论和方法，对政府信息资源管理的各要素及其相互间关系进行全面的设计，并选择和制定相应的实施路径，从而实现各部分间的信息共享和业务协同，有效地支撑政府职能的履行，向社会提供综合性、一体化的服务，即对政府信息资源进行顶层设计。2.3节将利用顶层设计的方法从宏观层面来把握政府信息资源管理标准化体系框架和组成要素的设计，确定各部分指标及权重分布并进行具体量化，以此来建立起一个具有可操作性的中国政府信息资源管理标准化体系。

2.3 我国政府信息资源管理标准化体系顶层设计

从宏观角度对政府信息资源管理标准化进行规划设计时，顶层设计是一个值得借鉴的方法。顶层设计是指从全局视角出发，围绕着某个对象的核心目标，统筹考虑和协调对象的各方面和各要素，对对象的基本架构及要素间运作机制进行总体的、全面的规划和设计[37]。首先对政府信息资源管理标准的整体框架进行顶层设计，然后确定各个组成部分并完善其中的各项标准，进而形成一个完整的政府信息资源管理标准化体系，以此推动我国政府信息资源管理标准化进程。

在构建我国政府信息资源管理标准化体系框架的过程中，本书采用了文献研究法、德尔菲法、模糊层次分析法。这些方法的综合应用体现出定性和定量相结合、专家评价与科学计算互为补充的综合分析理念，同时有效地解决了多指标的模糊性和相对性问题，克服了层次分析法中判断的一致性问题与综合评判中人的主观判断、选择对结果的影响的问题，使政府信息资源管理标准化研究结果更趋客观，使研究成果具有一定的理论依据和实用价值。

2.3.1 维度与指标选取

通过对政策性文件以及国内外主流标准指标的分析(表2-2)，并结合我国政府信息资源管理标准建设代表性案例及实际需要，可确定标准顶层体系的"面"包括以下几个部分：与管理有关的标准、与信息业务有关的标准、与技术有关的标准、与安全有关的标准、与基础设施有关的标准。再由我国《目录体系》和《交换体系》、相关政策性文件、标准以及其他国家政府信息资源管理标准化体系框架的具体内容可确定我国标准顶层体系的初始架构，该初始架构指标包括5个一级指标及17个二级指标，分别是信息业务标准(信息表示标准、信息存储标准、信息分类与目录标准、信息利用标准、信息服务标准、业务流程标准)、基础设施标准(软件与软件工程标准、设施设备标准、存储媒体标准)、辅助管理标准(培训与资格认定标准、评估与质量标准)、安全标准(数据安全标准、系统安全标准、认证管理标准)、技术标准(元数据标准、数据交换标准、互操作标准)。

表 2-2　国内外政府信息资源管理主流指标体系

国内外政策性文件/主流标准	指标维度/内容
《电子政务标准化指南 第 1 部分：总则》(GB/T 30850.1—2014)	应用支撑标准、信息安全标准、网络基础设施标准、管理标准、应用标准
《目录体系》	标准化技术、标准化设施、标准化术语、标准化管理过程
EA	基础标准、业务标准、数据标准、管理标准、通用技术标准、应用领域标准
美国 FEA	业务参考模型、服务构件参考模型、技术参考模型、数据参考模型、绩效参考模型
英国 e-GIF	系统互联、数据集成、内容管理、元数据和服务业务
加拿大政府信息管理总体框架	政策与治理、使用者和能力、企业信息架构、IM 工具及应用

2.3.2　维度与指标体系的确定

根据本节所需的知识范围，选择专家遵循的原则是要具备与课题相关的专业素质，对电子政务、信息资源管理领域比较了解，具有丰富的实践经验或较高的理论专业知识水平，权威性高，且有足够的时间和耐心填写调查表。本研究通过选择确定了 21 位专家，其中来自学界的专家 11 名，来自实践领域的专家 10 名，以确保最终选定的各级指标符合我国政府信息资源建设的实际情况。由于在第二轮调查中，有两位实践领域的专家，一位没有应答，另一位回复不符合要求，最后确定了 19 位专家的意见。在以文献依据、政策性依据和主流指标依据为导向，初步构建出政府信息资源管理标准的指标要素后，设计出第一轮调查问卷，第一轮调查时征求专家小组对于初步构建的指标体系的意见，并由此形成了对指标体系架构及指标要素的统一意见。第二轮调查基于统一的指标体系架构及指标要素认识，请专家判断各指标要素的重要性程度。根据第一轮专家调查的意见，对初步建立的指标体系修改如下：信息业务标准(包括信息采集与更新、信息整理与存储、信息公开与共享)；基础设施标准(包括软件设施、硬件设施)；辅助管理标准(包括功能与服务、评估与质量、职责与培训)；安全标准(包括实体安全、内容安全、信息环境安全)；技术标准(包括元数据标准、通用技术标准、互操作标准)。其中一级指标基本不变，二级指标中对于应合并的指标进行了合并，避免重复，如信息业务标准；对一些表达笼统的标准进行了概括，更加易懂，如安全标准；也增加了部分符合我国电子政务要求的标准，最终确立的指标体系如图 2-6 所示。

第 2 章　政府信息资源管理标准化体系

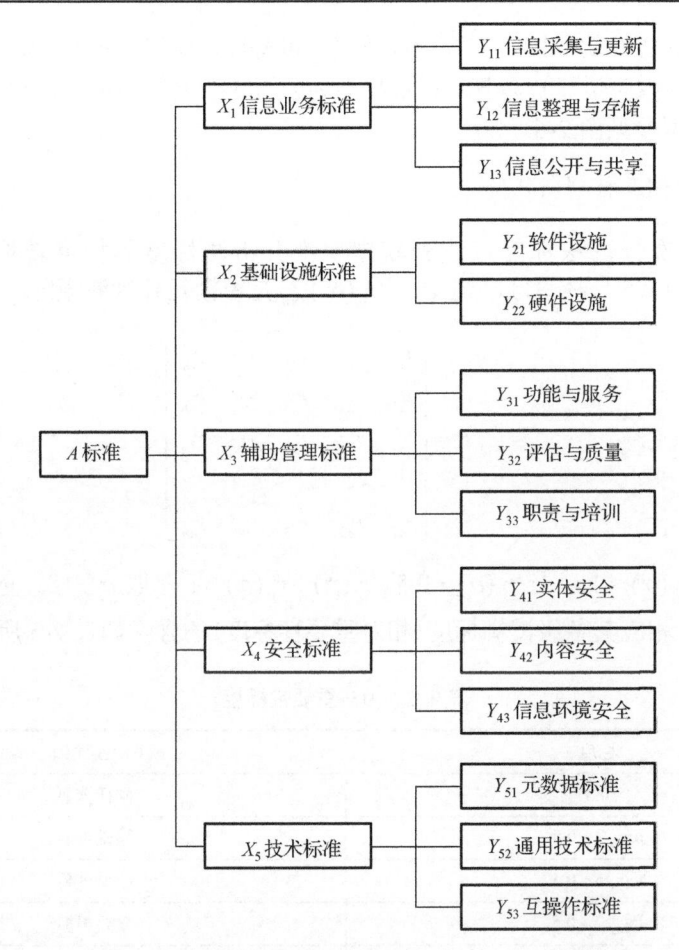

```
A标准 ─┬─ X₁ 信息业务标准 ─┬─ Y₁₁ 信息采集与更新
       │                    ├─ Y₁₂ 信息整理与存储
       │                    └─ Y₁₃ 信息公开与共享
       │
       ├─ X₂ 基础设施标准 ─┬─ Y₂₁ 软件设施
       │                    └─ Y₂₂ 硬件设施
       │
       ├─ X₃ 辅助管理标准 ─┬─ Y₃₁ 功能与服务
       │                    ├─ Y₃₂ 评估与质量
       │                    └─ Y₃₃ 职责与培训
       │
       ├─ X₄ 安全标准 ─────┬─ Y₄₁ 实体安全
       │                    ├─ Y₄₂ 内容安全
       │                    └─ Y₄₃ 信息环境安全
       │
       └─ X₅ 技术标准 ─────┬─ Y₅₁ 元数据标准
                            ├─ Y₅₂ 通用技术标准
                            └─ Y₅₃ 互操作标准
```

图 2-6　政府信息资源管理标准顶层体系层次结构模型

2.3.3　确定指标权重

在解决评价指标过多、评价指标具有复杂性等问题方面，模糊层次分析法更有利于建立优选模型，取得更满意的优选效果。本节运用模糊层次分析法的过程如下。

1. 构造层次分析结构模型

将复杂问题概念化，找出研究对象所涉及的主要因素，确立相应的评价指标，再通过分析各因素的关联、隶属关系，构建有序的多层次结构模型，进而建立评判对象的因素集 $U=(U_1,U_2,\cdots,U_n)$，其中 $U_i(1<i<n)$ 为 U 中的一个指标。对于多层结构，同理建立 $U_i=(U_{i1},U_{i1},\cdots,U_{im})$，$U_{ij}(1<j<m)$ 为 U_i 的一个指标。借鉴以上政府信息资源管理标准研究成果，可以将政府信息资源管理标准分为三层：目标层、准则层和指标层。

本着系统性、动态性的原则，兼顾指标数据的可得性，将以上所有指标结构化、层次化后，可将我国政府信息资源管理标准框架划分为5个一级指标、14个二级指标，具体层次结构模型参见图2-6。

2. 构建模糊互补判断矩阵

将传统层次分析法标度过渡到模糊层次分析法标度的标度转换算法[38]，令 $r_{ij}(\alpha) = \log_\alpha a_{ij} + 0.5$（$\alpha \geqslant 81$），则 $R = (r_{ij}(\alpha))_{n \times n}$ 是模糊互补判断矩阵。

$$R = \begin{bmatrix} r_{11} & r_{12} & r_{13} & \cdots & r_{1n} \\ r_{21} & r_{22} & r_{23} & \cdots & r_{2n} \\ r_{31} & r_{32} & r_{33} & \cdots & r_{3n} \\ \vdots & \vdots & \vdots & & \vdots \\ r_{n1} & r_{n2} & r_{n3} & \cdots & r_{nn} \end{bmatrix}$$

显然 $0 \leqslant r_{ij}(\alpha) \leqslant 1$，且 $r_{ii}(\alpha) = 0.5$，$r_{ij}(\alpha) + r_{ji}(\alpha) = 1$。取 $\alpha \geqslant 81$ 的目的是保证 $0 \leqslant r_{ij}(\alpha) \leqslant 1$。相应其各级模糊标度（相对重要性标度）的含义如表2-3所示。

表2-3 相对重要性标度

标度	两因素相比
0.5	同样重要
$\log_\alpha 3 + 0.5$	稍微重要
$\log_\alpha 5 + 0.5$	明显重要
$\log_\alpha 7 + 0.5$	重要得多
$\log_\alpha 9 + 0.5$	极端重要
$\log_\alpha i + 0.5, i = 2,4,6,8$	介于以上相邻两种情况之间
上列标度互补	若因素 i 与因素 j 相比的标度是 r_{ij}，则反过来相比较得到的标度为 $1 - r_{ij}$

本节中取 $\alpha = 243$，得到的0.1～0.9九标度的标度值为0.5、0.7、0.7930、0.8542、0.9、0.6242、0.7524、0.8262、0.8786。

为全面合理地判断各个指标的权重，笔者请专家打分，根据指标体系的二级指标，评语集选择"A(非常重要)，B(重要)，C(一般)，D(不重要)"，每一项二级指标中的四种评价等级的比例形成模糊互补判断矩阵 R（其中A为1分，B为2分，C为3分，D为4分，总的评分越低，该指标的重要性越大）。在专家给出评分后，去掉一个最高分和一个最低分，根据平均值得到两两对比比重值。统一专家意见，构造的模糊互补判断矩阵如表2-4所示。

表 2-4 标准化的模糊互补判断矩阵

指标	信息业务标准	基础设施标准	辅助管理标准	安全标准	技术标准
信息业务标准	0.5	0.7930	0.7524	0.2070	0.7930
基础设施标准	0.2070	0.5	0.3	0.1458	0.5
辅助管理标准	0.2476	0.7	0.5	0.3	0.7524
安全标准	0.7930	0.8542	0.7	0.5	0.8262
技术标准	0.2070	0.5	0.2476	0.1738	0.5

同理,可求得政府信息资源管理标准的准则层到指标层的两两比较的模糊互补判断矩阵如表 2-5～表 2-9 所示。

表 2-5 信息业务标准的模糊互补判断矩阵

指标	信息采集与更新	信息整理与存储	信息公开与共享
信息采集与更新	0.5	0.7524	0.3
信息整理与存储	0.2476	0.5	0.2070
信息公开与共享	0.7	0.7930	0.5

表 2-6 基础设施标准的模糊互补判断矩阵

指标	软件设施	硬件设施
软件设施	0.5	0.5
硬件设施	0.5	0.5

表 2-7 辅助管理标准的模糊互补判断矩阵

指标	功能与服务	评估与质量	职责与培训
功能与服务	0.5	0.2476	0.2070
评估与质量	0.7524	0.5	0.3
职责与培训	0.7930	0.7	0.5

表 2-8 安全标准的模糊互补判断矩阵

指标	实体安全	内容安全	信息环境安全
实体安全	0.5	0.7524	0.2476
内容安全	0.2476	0.5	0.1458
信息环境安全	0.7524	0.8542	0.5

表 2-9 技术标准的模糊互补判断矩阵

指标	元数据标准	通用技术标准	互操作标准
元数据标准	0.5	0.8262	0.3758
通用技术标准	0.1738	0.5	0.2070
互操作标准	0.6242	0.7930	0.5

3. 将模糊互补判断矩阵转化为模糊一致性判断矩阵

对于模糊互补判断矩阵 $R = (r_{ij})_{n \times n}$，若 $r_{ij} = r_{ik} - r_{jk} + 0.5$，则称 R 为模糊一致性判断矩阵。据此，将模糊互补判断矩阵转化为模糊一致性判断矩阵。将模糊互补判断矩阵 R 一致化[39]，首先对模糊互补判断矩阵 R 按行求和，记为

$$w_i = \sum_{j=1}^{n} r_{ij}, \quad i = 1, 2, \cdots, n \tag{2-1}$$

并施以如下数学变换：

$$w_{ij} = \frac{w_i - w_j}{2n} + 0.5 \tag{2-2}$$

由此建立的矩阵 W 是模糊一致的，以第一层政府信息资源管理标准化的模糊互补判断矩阵 R 为例，其转化后的模糊一致性判断矩阵如下：

$$W_R = \begin{bmatrix} 0.5000 & 0.6741 & 0.5682 & 0.4214 & 0.6771 \\ 0.3259 & 0.5000 & 0.3941 & 0.2474 & 0.5031 \\ 0.4318 & 0.6059 & 0.5000 & 0.3533 & 0.6090 \\ 0.5786 & 0.7526 & 0.6467 & 0.5000 & 0.7556 \\ 0.3229 & 0.4699 & 0.3910 & 0.2444 & 0.5000 \end{bmatrix}$$

同理可求得 W_{X_1}、W_{X_2}、W_{X_3}、W_{X_4}、W_{X_5}。

4. 根据模糊一致性判断矩阵求各层的权重值

具体过程如下：

$$P_i = \sum_{j=1}^{n} w_{ij} - 0.5, \quad i = 1, 2, \cdots, n \tag{2-3}$$

$$\sum_{i=1}^{n} P_i = \frac{n(n-1)}{2} \tag{2-4}$$

其中，n 为矩阵阶数；P_i 为指标 i 相对上层目标的重要性。各层指标的权重值为

$$Q_i = \frac{P_i}{\sum_{i=1}^{n} P_i} = \frac{2P_i}{n(n-1)} \tag{2-5}$$

则

$$Q_A = (0.2546, 0.1153, 0.2000, 0.3173, 0.1128)$$
$$Q_{X_1} = (0.3508, 0.1515, 0.4977)$$

$Q_{X_2} = (0.5000, 0.5000)$

$Q_{X_3} = (0.1515, 0.3508, 0.4977)$

$Q_{X_4} = (0.3333, 0.1311, 0.5356)$

$Q_{X_5} = (0.4007, 0.1269, 0.4724)$

根据一、二级指标权重形成的评估指标体系见表 2-10。

表 2-10 政府信息资源管理标准化体系权重表

X 层		Y 层	
指标	权重	指标	权重
信息业务标准	0.2546	信息公开与共享	0.1627
		信息采集与更新	0.0729
		信息整理与存储	0.0253
基础设施标准	0.1153	软件设施	0.0601
		硬件设施	0.0264
辅助管理标准	0.2000	职责与培训	0.0901
		评估与质量	0.0424
		功能与服务	0.0144
安全标准	0.3173	信息环境安全	0.3018
		实体安全	0.1129
		内容安全	0.0375
技术标准	0.1128	互操作标准	0.0292
		元数据标准	0.0198
		通用技术标准	0.0045

通过模糊层次分析法的科学梳理，我国政府信息资源管理标准化的指标体系以及各个指标的排序便确定了。根据表 2-10 可以看出，一级指标中安全标准在政府信息资源管理标准化的顶层设计中是重点，权重达到 0.3173；信息业务标准和辅助管理标准占比也都不低于 0.2，在顶层设计中的重要性不言而喻；基础设施标准和技术标准占比都在 0.1 以上，二级指标中占比超过 0.1 的有 3 个，分别是信息公开与共享、实体安全、信息环境安全，表明了政府信息资源建设过程中，信息利用和安全管理的重要性，其中信息环境安全是安全标准里面的重中之重。另外，二级指标占比低于 0.05 的有 8 个，介于二者之间的有 3 个，大部分二级指标的占比都接近 0.05，仅呈现细微的区别。

2.3.4 应用前景

政府信息管理标准化体系是政府信息资源管理系统范围内的、具有内在联系的标准组成的科学有机整体，是推动政府信息资源管理建设发展的重要因素。本节研究成果的应用前景可分为三个方面。

1. 对管理者

依靠顶层设计，建立政府信息资源管理标准化框架已成为我国决策者的共识。本节通过国内外文献的理论抽象、专家访谈调查和定量方法的分析计算，初步确立了政府信息资源管理标准化框架，该框架模型解释了战略目标、标准与信息资源管理环境以及活动的相互关系，从而为国家制定相关标准提供了重要的参考依据；此外构建的指标体系可实际运用于不同的政府机构样本之中，以检验框架的正确性、实用性，吸收借鉴机构标准化建设中的精华部分，完善现有的框架。

2. 对监督者

从理论上构建标准化模型并据此展开评估，是监督工作中不可或缺的一部分。确定了政府信息资源管理标准化中的指标和权重，监督者可以对比发现不同机构在标准化建设过程中的进度和侧重点，也可以了解一家机构标准化管理的水平，认识管理中的偏差与不足，并反馈给管理者，让他们了解实践部门的工作现状及存在的问题，管理者据此补充、制定新的标准，使执行者明确发展方向从而确保管理最终目的的实现。

3. 对执行者

标准的生命在于执行，标准的权威也在于执行。在我国政府信息资源管理相关标准制定后，实践中执行者单凭经验办事的思维习惯依旧根深蒂固，重要原因之一就在于他们无法具体把握标准化管理工作的重点。如果没有一个量化的指标，主观上很难判断什么标准重要、什么标准规定的内容必须放在首位，从而加大资源投入力度。本节中政府信息资源框架的运用，可以在一定程度上避免执行者在执行标准时的随意性，增强合理性。

参 考 文 献

[1] 周晓平. 我国电子政务标准研究[J]. 电子政务, 2010(9): 73-78.

[2] 李晓钢, 俞立平. 政务信息资源建设的关键要素研究[J]. 电子政务, 2010(1): 12-16.

[3] Federal Enterprise Architecture Program Management Office. Federal enterprise architecture (FEA)[EB/OL]. [2016-01-10]. https://www.whitehouse.gov/omb/e-gov/FEA.

[4] 侯卫真, 吕欣, 游祎. 国外电子政府互操作框架的内容与结构分析[J]. 信息化建设, 2010(8): 22-24.

[5] E-Government Unit of Cabinet Office, United Kingdom. E-government interoperability framework version 6.1[EB/OL]. [2016-01-10]. https://ntouk.files.wordpress.com/2015/06/egif-6-1.pdf.

[6] Treasury Board of Canada Secretariat. Government of Canada (GC) information management (IM)

strategy-the enterprise GC IM framework [EB/OL]. [2018-08-09]. https://www.canada.ca/en/government/system/digital-government/modern-emerging-technologies/information-management/information-management-strategy.html.

[7] Australian Government Information Management Office. Australian government architecture (AGA) [EB/OL].[2018-08-09].https://www.finance.gov.au/archive/policy-guides-procurement/australian-government-architecture-aga/.

[8] 腾跃. 电子政务建设的比较研究[J]. 天津大学学报(社会科学版), 2009, 11(6): 498-503.

[9] Australian Government Information Management Office. Australian government information interoperability framework [EB/OL]. [2018-08-09]. https://www.finance.gov.au/sites/default/files/Information_Interoperability_Framework.pdf.

[10] Federal Ministry of the Interior. Standards and architecture for e-government applications standards and architecture for e-government applications[EB/OL]. [2018-08-09]. https://www.cio.bund.de/SharedDocs/Publikationen/DE/Architekturen-und-Standards/SAGA/archiv_saga_1_1_englisch_download.pdf?__blob=publicationFile.

[11] 王山琪. 德国电子政务建设及特点[J]. 通信管理与技术, 2010(3): 4-8.

[12] 裴雷. 政府信息资源整体规划理论与方法[M]. 武汉: 武汉大学出版社, 2013.

[13] 杨红艳, 王涛. 目录体系和交换体系在我国电子政务建设中的地位与作用[J]. 电子政务, 2008(9): 78-85.

[14] 李卫东. 我国城市政府的数据调查和信息资源共享现状分析[J]. 电子政务, 2008, 10: 54-59.

[15] National Archives of Australia, Office of Government Information Technology. AGLS metadata element set[EB/OL]. [2015-07-25]. http://www.agls.gov.au/.

[16] Wilhite J M. Service standards for the metropolitan Oklahoma City government document depositories: The road continues[J].Journal of Government Information, 2001, 28: 285-295.

[17] Wilhite J M. A survey of government document front-line employees: The road to service standards continues[J]. Journal of Government Information, 2000, 27(1): 47-64.

[18] Pardo T A, Nam T, Burke G B. E-government interoperability: Interaction of policy, management, and technology dimensions[J]. Social Science Computer Review, 2011, 1: 8-23.

[19] Bellman B, Rausch F. Enterprise architecture for e-government[C]//Proceedings of the International Conference on Electronic Government, Berlin, 2004: 48-56.

[20] Shuler J A. Citizen-centered government: Information policy possibilities for the 108th congress [J].The Journal of Academic Librarianship, 2003,2(29): 107-110.

[21] Roy J. E-governance and digital government in Canada [J]. Towards the E-Society, 2002(74): 845-846.

[22] Ubaldi B C, Roy J. E-government and federalism in Italy and Canada: A comparative assessment[J]. Comparative E-Government, 2010, 25: 183-199.

[23] Pankowska M. National frameworks' survey on standardization of e-government documents and processes for interoperability[J]. Journal of Theoretical and Applied Electronic Commerce Research,

2008, 3(3): 64-82.

[24] Fragkou P, Galiotou E, Matsakas M. Enriching the e-GIF ontology for an improved application of linking data technologies to Greek open government data[J]. Procedia-Social and Behavioral Sciences, 2014, 147: 167-174.

[25] Saekow A, Boonmee C. Towards a practical approach for electronic government interoperability framework(e-GIF)[C]//Proceedings of the Hawaii International Conference on System Sciences, Waikoloa, 2009: 1-9.

[26] Guijarro L. Analysis of the interoperability frameworks in e-government initiatives[C]//Proceedings of the International Conference on Electronic Government, Berlin, 2004: 36-39.

[27] Guijarro L. Interoperability frameworks and enterprise architectures in e-government initiatives in Europe and the United States[J]. Government Information Quarterly, 2007, 24(1): 89-101.

[28] 程万高. 政府信息资源开发利用[M]. 北京: 科学出版社, 2009.

[29] 何振, 周伟. 电子政务信息资源共建共享的基石——信息标准化问题分析[J]. 情报理论与实践, 2005(6): 41-44.

[30] 朱锐勋. 论政府信息资源管理研究体系的完善[J]. 图书馆学研究, 2013(24): 52-58.

[31] 陈勇跃, 夏火松. 跨部门政府信息资源共享标准构建研究[J]. 情报理论与实践, 2010(12): 25-28.

[32] 王薇, 邵熠星. 政务信息资源标准体系框架研究[J]. 信息技术与标准化, 2010(11): 26-29.

[33] 李绪蓉, 徐焕良. 政府信息资源管理历史追溯与标准化问题研究[J]. 电子政务, 2005(15): 7-16.

[34] 颜海. 政务信息管理[M]. 武汉: 武汉大学出版社, 2009.

[35] 贺炜, 邢春晓, 杨吉江. 电子政务的标准化建设是一个系统工程——英国电子政务互操作框架分析[J]. 电子政务, 2006(4): 6-11.

[36] Zheng T, Zheng L. Examining e-government enterprise architecture research in China: A systematic approach and research agenda[J]. Government Information Quarterly, 2013, 30(30): S59-S67.

[37] 于施洋, 王璟璇, 杨道玲, 等. 电子政务顶层设计: 基本概念阐释[J]. 电子政务, 2011, 8: 2-7.

[38] 兰继斌, 徐扬, 霍良安. 模糊层次分析法权重研究[J]. 系统工程理论与实践, 2006(9): 107-112.

[39] 吕跃进. 基于模糊一致矩阵的模糊层次分析法的排序[J]. 模糊系统与数学, 2002(6): 35-37.

第 3 章 政府信息资源组织的标准化
——政务信息资源目录体系建设

政府信息资源形成之后，必须对其进行加工整理，使之有序化，并存储到相应的系统或介质上以便利用，这一过程便是政府信息资源的组织。政府信息资源类型众多，只有依据一定的标准规范进行组织，才能形成有序的信息资源集合。通过标准化的组织，可以将大量的、分散的、杂乱的政府信息按其外部特征和内容特征有序化，以便提供高效的政府信息服务。

政务信息资源目录是实现政府信息资源组织标准化的基础，基于统一的政务信息资源核心元数据、信息分类等标准规范对政府信息资源进行描述和目录编制，在规范的政务信息分类基础上，建立科学的政府信息资源分类体系，对政府信息资源进行序化组织，有利于政务信息资源的导航、检索、定位和发现，方便使用者查询和获取政府信息资源。

3.1 我国政务信息资源目录体系研究述评

狭义的政务信息资源目录指信息目录，它重点描述的是信息资源内容本身，实际上是一批相关政府信息资源的集合，是按照政府信息资源分类或其他方式对政府信息资源核心元数据和交换服务元数据的排列。广义的政务信息资源目录不仅包括信息目录，还包括为方便信息获取而建立的目录，如服务目录、邮件目录和用户目录。政务信息资源目录体系是整合、开发、共享政府信息资源的利器。从政府信息资源管理的角度看目录体系，可以认为：目录体系是按照统一的标准规范，对分散在各级政务部门、各领域、各地区的政务信息资源进行整合和组织，形成可统一管理和服务的政务信息资源目录，实现政务信息资源规范管理、共享交换和信息服务，为使用者提供统一的政务信息资源发现和定位服务。

为了推进政务信息资源的国家统筹管理，我国先后出台了《国务院关于印发政务信息资源共享管理暂行办法的通知》（国发〔2016〕51号）和《国务院办公厅关于印发政务信息系统整合共享实施方案的通知》（国办发〔2017〕39号），旨在加快建立政务信息资源目录体系。2017年6月，国家发展和改革委员会(简称国家发展改革委)、中共中央网络安全和信息化委员会办公室(简称中央网信办)印发了《政务信息资源目录编制指南（试行）》（以下简称《指南》），明确了政务信息资源目录的编制要求，为政务信息资源目录体系建设提供了方法。自2007年我国颁布关于政务信息资源目录体系的国家标准，迄今已有十余年。在此背景下，笔者全面调查并系统梳理了我国政务信息资源目录体系十余年来的研究成果，以期为提高政务信息资源目录的标准化、规范化程度提供参考，并借此推动政务信息资源共享机制的建立。

3.1.1 数据统计与分析

1. 数据来源

以中国知网、万方数据知识服务平台、维普中文期刊服务平台三大数据库收录的相关学术论文为基础，以数据库收录文献的时间为起点，选择"中国学术期刊网络出版总库""中国博士学位论文全文数据库""中国优秀硕士学位论文全文数据库"为来源数据库，采用以主题字段="政府信息资源目录"或"政务信息资源目录"进行检索，同时将"政务信息资源""政府信息资源""电子政务"分别与"目录""目录体系""元数据""分类""分类体系""分类系统"进行组配主题检索，经筛选后共检索到期刊论文118篇、硕士学位论文27篇和博士学位论文2篇。

以读秀和超星电子图书数据库、亚马逊、当当等图书电商平台为基础，以全部字段="政务信息资源目录体系"或"政府信息资源目录体系"进行检索，共检索到图书3部。

2. 文献年度分布

对某主题文献年度分布的统计是研究该主题发展变化的一个重要依据，文献数量的变化直接反映了该主题的发展进程和趋势。通过对政务信息资源目录体系文献数量的年度分布统计，可以大致梳理该主题的研究发展历程。

图3-1为我国政务信息资源目录体系研究文献年度分布图。政务信息资源目录体系的研究与电子政务建设发展息息相关，结合电子政务发展过程，可以将我国政务信息资源目录体系的研究大致分为三个阶段。

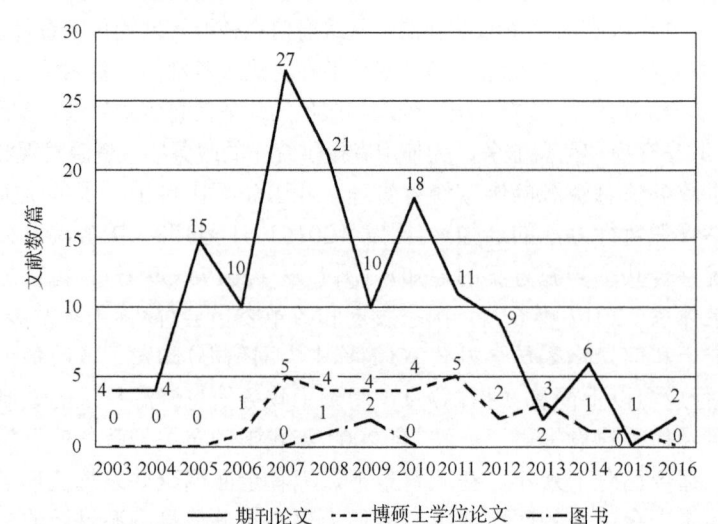

图3-1 我国政务信息资源目录体系研究文献年度分布图

第一阶段为 2003~2006 年。2000 年，我国进入全面建设电子政务阶段，要求进一步推进全国政府系统办公自动化建设和应用工作。2002 年，在《国家信息化领导小组关于我国电子政务建设指导意见》中，第一次提出要研究和设计电子政务信息资源目录体系与交换体系。2003 年，按照"十五"期间全国电子政务建设指导意见，我国开展了"两网一站四库十二金"建设，政务信息资源目录体系的建设也由此开展。2005 年国务院审议通过了《2006—2020 年国家信息化发展战略》，确定了一批信息化建设试点城市，如北京、上海等，这些城市也成为政务信息资源目录体系的试点城市，开始了政务信息资源目录体系的实践探索。

在这一阶段中，2003 年我国第一次出现了关于政务信息资源目录体系的研究，2003~2006 年，关于目录体系的研究逐渐增多，文献数量波动上升，我国学者开始逐步对其进行理论探究，重视程度提高。

第二阶段为 2007~2010 年。2007 年国家电子政务网络中央级传输骨干网正式开通，标志着统一的国家电子政务网络框架基本形成。与此同时，国家出台了关于政务信息资源目录体系的国家标准，二者共同推动了政务部门间的信息共享和业务协同，推动了电子政务的发展和政务信息资源目录体系的研究。

在这一阶段中，2007 年关于政务信息资源目录体系的文献数量达到顶峰，形成了国内专家学者对目录体系研究的热潮。2007~2010 年，关于此研究的文献数量虽有较大波动，但总体数量仍较多，我国政务信息资源目录体系研究在此期间仍有较大发展，取得了一定的研究成果。

第三阶段为 2010~2016 年。2010 年，我国基本建成了覆盖全国的电子政务统一网络，电子政务进入以业务和信息资源建设为中心的后电子政务时代，政务部门间的信息共享和面向公众的信息公开逐步引起重视。

在这一阶段中，我国对政务信息资源目录体系的研究趋于饱和状态，文献数量总体呈下降趋势，我国政务信息资源目录体系进入建设和实施阶段。

3. 文献作者分布

通过对文献作者的分布进行统计，可以了解该主题下作者的分布特点(表 3-1)。政务信息资源目录体系是一个理论与实践相结合的主题，研究者既来自于高等院校与各种研究机构，也来自于各个实际部门。

表 3-1 政务信息资源目录体系研究文献作者单位分布统计

机构类型	发文作者数(重复累计)/条	百分比/%
高等院校及研究机构	145	41.08
国家机构(各级信息中心)	137	38.81
图书馆、档案馆	39	11.05
企业	32	9.06
总计	353	100

通过对发文作者的单位分析可以看出，高等院校及研究机构、国家机构(各级信息中心)二者占比较高，分别为41.08%与38.81%，说明两种类型的单位是我国政务信息资源目录体系研究的核心单位。高等院校及研究机构拥有丰富的科研资源，从理论方面进行了诸多研讨；而国家机构(各级信息中心)作为政务信息资源目录体系的建设单位，从本单位的具体实践出发，理论与实践相结合，也产生了很多研究成果。除此之外，图书馆、档案馆和企业也结合自己的实际工作，对政务信息资源目录体系进行了相关研究。

4. 文献期刊分布

对文献的期刊来源进行统计，可以反映出该主题涉及的领域以及领域内的核心期刊，相关研究人员在开展这方面的研究时可以重点关注这些期刊的发文情况。同时也可对期刊的数量统计分析出研究论文的质量。

表 3-2 列出了刊登篇数超过两篇的期刊名称。由此数据可以看出《电子政务》中刊登的有关政务信息资源目录体系的论文最多，共计17篇，说明《电子政务》是政务信息资源目录体系研究比较集中的核心期刊。除《电子政务》外，论文也大多分布在中文社会科学引文索引(Chinese Social Sciences Citation Index, CSSCI)期刊中，论文总体质量较高。此外，从期刊所涵盖的专业领域来看，政务信息资源目录体系的研究涉及图书情报、信息系统工程、计算机科学等领域，具有跨领域、交叉学科研究的特点。

表 3-2　政务信息资源目录体系研究文献期刊分布统计

期刊	数量/篇	期刊	数量/篇
《电子政务》	17	《信息技术与标准化》	5
《情报杂志》	8	《情报理论与实践》	4
《信息化建设》	8	《图书馆学研究》	4
《中国信息界》	5	《信息系统工程》	4
《现代情报》	5	《图书馆理论与实践》	4

5. 文献高频关键词统计

关键词是对文献内容的高度概括和总结，能够直观地表述文献论述或表达的主题。通过分析高频关键词，可以反映出该主题下的研究热点、焦点。这里对政务信息资源目录体系主题下的文献进行了关键词统计，表 3-3 列出了出现词频大于 4 的关键词。

表 3-3　政务信息资源目录体系研究文献高频关键词统计

关键词	词频/次	关键词	词频/次
电子政务	82	元数据	38
政务信息资源	42	信息资源	29
目录体系	41	政府信息资源	17

续表

关键词	词频/次	关键词	词频/次
交换体系	16	信息共享	7
政务信息	13	目录	6
目录服务	11	LDAP	6
分类体系	10	XML	6
资源目录	10	政务部门	6
业务协同	8	部门间	5

根据表 3-3 的统计，可以看出关键词出现频率最高的是"电子政务"，说明政务信息资源目录体系建设与电子政务发展息息相关。从总体上来说，政务信息资源目录体系和交换体系是国家电子政务基础设施，是开发利用政务信息资源的关键，在电子政务中占有重要的地位。在信息资源管理层面，政府机构内部管理层面以及区域、行业和国家政务改革层面，政务信息资源目录体系在信息资源开发、共享、服务等方面的作用都不可或缺[1]；而从信息资源开发利用和部门协同办公角度也可以显示出政务信息资源目录体系在电子政务发展中的重要地位[2]。根据以上高频关键词所做的梳理，笔者将在 3.1.2 节结合文献内容，对政务信息资源目录体系的研究主题进行更详细的分析。

进一步分析高频关键词所涉及的专业术语，发现"政务信息资源"与"政府信息资源"在统计中出现的频率都较高，二者是相近的概念，但存在着一些差异。《指南》对政务信息资源给出了明确的定义，政务信息资源是指政务部门在履行职责过程中制作或获取的，以一定形式记录、保存的文件、资料、图表和数据等各类信息资源，包括政务部门直接或通过第三方依法采集的、依法授权管理的和因履行职责需要依托政务信息系统形成的信息资源等。目前我国还没有对于政府信息资源的官方定义，但在《中华人民共和国政府信息公开条例》（以下简称《条例》）中对于政府信息进行了定义，政府信息是指行政机关在履行职责过程中制作或者获取的，以一定形式记录、保存的信息。由此可以看出，"政务信息资源"与"政府信息资源"都可以理解为是政府机构为履行职责而产生、获取、处理、存储、传递和利用的信息资源，但"政务信息资源"一般面向政府部门内部，而"政府信息资源"一般指面向公众公开提供服务的信息资源。在 2007 年出台的关于政务信息资源目录体系的国家标准中采用了"政务信息资源"一词，对两者进行了一定的区分，但通过对文献的统计，共有 17 篇文献采用了"政府信息资源"这一说法，其中 12 篇发表于 2007 年及以后，而这些文献内容却均是对于政务信息资源的研究，目前仍存在对两者不加区分而混淆使用的情况。在本节中，将依据以上所做的区分，根据文献内容来进行分类和分析。

3.1.2 我国政务信息资源目录体系研究的主要内容

通过上述对文献的统计分析，结合对高频关键词的梳理，笔者将对政务信息资源目录体系的主要研究内容进行阐述，其中前三个部分从元数据、技术与分类体系角度进行文献分析；后四个部分则针对目录体系的作用和功能拓展方面的研究展开。

1. 基于元数据的政务信息资源目录体系研究

政务信息资源核心元数据是描述政务信息资源各种属性和特征数据的基本集合，包括政务信息资源的内容信息、管理信息、获取方式信息等。我国学者对于政务信息资源目录体系元数据的研究主要包括元数据标准和元数据应用两个方面。

在元数据标准方面，目前国外主要采用两种政务信息资源元数据标准，即政府信息定位服务（Government Information Locator Service，GILS）和都柏林核心-政府（Dublin Core-Government，DC-Government）。二者在语义互操作性、著录互操作性和可扩展性方面具有一定的共性，可通过借鉴国际规范形成我国的元数据标准化规范[3]。有的学者通过对国外几个主要的元数据标准进行比较，认为都柏林核心元数据已成为事实上的国际标准，可以作为我国政务信息资源核心元数据的基础，建立我国的元数据标准[4,5]。在具体的元数据标准设计上，有学者对于元数据标准的功能、原则、总体结构、核心元素集等方面进行了详细的探讨，并结合上海市水务局的情况制订了该局的元数据描述图表[6]，还有学者提出了我国政务信息资源元数据核心集的建设方案。元数据描述是元数据标准化建设的一部分，部分学者也对其进行了探讨，或提出以 XML 为元数据描述语言构建的描述框架[7]；或从政务信息资源集成的角度出发，分析和研究元数据的描述方法[8]；也有学者提出了基于 Web 的元数据共享模式[9]。

在元数据应用方面，主要包括基于元数据的目录服务体系设计、政务信息资源共享模型构建和政务信息资源的集成管理等方面[10-12]。

2. 政务信息资源目录体系的技术体系研究

政务信息资源目录体系作为电子政务的基础设施之一，其建设和发展离不开技术的支持，成熟的技术体系是政务信息资源目录体系建设的保障。

在政务信息资源目录体系技术研究中，有学者认为政务信息资源目录体系关键技术包括元数据抽取技术、元数据管理技术和目录服务技术[13]；还有学者将元数据采集、元数据建库、目录服务和目录应用技术列为政务信息资源目录体系的关键技术[14]；也有学者认为关键技术应为元数据、信息资源分类和信息资源唯一标识符技术[15]。

综上，政务信息资源目录体系主要包括元数据技术、资源分类管理技术和目录管理技术。其中，元数据技术包括元数据抽取技术、元数据管理技术、元数据存储技术，资源分类管理技术包括信息资源分类技术和信息资源唯一标识符技术，目录管理技术包括目录服务技术、目录应用技术。

在具体的技术应用上，政务信息资源目录体系运用的技术主要包括 SOA、Struts + Hibernate + Spring 技术、Web Service 技术、XML 以及简单对象访问协议（Simple Object Access Protocol，SOAP）[16]技术。

3. 政务信息资源目录体系的分类体系研究

政务信息资源分类是政务信息资源管理工作的基础，是政务信息资源目录体系建设的重要内容之一。只有建立了科学的分类体系，才能对政务信息资源的内容进行深层次的挖掘、组织与利用，从而实现对信息的管理、整合和提升。

我国对于政务信息资源分类体系的研究主要集中在三个方面。

一是参考或对比国外的分类体系，对国内分类体系提出建议。有学者通过对中美信息资源分类体系的对比，发现中国多以政府部门或行业作为依据进行归类，并没有体现出政务信息资源与政府部门职能和业务之间的关联，提出应该以政府的职能和业务为主线，从面向"公共服务"出发建立政务信息资源的分类体系标准[17]。通过借鉴美国联邦政府组织架构业务参考模型（Federal Enterprise Architecture Business Reference Model，FEA-BRM），也产生了相应的研究成果。FEA-BRM 在描述政府业务时，并非按照惯例将政府业务按照部门机构的设置进行梳理，而是以政府业务或具体的服务为中心，不涉及具体的执行业务的部门机构的特点。研究指出，国内分类体系应重视面向服务，要有利于跨部门信息共享，加强顶层设计和业务规划[18]。

二是对于国内分类体系进行理论探索，提出可行性建议。例如，从整体角度分析分类体系的编制方法、技术和应用[19]；以公共服务为导向建立信息分类体系，形成分类体系的公共服务内容[20]。

三是对于分类体系的实践应用，包括政务信息资源分类目录编制[21]、政务信息资源分类系统设计[17]等。

4. 基于政务信息资源目录体系的政务信息资源共享交换研究

政务信息资源目录体系通过元数据实现对政务信息资源的描述和定位，并按照一定的分类体系进行编目梳理，服务于信息资源的共享交换。政务信息资源目录体系是实现政务信息资源共享交换的基础。只有将政务信息资源共享交换平台与政务信息资源目录体系建设一起进行，才能更好地实现政务信息资源共享。

"政务信息资源交换体系"与"政务信息资源目录体系"经常以"政务信息资源目录和交换体系"出现，它们在支持电子政务应用时是一个有机整体，但两者关注的政务信息资源的类型以及所面向的用户有很大差别，是相互联系又相对独立的两个概念，所以正确把握两者之间的联系与区别十分重要。

政务信息资源目录体系与交换体系都以政务信息资源为基础，依托国家统一的电子政务网络，通过不同的技术架构实现其各自的服务功能。在信息资源类别上，政务信息资源目录体系关注的是全部政务信息，政务信息资源交换体系则主要关注不公开的政务信息[22]。在具体功能上，政务信息资源目录体系采用元数据对共享政务信息资源特征进行描述，形成规范的目录内容，提供政务信息资源的发现定位服务；而政务信息资源交换体系是一个支持跨域、跨部门政务信息资源交换与共享的信息系统，通过采用一致的信息交换协议，实现跨地区、跨部门业务应用系统之间的信息资源交换。目录体系明确了政务信息资源的范围和关系，交换体系实现了政务信息资源的传递。

我国在该领域的研究主要包括两个方面。

一是分析政务信息资源目录体系在政务信息资源交换共享中的作用。有硕士学位论文通过对我国政务信息资源目录体系试点城市的具体工作情况进行调查分析，指出我国政务信息资源共享在共享的部门范围、信息资源种类和数量、共享效率方面取得了一定成就[23]，政务信息资源目录体系促进了政务信息资源共享交换。也有学者指出政务信息资源共享目录是政务信息资源共享管理的重要内容，要制订政务信息资源共享目录并进行动态更新[24]。

二是基于政务信息资源目录体系的信息资源共享交换平台建设，主要包括平台的功能设计，整体架构、数据传输模式、信息资源分类、核心元数据、数据库建设等[25,26]。

5. 基于本体的个性化政务信息资源目录体系研究

随着我国电子政务信息化建设的逐渐深入，对信息资源服务的需求呈现出与传统信息服务需求不同的特点，以用户为中心是电子政务个性化信息服务的出发点和根本点，也是区别于传统信息服务的根本特征。

基于本体的个性化目录体系既可以与现有目录体系无缝结合，又能够满足个性化服务的需求，在作为通用模式用于政务信息资源个性化服务建设上具有广阔的应用前景[27]。但目前我国政务信息资源个性化研究较少，可见的研究成果以梁昌勇教授及其团队为代表。梁昌勇等提出在目录体系的总体结构上，加入一层目录引擎层，构建基于本体的个性化目录引擎模型，实现从用户到用户需求的自动映射[28]；由其指导的博士学位论文对基于本体理论的政务信息资源个性化应用方面进行了深入研究，设计了基于本体的个性化目录体系模型、个性化信息检索系统、个性化信息推荐系统、个性化应用平台的实验原型系统[29]，以期满足不同类型用户对政务信息资源的个性化需求。

6. 不同层级、类型的政务信息资源目录体系研究

在我国行政体制中，包括中央（国家）、省（自治区、直辖市）、市（地区、自治州、盟）、县（区、旗、县级市）、乡（镇、街道）五级行政级别。在政务信息资源目录体系建设的具体实践中，学者针对不同层级的目录体系建设分别进行了探究。

在国家政务信息资源目录体系建设上，主要是对于政务信息资源目录体系的理论研究。有学者提出了国家政务信息资源目录体系的整体框架[30]，也有学者研究了国家政务信息资源目录体系的建设标准与建设方向[31,32]；在省级政务信息资源目录体系的建设中，研究内容主要为省级目录体系的概念模型和组织结构[33]；市级政务信息资源目录体系研究则是理论与实践相结合，既包括对城市信息资源目录体系的建设方案的探究[15]，也包括具体试点城市的建设过程和经验总结[34-36]；对于基层的政务资源目录中心[37]，区县级政务信息资源目录体系研究主要从信息资源分类、目录编制、信息资源管理模式、目录服务等方面提出了建设框架[38]。

此外，学者针对具体的、不同类型的政务信息资源，如民族信息资源、水务信息资源、卫生信息资源等提出了建设方案[39-41]。

7. 政务信息资源目录服务体系、模型和平台研究

随着电子政务的发展，政务信息资源目录体系除了发挥管理政务信息的作用，还应根据用户的需求，向公众提供目录服务。政务信息资源目录体系对政务信息资源的梳理和编目，为目录服务提供了基础，目录服务是政务信息资源目录体系发展的必然趋势。目录服务从其功能上来讲应该具备资源的标识、检索、权限管理等功能，向社会公众提供公共资源信息，向政务部门提供共享利用的交换资源信息[42]。

我国关于政务信息资源目录服务的研究分为理论研究和模型平台等实践探究。在理论研究方面，从理论归位、个性化、可视化、信息集成和使用效益等角度对社会化服务导向的电子政务信息资源共享目录进行探讨，指出社会化服务导向的电子政务信息资源共享目录应该是以用户为驱动的个性化信息资源共享目录[43]。

关于目录服务的模型和系统设计的文献主要集中在硕士学位论文中，如基于元数据描述机制构建省级政务信息资源目录服务模型[44]、基于 Web Service 思想和目录结构构筑了异构政务信息资源目录服务模型[45]、结合元数据和目录服务技术构建目录服务系统[46]等，这些模型和系统的设计可实现对政务信息资源的统一管理，为政务信息资源平台建设提供建设方案。

此外，穆勇等在其 2009 年的著述中，以政务信息资源目录体系建设为切入点，对北京市在推进政务信息资源开发利用方面的理论研究与实践成果进行了阐述[47]。

3.2 我国政务信息资源目录体系建设

本节主要围绕政务信息资源目录体系标准规范建设和政务信息资源目录体系实践两个方面，探讨我国的政务信息资源目录体系建设情况。2007 年 9 月政务信息资源目录体系国家标准的出台以及 2017 年 6 月《指南》的发布等都为其具体建设提出了明确要求；在不同阶段，全国及各省市的政务信息资源目录体系建设的重点有所不同。

3.2.1 我国政务信息资源目录体系建设的第一阶段（2003 年～2007 年 8 月）

1. 标准规范建设

政务信息资源目录体系和交换体系是政务信息资源共享的基础设施，对政务信息资源共享具有承上启下、提纲挈领的作用。我国从 2003 年开始就开展了政务信息资源目录体系规范的研究和制定，2004 年，《中共中央办公厅 国务院办公厅关于加强信息资源开发利用工作的若干意见》（中办发〔2004〕34 号）指出，要依托统一的电子政务网

络平台和信息安全基础设施，建设政务信息资源目录体系和交换体系，支持信息共享和业务协同。在国家和社会的高度重视下，由国家电子政务标准化总体组组织编写的政务信息资源目录体系的系列标准，于2005年9月形成征求意见稿，为政务信息资源目录体系的建设提供了方向。

在国家的统一指导下，部分政府部门、省市也开始进行政务信息资源目录体系的建设，出台地方标准，发布相关文件，推动部门及地方政务信息资源目录体系建设。北京市质量技术监督局在2006年正式发布了《政务信息资源目录体系》（DB11/T 337—2006）地方标准，以指导北京市的政务信息资源目录体系建设。

2003~2007年，我国国家和部分地方有关政务信息资源目录体系的文件见表3-4。

表3-4 我国国家和部分地方政务信息资源目录体系文件（2003年~2007年8月）

文号	文件名称	发布单位	地区
中办发〔2004〕34号	《中共中央办公厅 国务院办公厅关于加强信息资源开发利用工作的若干意见》[48]	中国共产党中央委员会办公厅（简称中共中央办公厅）、国务院办公厅	全国
交科教发〔2006〕762号	《关于印发公路水路信息资源目录体系总体框架的通知》[49]	交通运输部	全国
京办发〔2005〕33号	《中共北京市委办公厅 北京市人民政府办公厅关于加强政务信息资源共享工作的若干意见》[50]	中共北京市委办公厅、北京市人民政府办公厅	北京
深府〔2006〕143号	《深圳市人民政府关于印发〈深圳市政务信息资源共享管理暂行办法〉的通知》[51]	深圳市人民政府	广东深圳

2. 具体实践

为验证政务信息资源目录体系系列标准征求意见稿，探索政务信息资源目录体系与交换体系支持信息共享及业务协同的应用和服务模式，自2005年9月，天津、上海分别开展了目录体系与交换体系原型试点工作。这两个原型试点的实践证明，相关标准草案可行。依托电子政务网络，通过目录体系与交换体系及其技术支撑环境，是能够实现部门间信息共享和业务协同的。从2006年4月开始，北京、内蒙古等地进一步开展了政务信息资源目录体系与交换体系建设试点工作。另外，中国社会科学院已编制完成元数据管理系统、注册系统等目录体系相关应用软件。通过对几个城市和机构的试点，可以看到政府信息资源体系在各地建设的初步效果[52]。

1) 天津市建设情况

2005年9月，天津市信息化办公室承担了国务院信息化工作办公室政务信息资源目录体系原型试点工程，有8家市级部门、150余家区级部门参与。试点工程依托天津市政务专网，构建了由三个目录中心（天津市目录中心、塘沽区目录中心、武清区目录中心）、七个政务部门（天津市政府办公厅、天津市统计局、天津市信息中心、天市档案馆、天津市科学技术委员会、天津市人民政府法制办公室、天津市人民代表大会)组成的天津政务信息资源目录体系整体框架。天津市通过原型试点,取得了多项成果:建成一个市级目录中心、两个区级目录中心、五个以上政务部门参与的目录服务体系原型示范工程;实现了目录生成、发布、查询、定位和发现流程;模拟了国家政务信息资源目录注册与管理中心,实现了目录中心发现与访问流程;提出政府信息资源目录服务体系有关的运营、维护、服务等管理办法,总结出政务信息资源目录体系建设的模式,为全国各级政务信息资源目录体系建设提供参考;开发或改造出用于编目、注册、存储、发布的一系列工具软件,形成一系列标准库。通过建设政务信息资源目录体系原型,验证了国务院信息化工作办公室组织相关部门编写的政务信息资源目录体系标准。与传统管理方式相配套,形成了一系列信息资源管理制度。这些管理规章、制度等满足了政府信息资源管理的需要,为政府信息资源管理的电子化、网络化奠定了基础,进一步对全国政务信息资源目录体系建设起到示范作用,也为全国的电子政务目录体系建设和发展探索了有效的建设经验与思路。

2)上海市建设情况

2005年9月,上海市承担了国务院信息化工作办公室"地区电子政务原型试点"工作。试点工作在自然人、法人及空间地理领域,确定共享信息指标体系,依托一体化信息交换平台,促进跨部门信息共享和业务协同,提高了政府市场监管、社会管理、公共服务能力。黄浦区、松江区、徐汇区分别承担了这三个领域的试点工作,并围绕医疗救助、低保、廉租房、妇女儿童贫困帮扶等协同服务事项和证照管理、联合年检等协同管理事项,探索了交换体系的建设模式。2006年3月,上海市完成试点工作的建设,并通过了国务院信息化工作办公室专家的验收,试点工作取得了明显的成效:按照电子政务标准,分别形成了三个领域的共享信息指标体系,建设了信息资源库,增强了信息的一致性;依托三个区的政务外网,建成了区级统一的信息交换平台;通过信息流程优化,完成了居民最低生活保障、证照协同监控、土地储备等一批以跨部门业务协同为特征的应用,形成了前台一口受理,后台内部协办的行政服务模式;建立了政府信息共享、协同应用等的相关管理规范。该项目的推进为政务信息资源目录体系的建设打下一定的基础。

3)北京市建设情况

北京市信息资源管理中心于2004年6月正式启动北京地方标准《政务信息资源目录体系》(以下简称《体系》)的制定工作。2005年6月,该标准通过北京市质量技术监督局组织的评审。《体系》规定了北京市各级政府在政务信息资源目录体系建设中的目录体系总体框架、技术要求,政府信息资源核心元数据,政府信息资源分类体系，政府信息资源标识符编码，政务信息资源目录体系建设、运行和维护管理要求。在全市统一规划设计的基础上，《体系》用于指导各级政府合理地建设各级政务信息资源目录体系。2006年3月，北京市承担了国务院信息化工作办公室基于政务信息资源目录体系的政府信息资源共享试点工作。其目录体系主要由市、区两级目录体系组成，其中，市级目录体系包括领导决策信息目录、市级政务基础信息共享目录；海淀区政务信息资源目录体系包括海淀区政务基础信息共享目录、房地产信息目录；石景山区政务信息资源目录体系包括石景山政务基础信息共享目录、公共卫生目录。市区两级目录体系建设以政府信息资源的梳理和分类为重点，建立了一套基于目录体系的政府信息资源共享的应用模式。北京市结合政务决策支持的需求情况，对北京市各委员会、办公室和局的信息进行调查，并对调查信息资源进行分类整理，在此基础上编制了支持决策的政府信息资源目录。其他政务应用领域也逐步开展目录体系建设的规划和实践，也取得了一定的研究成果：建成一个市级目录中心，两个区级目录中心，实现了领导决策目录的梳理，摸清了全市各政府部门为决策提供的信息资源；开发了用于政府信息资源编目、注册、存储、发布的一系列工具软件；生成了一套完整的政务信息资源目录体系标准库；提出了与政府信息资源目录服务体系有关的运营维护管理办法。

4) 无锡市建设情况

无锡市于2004年7月开始政务信息资源目录体系建设项目，已编制《无锡市政务信息资源共享管理办法》，并开发了无锡市政务信息元数据管理系统。无锡市信息中心具体承担了该市目录体系的研究工作，目前研究成果的主要内容有：一是信息资源分类，按"共同职能属性"原则进行抽象提取，将政府信息分成"大类、中类、小类、细类"四级，以政府机构政务属性和特征作为政府信息的分类依据并留有一定的类号，利于收容新增类目，满足大类发展扩充的可能；二是信息资源编码，参考《标准编写规则 第3部分 分类标准》（GB/T 20001.3—2015）、《信息分类和编码的基本原则与方法》（GB/T 7027—2002）及《国民经济行业分类与代码》（GB/T 4754—2002）等相关标准，采用混合式层次编码方法，按类目划分的等级配置相应位数号码，反映类目次序，又可根据标记位数判断类目等级；三是类目索引设置，将分类目录中的大类、中类类目名称排序，作为辅助工具，同时按政府机构名称排列出《无锡市政府机构政府信息分类代码对照表》，对应列出政府信息分类及编码，成为分类目录另外的辅助工具。该项目课题的研制成功，为当地电子政务系统政府信息资源研究建设奠定了基础，推广应用后将大力促进国民经济和社会信息化，具有很高的实际应用价值。

通过几个城市的政府信息资源目录的试点，可以看到政务信息资源目录体系对政府部门之间的信息共享、加快电子政务的建设有比较好的推动作用。

3.2.2 我国政务信息资源目录体系建设的第二阶段(2007年9月~2017年5月)

1. 标准规范建设

2007年9月中华人民共和国国家质量监督检验检疫总局(简称质检总局)、中华人民共和国国家标准化管理委员会批准了5个国家标准,包括:《政务信息资源目录体系 第1部分:总体框架》(GB/T 21063.1—2007)、《政务信息资源目录体系 第2部分:技术要求》(GB/T 21063.2—2007)、《政务信息资源目录体系 第3部分:核心元数据》(GB/T 21063.3—2007)、《政务信息资源目录体系 第4部分:政务信息资源分类》(GB/T 21063.4—2007)、《政务信息资源目录体系 第6部分:技术管理要求》(GB/T 21063.6—2007),而《政务信息资源目录体系 第5部分:政务信息资源标识符编码方案》(GB/T 21063.5—2007)这个标准没有批准发布。

1)《政务信息资源目录体系 第1部分:总体框架》(GB/T 21063.1—2007)

这个标准提出了政务信息资源目录体系的技术总框架,规定了目录服务形成与提供流程、共享信息资源定位与发现流程,描述了与其他各部分之间的关系,适用于跨部门政务信息资源目录体系的规划和建设,同时可作为其他信息资源目录体系规划和建设的参考。

2)《政务信息资源目录体系 第2部分:技术要求》(GB/T 21063.2—2007)

这个标准规定了政务信息资源目录体系的基本技术要求和目录服务接口要求,适用于规划和建立政务信息资源目录内容服务系统。

3)《政务信息资源目录体系 第3部分:核心元数据》(GB/T 21063.3—2007)

这个标准规定了描述政务信息资源特征所需的核心元数据及其表达方式,给出了各核心元数据的定义和著录规则,规定了6个必选的核心元数据和6个可选核心元数据,用以描述政务信息资源的标识、内容、管理等信息,并给出了核心元数据的扩展原则和方法,适用于政务信息资源目录的编目、建库、发布和查询,是各政府部门制定部门内部政务信息资源元数据标准的依据,是对政务信息资源元数据进行扩展的依据。使用者为政务信息资源目录体系的规划方、建设方、管理方。

4)《政务信息资源目录体系 第4部分:政务信息资源分类》(GB/T 21063.4—2007)

这个标准规定了政务信息资源目录体系中政务信息资源的分类原则和方法,以及主题分类类目表,以促进政府部门之间资源共享和面向社会的公共服务,是建立政务信息资源目录的重要的分类依据，在建立政务信息资源目录时提供分类依据。

5)《政务信息资源目录体系 第5部分：政务信息资源标识符编码方案》(GB/T 21063.5—2007)

政务信息资源分类是电子政务信息采集、加工、存储、保护和使用的必要工具。这个标准规定了政务信息资源的分类原则和方法，为政务信息资源目录体系提供分类方案，为政务信息资源分类体系的建立和维护提供了依据。本标准与政务信息资源目录体系核心元数据、标识符编码规则相结合，可以对政务信息资源进行识别、导航和定位，以支持政务部门间政务信息资源的交换与共享。本标准以国内发展电子政务的需求为导向，以支持政务信息的交换和共享为目的，是实现政务信息资源交换和共享的基础。

6)《政务信息资源目录体系 第6部分：技术管理要求》(GB/T 21063.6—2007)

这个标准规定了政务信息资源目录体系的管理要求总体框架、管理角色的职责、目录体系建立活动的技术管理要求，适用于政务信息资源目录体系的建设和管理工作。使用对象为政务信息资源目录体系提供者、使用者和管理者以及相关人员。

《政务信息资源目录体系》国家标准的制定，为国家及地方目录体系的建设提供了具体的建设标准。在国家标准提出后，国家机关各部门及各省市结合实际情况，出台了行业及地区政务信息资源目录体系标准，同时相继发布了一系列意见、办法和工作方案，来引导、规范、促进政务信息资源的共建共享，并对政务信息资源目录建设提出了具体要求和措施。

2007年9月～2017年5月，我国国家和部分地方有关政务信息资源目录体系的标准和文件分别见表3-5和表3-6。

表3-5 我国国家和部分地方政务信息资源目录体系标准(2007年9月～2017年5月)

标准号	名称	发布者	发布日期
GB/T 21063.1—2007	《政务信息资源目录体系 第1部分：总体框架》	国家质量监督检验检疫总局、国家标准化管理委员会	2007.9
GB/T 21063.2—2007	《政务信息资源目录体系 第2部分：技术要求》		2007.9
GB/T 21063.3—2007	《政务信息资源目录体系 第3部分：核心元数据》		2007.9
GB/T 21063.4—2007	《政务信息资源目录体系 第4部分：政务信息资源分类》		2007.9
GB/T 21063.5—2007	《政务信息资源目录体系 第5部分：政务信息资源标识符编码方案》		未正式发布
GB/T 21063.6—2007	《政务信息资源目录体系 第6部分：技术管理要求》		2007.9
LY/T 2173—2013	《林业信息资源目录体系技术规范》	国家林业局	2013.10
LY/T 2269—2014	《林业信息资源目录体系框架》		2014.8

续表

标准号	名称	发布者	发布日期
JT/T 1049.3—2016	《道路运政管理信息系统 第3部分：数据资源目录服务接口》	交通运输部	2016.4
DB42/T 461—2008	《湖北省电子政务信息资源目录编制与管理规范》	湖北省质量技术监督局	2008.1
DB42/T 500.1—2008	《湖北省电子政务编码与应用规范 第1部分：基本编码与应用》		2008.9
DB42/T 500.2—2008	《湖北省电子政务编码与应用规范 第2部分：行政编码与应用》		
DB35/T 1071—2010	《政务信息资源目录分类与管理》	福建省质量技术监督局	2010.10
DB31/T 745—2013	《政务信息资源共享与交换实施规范 第1部分：目录元数据》	上海市质量技术监督局	2013.11
DB37/T 2884—2016	《政务信息资源标识符编码规则》	山东省质量技术监督局	2016.12
DB37/T 2885—2016	《政务信息资源核心元数据》		
DB37/T 2886—2016	《政务信息资源目录编制指南》		

表3-6 我国国家和部分地方政务信息资源目录体系文件(2007年9月～2017年5月)

文号	文件名称	发布单位	地区
发改高技〔2013〕733号	《关于进一步加强政务部门信息共享建设管理的指导意见》[53]	国家发展改革委等	全国
交科技发〔2017〕58号	《交通运输部关于印发〈交通运输政务信息资源共享管理办法(试行)〉的通知》[54]	交通运输部	全国
京信息办发〔2008〕12号	《关于印发〈北京市政务信息资源目录建设管理办法(试行)〉的通知》[55]	北京市信息化工作办公室	北京
鲁政办发〔2015〕6号	《山东省人民政府办公厅关于印发山东省政务信息资源共享管理办法的通知》[56]	山东省人民政府办公厅	山东
杭政办函〔2008〕195号	《杭州市人民政府办公厅关于加强杭州市政务信息共享工作的若干意见》[57]	杭州市人民政府办公厅	浙江杭州
东府办〔2010〕164号	《关于印发〈东莞市政务信息资源目录编制和管理工作方案〉的通知》[58]	东莞市人民政府办公室	广东东莞
宁政发〔2011〕91号	《关于印发南京市政务信息资源共享管理办法(试行)的通知》[59]	南京市人民政府办公厅	江苏南京
三府〔2016〕13号	《三亚市人民政府关于印发三亚市政务信息资源共享管理办法的通知》[60]	三亚市人民政府	海南三亚

2. 具体实践

2007年，国家关于政务信息资源目录体系的系列标准出台后，部分省市开始了政务信息资源目录体系的具体建设，阶段性建设工作取得一定成就。现从以下两个方面对北京、山东、湖北三个地方的政务信息资源目录体系建设情况进行比较分析。

1) 分类体系建设

分类标准是目录体系建设的一项重要内容。分类标准的建立，是在充分分析本部门信息资源内容的基础上完成的，能够简单直接地概括本部门工作内容，为信息的共享开放提供便利。

通过对北京、山东和湖北政务信息资源目录体系建设的研究，可以发现目前我国的分类标准主要包括三种方式，即主题分类、组配分类和组织分类(表 3-7)。主题分类即对本部门的工作内容进行总结，将其概括为几个方面，如财政、工业、农业、卫生等(表 3-8)；组配分类则是按照政务信息资源的类型进行分类，如公示公告、统计分析、财政信息等(表 3-9)；组织分类则直接以机构或部门为分类标准，将政务信息资源划分到各个机构或部门之中。

表 3-7　北京、山东、湖北目录体系分类方法

地区	主题分类	组配分类	组织分类
北京	×	√	√
山东	√	√	√
湖北	√	√	√

表 3-8　北京、山东、湖北主题分类类目设置

地区	类目数量	具体分类
北京	0	无
山东	21	综合政务、监察；国民经济管理、国有资产监管；财政、金融、审计；国土资源、能源；农业、林业、水利；工业、信息化、无线电、交通；商贸、海关、旅游；市场监管、安全生产监管；城乡建设、环境保护；科技、教育；文化、广播电视、新闻出版；卫生、体育；人口与计划生育、妇女儿童工作；劳动、人事、监察；公安、安全、司法；民政、扶贫、减灾；民族、宗教；对外事务；港澳台工作；国防；其他
湖北	21	综合政务；国民经济管理、国有资产监管；财政、金融、审计；国土资源、能源；农业、林业、水利；工业、交通；商贸、海关、旅游；市场监管、安全生产监管；城乡建设、环境保护；科技、教育；文化、广播电视、新闻出版；卫生、体育；人口与计划生育、妇女儿童工作；劳动、人事、监察；公安、安全、司法；民政、扶贫；民族、宗教；对外事务；港澳台工作；国防；其他

表 3-9　北京、山东、湖北组配分类类目设置

地区	类目数量	具体分类
北京	20	组织工作；会议信息；政策文件；地方性法规；政府规章；人事信息；任前公示；财政审计；规划成果；计划报告；政府采购；招投标信息；价格信息；国土信息；社保信息；保障性住房；环境信息；食品安全；药品安全；重点建设项目
山东	17	组织机构；法规文件；规划计划；统计分析；财政信息；行政权力；人事信息；应急管理；工作动态；公示公告；公共资源配置；公共服务；公共监管；热点回应；其他信息；政府工作报告；建议提案办理结果
湖北	15	政府领导；政府机构；人事信息；政策法规；国民经济和社会发展规划；政府会议；工作规划、计划；应急管理；建议、提案办理；行政权力运用；财政资金信息；招标采购；统计信息；新闻发布会；回应关切

通过比较可以看出，北京、山东和湖北均形成了比较完善的分类体系，且至少包

括两种不同的分类标准。在应用的标准中，类目设置也较为全面，基本涵盖了政府工作的所有内容，如在组配分类中，北京设置了 20 个类目，山东设置了 17 个类目，湖北设置了 15 个类目。

但是具体来看，三个地区的分类体系却并不统一。山东和湖北采用了主题分类、组配分类和组织分类三种分类方法，而北京却没有采用主题分类，只采用了组配分类与组织分类的方式。在各分类方法下，三个地区的类目设置也有所不同，不仅体现在类目数量上，还体现在类目内容上。即使是相似的类目设置，不同地区的名称也不相同，如在组配分类中，北京设置了组织工作这一类目，与之相对应的，山东的类目名称为组织机构，而湖北则为政府机构。

2) 核心元数据建设

核心元数据的建设是政府信息资源建设的重要内容。北京、山东和湖北三个地区基本采用了《政务信息资源目录体系 第 3 部分：核心元数据》（GB/T 21063.3—2007）标准，即包含 6 个必选的元数据及 6 个可选的元数据，其中 6 个必选的元数据分别是：信息资源名称、信息资源摘要、信息资源提供方、信息资源分类、信息资源标识符和元数据标识符。

山东 2016 年发布了《山东省政务信息资源核心元数据》省级标准，在国家标准规定的 6 个必选元数据的基础上，明确了山东省目录体系建设中的 13 个核心元数据（表 3-10）。

表 3-10　山东核心元数据及简要说明

名称	简要说明
信息资源名称	缩略描述政务信息资源内容的标题
信息资源摘要	对资源内容进行概要说明的文字
信息资源标识符	政务信息资源的唯一不变的标识编码
信息资源提供方	对政务信息资源的完整性、正确性、真实性等负有责任的政务部门的名称和地址信息
信息资源分类	说明共享政务信息资源分类方式及其相应的分类信息
管理方式	管理政务信息资源的方式
共享类型	根据政务部门间信息资源共享条件进行的分类
更新频率	政务信息资源更新的周期
发布日期	政务信息资源提供方发布共享政务信息资源的日期
服务信息	描述政务信息资源提供者所提供的计算机服务功能接口的基本信息
在线资源链接地址	可以获取共享政务信息资源的网络地址
元数据标识符	元数据的唯一标识
元数据维护方	对元数据内容负责的政务部门的名称和地址信息

三个地区均采用了国家标准中核心元数据加扩展元数据的模式，但是仅一种元数据标准难以满足政府信息公开共享的需求，还应在借鉴国外经验的基础上，根据不同的政务信息资源类型，建立多元的元数据标准。

3.2.3 我国政务信息资源目录体系建设的第三阶段（2017年6月至今）

1. 标准规范建设

2017年6月，国家发展改革委和中央网信办联合发布的《指南》，明确了政务信息资源目录编制的责任分工和具体编制流程。

在责任分工上，基础信息资源目录由各基础信息资源库的牵头建设部门负责编制和维护，主题信息资源目录由主题信息化共建工程、公共服务主题事项等的牵头部门负责编制和维护，部门信息资源目录由各政务部门负责编制和维护；国家政务信息资源目录由国家发展改革委组织汇总编制，国家政务信息资源目录的日常维护由国家数据共享交换平台建设运行管理单位具体负责。在编制流程方面，政务信息资源目录编制共有四个流程，分别是前期准备、目录编制与报送、目录汇总与管理、目录更新。

《指南》的发布，对于国家政务信息资源目录的编制，以及政务信息资源进行管理、共享交换和开放发布具有指导作用。部分政府部门和省市也在《指南》的基础上，发布了相关文件，推动目录体系的建设。

2017年6月以来，我国国家和部分地方有关政务信息资源目录体系的标准和文件分别见表3-11和表3-12。

表3-11　天津政务信息资源目录体系标准（2017年6月之后）

标准号	名称	发布者	发布日期
DB12/T819.1—2018	《城市建设管理政务信息资源目录体系第1部分：核心元数据》	天津市市场和质量监督管理委员会	2018.7
DB12/T819.2—2018	《城市建设管理政务信息资源目录体系第2部分：信息资源分类》		
DB12/T819.3—2018	《城市建设管理政务信息资源目录体系第3部分：标识符编码规则》		

表3-12　我国国家和部分地方政务信息资源目录体系文件（2017年6月之后）

文号	文件名称	发布单位	地区
发改高技〔2017〕1272号	《两部门关于印发〈政务信息资源目录编制指南（试行）〉的通知》[61]	国家发展改革委、中央网信办	全国
苏政发〔2017〕133号	《省政府关于印发江苏省政务信息资源共享管理暂行办法的通知》[62]	江苏省人民政府	江苏
京政发〔2017〕37号	《北京市人民政府关于印发〈北京市政务信息资源管理办法（试行）〉的通知》[63]	北京市人民政府	北京
榕政办〔2017〕259号	《福州市人民政府办公厅关于印发福州市政务信息资源目录编制实施方案的通知》[64]	福州市人民政府办公厅	福建福州

2. 具体实践

文献调研显示，江苏、山东等地在政务信息资源目录体系建设方面，取得了较显著的成果。下面以山东省为例进行说明。

至 2018 年 3 月，山东各市各部门按照三定方案和权责清单完成了资源目录的梳理报送，省、市、县(市、区)三级共编制目录信息 42 万多条，率先实现与国家政务信息资源目录系统对接。据国家发展改革委统计，山东省目录编制进度、目录数量均列全国首位[65]。

2018 年 5 月，山东省济南市和德州市政务数据共享交换平台分别实现上线运行，并与省级平台实现深度级联，正式纳入国家统一的政务数据共享交换体系。各级各部门可通过市共享平台向国家、省级部门和其他市申请政务信息资源。

济南市共梳理出 1.5 万余条政务信息资源目录，其中可共享资源目录 1.3 万条，可开放资源目录 8000 余条。同时推进各部门数据接入市共享平台，首批次对接完成市自然资源和规划局、市公安局、市人力资源和社会保障局等共 6 个部门数据，涉及 25 个部门约 43 项信息资源需求。建立市级政务数据共享交换平台，市级政务数据资源共享网开始面向各级信息共享用户，实现了全省范围内信息资源目录查询、服务申请调用等功能[66]。

德州市市直部门梳理政务信息资源目录 3781 类，县市区梳理政务信息资源目录 24990 类，归集市县两级 503 个部门的可共享数据 9216 万条。同时，政务数据共享交换平台已初步建成人口、法人市级中心共享数据库，分别累积数据 724 万条和 74 万条，为市县两级共享交换了 300 余类数据共 1.818 亿条，在便民惠民、加快审批服务效率方面发挥了重要作用[67]。

3.2.4 我国政务信息资源目录体系建设的成就与不足

1. 成就

1)出台了相关政策法规和行业标准

十多年来，在目录体系的建设和推进过程中，国家相关部门适时颁布了法律法规和政策条例，对其进行统一部署和规划。国家相关部门先后下发了《国家信息化领导小组关于我国电子政务建设指导意见》(中办发〔2002〕17 号)、《中共中央办公厅、国务院办公厅关于转发〈国家信息化领导小组关于推进国家电子政务网络建设的意见〉的通知》(中办发〔2006〕18 号)、《关于印发〈国家电子政务总体框架〉的通知》(国信〔2006〕2 号)等文件，明确了目录体系的重要地位，对其建设和发展起到了推动作用。国家标准化管理委员会于 2007 年发布的政务信息资源目录体系国家标准，国家发展改革委和中央网信办 2017 年联合发布的《指南》，都为我国目录体系建设提出了明确的要求。

在各地方建设的过程中，各部门按照国家标准也建立了一些省级和部门编制要求，如山东省在目录编制、标识符编码和核心元数据的设置上都出台了明确的指南。

2) 建立了政府信息资源的分类标准

在目录体系建设的过程中,信息资源分类是一项重要且基础性的工作。目前国家至地方的目录体系建设中均开展了信息资源分类工作。在当前的目录体系建设过程中,都至少采用了两种以上的分类方法,综合运用了主题分类、组配分类和组织分类法。通过对其分类方法及类目具体设置的分析,可以看出,在这样的分类标准下,是能够全面覆盖政府工作和信息资源的。对政府信息资源的合理分类,可以使信息资源的定位和获取更精确,从而为开放和共享提供有利条件。

3) 扩充了政府信息资源数量

目录体系中信息资源的充实程度决定了其能否发挥出应有的作用。在我国目录体系的具体建设过程中,各省(自治区、直辖市)通过对政府信息资源的调查,建立信息资源表,不断加强数据库建设,信息资源数量不断增加,呈现出逐年上升的趋势。而且在信息资源不断充实的情况下,我国信息公开工作也逐步发展,可公开的信息资源数量也逐年增加。

4) 部分地市政务信息资源目录体系建设成绩突出

自国家推进电子政务建设以来,部分地区高度重视政务信息资源目录体系建设,并且取得了不错的成绩。例如,作为我国电子政务建设走在前列的城市之一,青岛市已建立了完善的政务信息资源目录。该目录涵盖市(地区、自治州、盟)、县(区、旗、县级市)、乡(镇、街道)三级部门,包括市政府信息目录、市政府部门信息目录、区市政府目录和乡镇政府信息目录。在此基础之上,青岛市完善了八大基础数据库,信息资源的共享与交换也取得突出成就,为其他地区政务信息资源目录体系的建立提供了经验。

2. 不足

1) 各地区建设标准不统一

建设标准的不统一不仅体现在信息资源的分类上,还体现在目录编制、标识符编码和核心元数据的设置上。虽然我国已经出台了国家标准,但是在每个单位实施的过程中,却出现了很多不同的情况,如制定和实施各自的标准规范。标准不统一会导致信息共享和业务协同能力的下降,无法实现部门间或区域间的信息对接,难以实现统一管理。

2)地域间建设差距明显

我国目录体系建设发展不平衡，主要体现在中西部与东部间的差距明显、市县乡级政务信息资源目录体系建设落后。

我国东部地区经济发达，技术先进，目录体系建设较为完善。尤其是山东、浙江、江苏等省份，电子政务发展态势良好，目前已经形成了自己的模式和特点。而我国中西部地区由于经济落后，加上意识欠缺，电子政务发展缓慢，政务信息资源目录体系建设也较为滞后。

基层目录体系建设滞后首先体现在认识方面，市县乡级地方政府部门的领导和工作人员对其重视不够，服务观念也比较滞后，导致政务信息资源目录体系建设缓慢；其次体现在技术、人才、资金方面的缺失，部分市县乡经济发展水平较低，缺少先进的技术、专业的人才和充足的资金，无法开展政务信息资源目录体系建设。

3)缺乏规范的技术服务体系

技术和服务的落后会严重影响目录体系的建设。目前，虽然国家已出台了建设标准，但在实际工作中缺少明确的技术要求，而且由于各地区经济发展程度与重视程度不同，技术服务水平存在差异，各地区政务信息资源目录体系建设速度不同，质量差别大。

除此之外，运维保障重视不足，导致我国信息资源目录体系后期维护程度低。不少地区只搭建了这一平台，却没有做到及时更新、及时反馈，存在信息资源内容陈旧老化的问题，使其无法发挥原有的作用。

3.2.5 推进我国政务信息资源目录体系建设的建议

1. 逐步探索和实施政务信息资源目录体系建设的外包

现代信息技术的发展及互联网络的普及使得政府正在向"电子治理"转型，而转型的首要问题就是如何确保和控制服务的供给。也就是说，政府不必自己提供具体的服务或产品，但必须管理服务的供给与供给者、服务的质量和价格、公众的使用情况等。政府部门可以将信息资源的目录数据采集、组织工作，以及政务信息资源目录体系平台等技术环节的业务交给熟悉政府业务流程的信息技术公司承担，而政府部门主要负责政务信息资源目录体系基本框架、运行及服务机制的设计工作，从而加快我国政务信息资源目录体系建设的进程，提高政务信息资源目录体系的服务水平。

2. 积极构建政府信息资产登记制度

政府信息资源作为一种重要的战略资源，不仅是国家宝贵的资产，也是公众借以了解政府、社会和经济等各种状况的重要资源。为了防止政府工作人员和其他人员遗失、隐匿、损毁政府信息资源，一些国家和地区的政府建立了较为完整的政府信息资产登记制度。我国可以借鉴国外先进经验，结合本国国情，制定科学可行的政府信息资产登记制度，以掌握国家政府信息资源的基本状况，为进一步开发政府信息资源提供指导。

政务信息资源目录体系建设是一项长期、细致、复杂的工作，涉及的范围广、部门多。在公众需要、技术促进、法律保障等的共同作用下，政务信息资源目录体系将逐渐完善，并促进政务信息资源的整合共享与再利用。

3. 加强组织机构和人才队伍建设

组织机构的完善和人才队伍是电子政府发展的保障。应加强组织机构建设，建立统一的专门化的行政机构，负责管理本单位的目录体系建设，避免出现各地区组织机构冗杂、责任划分不明确的情况。各省市机构应该在管理本单位事务的基础上，对下级单位的工作进行指导和帮助，给予技术支持，共享工作经验。

应采取各种有效措施、创造有利条件、综合利用多种形式、引进人才，充分利用社会资源，特别是具有实际工作经验的高层次、技术型、管理型人才资源，逐步形成既熟悉本部门业务工作情况，又有丰富的一线实践工作经验的专业人才队伍，进一步实现各部门人才队伍的年轻化、专业化，为目录体系的建设和电子政务发展提供人才保障。

参 考 文 献

[1] 杨红艳, 王涛. 目录体系和交换体系在我国电子政务建设中的地位与作用[J]. 电子政务, 2008, 9: 78-85.
[2] 李小申. 政务信息资源目录体系的建设[J]. 电子技术与软件工程, 2014, 7: 143.
[3] 杨薇薇, 王新才. 美国GILS服务体系研究[J]. 图书馆理论与实践, 2006, 2: 93-95.
[4] 曹树金, 司徒俊峰, 马利霞. 论政府信息资源的元数据标准[J]. 情报学报, 2004, 23(6): 715-722.
[5] 王红霞, 苏新宁. 基于元数据的电子政务信息资源组织模式[J]. 情报理论与实践, 2007, 30(1): 116-121.
[6] 王仁武, 杨洪山, 陈家训. 电子政务信息资源元数据标准的设计与实现[J]. 情报资料工作, 2007, 4: 52-55.
[7] 吴鹏, 强韶华, 苏新宁. 政府信息资源元数据描述框架研究[J]. 中国图书馆学报, 2007, 1: 66-68.
[8] 张承伟, 赖洪波. 政府信息资源元数据的描述方法[J]. 情报科学, 2007, 6: 848-851.
[9] 王芳. 我国电子政务元数据的构建及其基于Web服务的共享实现[J]. 情报学报, 2007, 26(1): 125-133.
[10] 卫佳蕴, 孙莉, 朱吉翔. 基于元数据的目录服务体系研究与实现[J]. 计算机技术与发展, 2008, 4: 42-44, 48.

[11] 高文山. 基于元数据的政务信息共享模型研究[D]. 成都: 西南交通大学, 2011.
[12] 寿志勤, 陈文. 基于元数据和目录服务的政府信息资源集成管理框架研究[J]. 电子政务, 2007, 7: 40-45.
[13] 谢先江. 区域性电子政务信息资源目录体系实现研究[J]. 电子政务, 2007, 12: 37-41.
[14] 徐枫, 宦茂盛. 政务信息资源目录体系技术概述[J]. 信息技术与标准化, 2005, 11: 30-34.
[15] 张乃丁, 李刚. 城市建设信息资源目录体系构建研究[J]. 科技信息(科学教研), 2008, 7: 29-31.
[16] 刘瑞. 区域政务信息资源数据交换系统的设计与实现[D]. 成都: 电子科技大学, 2013.
[17] 乔建忠. 基于业务关联的政务信息资源分类系统的研究与实现[J]. 现代图书情报技术, 2010, 9: 28-36.
[18] 龚立群, 李文生, 张亚军. FEA-BRM 及其对构建我国政务信息分类体系的启示[J]. 情报杂志, 2011, 8: 144-148.
[19] 李文生. 政务信息资源分类体系的有关问题探讨[J]. 电子政务, 2007, 5: 14-17.
[20] 穆勇, 刘守华, 吴晓敏, 等. 面向公共服务的政务信息资源分类体系简析[J]. 中国信息界, 2006(2): 16-17.
[21] 张祖培. 政务信息资源分类思考与实践[J]. 中国信息界, 2007, 14: 25-27.
[22] 赖茂生. 如何认识和设计政务信息资源目录体系和交换体系[J]. 数字图书馆论坛, 2005(9): 8-13.
[23] 董丹华. 我国政务信息资源共享的瓶颈问题分析[D]. 北京: 中国人民大学, 2010.
[24] 刘寅斌. 地方政府电子政务信息资源共享体系的研究[J]. 情报探索, 2007(12): 78-80.
[25] 陈松. 政务信息资源共享交换平台研究与实现[D]. 成都: 电子科技大学, 2014.
[26] 张越. 电子政务信息共享平台的规划与设计[D]. 上海: 复旦大学, 2008.
[27] 梁昌勇, 杨大寨, 张什永, 等. 基于本体的政务信息资源个性化应用研究[J]. 中国科技论坛, 2012, 9: 66-70.
[28] 梁昌勇, 杨大寨, 司光昀. 基于本体的政务信息资源个性化目录体系[J]. 清华大学学报(自然科学版), 2012, 11: 1650-1656.
[29] 杨大寨. 基于本体理论的政务信息资源个性化应用研究[D]. 合肥: 合肥工业大学, 2014.
[30] 马殿富, 章晓杭. 政务信息资源目录体系和交换体系总体框架探讨[J]. 信息技术与标准化, 2005, 11: 21-25.
[31] 吴焱, 高栋, 吴志刚. 政务信息资源目录体系与交换体系标准研究[J]. 信息技术与标准化, 2005, 11: 26-29.
[32] 吴晓敏. 政府信息资源目录体系与交换体系建设再探[J]. 信息化建设, 2005, Z1: 40-42.
[33] 张志明, 刘铸. 浅议省级政务信息资源目录体系建设[J]. 信息系统工程, 2013, 3: 39-41.
[34] 许跃军, 林培龙. 宁波市政府信息资源目录体系建设实践[J]. 信息化建设, 2008, 1: 28-31.
[35] 肖迎霜. 武汉市政务信息资源目录体系与交换体系试点建设实践[J]. 电子政务, 2009, 9: 81-84.
[36] 柳羽辉. 长春市政务信息资源目录体系规划设计研究[J]. 中国信息界, 2012, 12: 52-53.
[37] 胡晓光. 建立区县级政务资源目录体系的初步思考[J]. 信息化建设, 2007, 12: 29-30.

[38] 戴星. 基于目录服务体系探索区级政务信息资源管理技术的实践与思考[J]. 科技信息, 2010, 26: 630-631.

[39] 黄莺. 民族政务信息资源目录体系研究[J]. 图书馆学研究, 2012, 15: 69-73.

[40] 尉飞新, 环菲菲, 潘崇伦. 上海市水务信息资源目录体系和交换体系建设实践[J]. 上海水务, 2009, 1: 42-45, 48.

[41] 李新伟, 钟华. 我国卫生政务信息资源分类体系研究[J]. 中国数字医学, 2010, 9: 5-8.

[42] 王仁武, 杨洪山, 陈家训. 政务信息资源元数据目录服务系统的设计与实现[J]. 情报杂志, 2007, 6: 6-8.

[43] 罗贤春, 文庭孝, 余肖生, 等. 社会化服务导向的电子政务信息资源共享目录[J]. 图书情报知识, 2009, 3: 83-89.

[44] 陈明文. 面向数字区域的目录服务模型研究[D]. 福州: 福州大学, 2010.

[45] 刘绵俊. 政务信息资源目录服务模型研究[D]. 大连: 大连理工大学, 2007.

[46] 沙志刚. 政务信息资源元数据目录服务系统的设计与实现[D]. 上海: 东华大学, 2011.

[47] 穆勇, 彭凯, 谢力民, 等. 政务信息资源目录体系建设理论和实践[M]. 北京: 北京大学出版社, 2009.

[48] 中共中央办公厅, 国务院办公厅. 中共中央办公厅 国务院办公厅关于加强信息资源开发利用工作的若干意见[EB/OL]. [2015-10-02]. http://www.caf.ac.cn/html/xxh/201354/20466.html.

[49] 交通运输部. 关于印发公路水路信息资源目录体系总体框架的通知[EB/OL]. [2015-10-02]. http://aqxxgk.anqing.gov.cn/show.php?id=381930.

[50] 中共北京市委办公厅, 北京市人民政府办公厅. 中共北京市委办公厅 北京市人民政府办公厅关于加强政务信息资源共享工作的若干意见[EB/OL].[2015-10-02].http://www.e-gov.org.cn/article-17849.html.

[51] 深圳市人民政府. 深圳市人民政府关于印发《深圳市政务信息资源共享管理暂行办法》的通知[EB/OL]. [2015-10-02]. http://www.sz.gov.cn/zfgb/2006/gb511/200810/t20081019_94701.htm.

[52] 陈宏晓. 政务信息资源目录体系研究[D]. 上海: 同济大学, 2008.

[53] 国家发展改革委, 中央机构编制委员会办公室, 工业和信息化部, 等. 关于进一步加强政务部门信息共享建设管理的指导意见[EB/OL]. [2015-10-02]. http://www.echina.gov.com/policy/211023.htm.

[54] 交通运输部. 交通运输部关于印发《交通运输政务信息资源共享管理办法(试行)》的通知[EB/OL]. [2018-03-10]. http://www.gov.cn/gongbao/content/2017/content_5234541.htm.

[55] 北京市信息化工作办公室. 关于印发《北京市政务信息资源目录建设管理办法(试行)》的通知[EB/OL]. [2015-10-02]. https://wenku.baidu.com/view/c3d254d780eb6294dd886cc1.html.

[56] 山东省人民政府办公厅. 山东省人民政府办公厅关于印发山东省政务信息资源共享管理办法的通知[EB/OL]. [2015-10-02]. http://www.shandong.gov.cn/art/2015/2/6/art_2267_17461.html.

[57] 杭州市人民政府办公厅. 杭州市人民政府办公厅关于加强杭州市政务信息共享工作的若干意见[EB/OL]. [2015-10-02]. http://www.hangzhou.gov.cn/art/2008/5/28/art_1108543_662797.html.

[58] 东莞市人民政府办公室. 关于印发《东莞市政务信息资源目录编制和管理工作方案》的通知[EB/OL].

[2015-10-02]. http://www.dg.gov.cn/007330010/0202/201610/236339d714f9f80d4c9004fe526de.shtml.

[59] 南京市人民政府办公厅. 关于印发南京市政务信息资源共享管理办法(试行)的通知[EB/OL]. [2015-10-02]. http://www.nanjing.gov.cn/xxgkn/zfgb/201812/t20181207_1289826.html.

[60] 三亚市人民政府. 三亚市人民政府关于印发三亚市政务信息资源共享管理办法的通知[EB/OL]. [2018-03-10]. http://www.sanya.gov.cn/sanyasite/fgwj/201601/dfc2d8915801460bb75fb1aa25c61f00.shtml.

[61] 国家发展改革委, 中央网信办. 两部门关于印发《政务信息资源目录编制指南(试行)》的通知[EB/OL]. [2018-03-10]. http://www.gov.cn/xinwen/2017-07/13/content_5210203.htm.

[62] 江苏省人民政府. 省政府关于印发江苏省政务信息资源共享管理暂行办法的通知[EB/OL]. [2018-03-10]. http://www.jiangsu.gov.cn/art/2017/11/3/art_46143_6178174.html.

[63] 北京市人民政府. 北京市人民政府关于印发《北京市政务信息资源管理办法(试行)》的通知[EB/OL]. [2018-03-10]. http://www.pkulaw.cn/fulltext_form.aspx?Gid=c8688481534d3be4b805e80f6ebb4629bdfb.

[64] 福州市人民政府办公厅. 福州市人民政府办公厅关于印发福州市政务信息资源目录编制实施方案的通知[EB/OL]. [2018-03-10]. http://www.fuzhou.gov.cn/zfxxgkzl/szfbmjxsqxxgk/szfbmxxgk/fzsrmzfbgt/zfxxgkml/gzdt/201709/t20170922_1693419.htm.

[65] 山东率先实现与国家政务信息资源目录系统对接[EB/OL]. [2018-03-10]. http://mini.eastday.com/mobile/180302132854920.html#.

[66] 济南市政务信息交换共享进入"快车道"[J]. 计算机与网络,2018,44(10):1.

[67] 市政务信息资源共享平台交换数据300类1.8亿条[EB/OL]. [2018-11-05]. http://www.dezhoudaily.com/p/1424046.html.

第 4 章　政府信息服务的标准化
——基于用户的政府信息服务评价

2008 年《条例》的实施，对政府信息服务的广泛开展起到了积极的推动作用。公众是政府信息服务的直接用户，公众是否接受和满意是衡量政府信息服务的重要指标。从用户信息服务角度出发构建政府信息服务标准，开展政府信息服务的标准化建设，从而提升政府信息服务水平成为目前我国政府工作的重要任务之一；与此相适应，以用户的体验为基础，构建科学的政府信息服务评价体系，实现政府信息服务评价的标准化也成为政府信息管理标准化研究和建设的重要内容。随着社交媒体逐步渗透到社会生活的各个领域，政府部门开始关注并利用这一新兴信息交流工具为公众提供服务，政务微信、政务微博以及政务 APP 等新型电子化公共信息服务方兴未艾，开展政务新媒体信息服务评价成为政府信息服务标准化研究的新课题。本章重点探讨建立基于用户满意度的政务微信服务质量评价模型以及政务 APP 使用意向的影响因素，并开展实证研究。

4.1　基于用户满意度的政务微信服务质量评价模型及其实证研究

社交媒体具有即时传播、互动性强、发布信息形式多样等特点，能更好地吸引用户，提升用户体验。相对于微博、网站而言，微信公众号的互动性、针对性更好且个性化程度更高。腾讯公司发布的《2018 微信公众平台政务、媒体类账号发展报告》显示，平均每个微信用户关注 2.3 个政务号和 1 个媒体号。政务及媒体类公众号蕴含着巨大能量，是微信公众平台舆论场的中流砥柱[1]。

政府部门通过微信平台发布政务信息，可以主动引导舆论，改变传统的定点、定时发布政务信息的方式，但在实践中，现有的政务微信在内容质量及与用户的交流互动等方面也反映出一些问题和不足。本节对政务微信服务质量与用户满意度之间的关系进行探索，由此构建一个基于用户满意度的政务微信服务质量评价模型，并以武汉市政务微信——"武汉发布"为例，进行模型检验和实证研究，据此对其服务质量的提升提出建议。

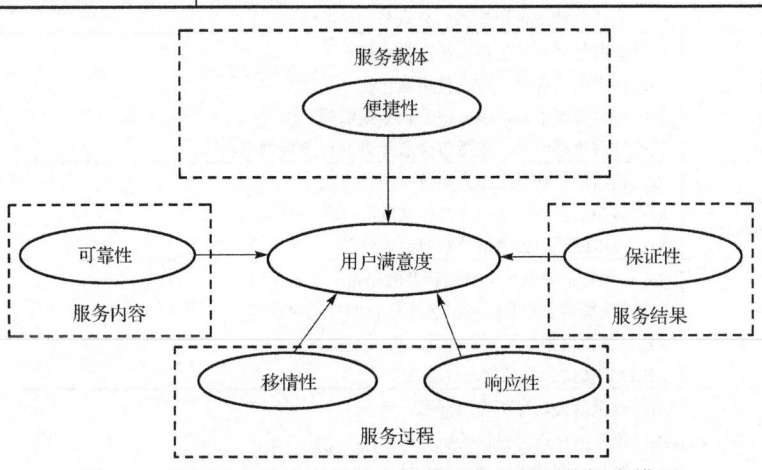

4.1.1 基于用户满意度的政务微信服务质量评价模型构建

1. 政务微信服务质量评价概念模型的建立

政务微信服务质量评价是根据用户的需求和满意度，采用一定的评价指标，按照一定的原则和程序对政务微信服务质量进行全面评估的过程。用户满意度是用户对服务质量的直接表述，若用户对政务微信的感知水平符合或高于其预期水平，则用户获得较高的满意度；反之，则用户获得较低的满意度。这里对国内外众多学者有关网站服务质量、社交媒体(微博)信息服务质量的相关研究维度进行了梳理，结果如表4-1所示。结合政务微信及公共信息服务的特征，笔者构建了基于用户满意度的政务微信服务质量评价概念模型(图4-1)。

表4-1 相关领域服务质量评价模型研究维度梳理

研究对象	维度的具体内容
纯服务行业服务质量评价模型[2]	可靠性、有形性、响应性、移情性和保证性
用户感知的服务质量评价模型[3]	容易接近性、服务沟通、服务能力、礼貌性、可行性、可靠性、响应性、安全性、有形性、理解性
政府门户网站服务质量评价模型[4]	效率、信任性、真实性、公众支持率、易用性、信息质量、互动环境
公共信息服务质量模型[5]	可靠性、安全性、响应性、公平性
移动政务价值评价模型[6]	功能价值、情感价值、社会价值、技术价值和用户价值
微博客服务质量用户满意度模型[7]	便捷性、时效性、个性化、扩展性、交互性、有用性、隐私保障、帮助支持
高校微博信息服务质量评价模型[8]	技术体验、感知体验、内容体验、服务体验

图4-1 基于用户满意度的政务微信服务质量评价概念模型

由图4-1可知，对政务微信服务质量的测度主要从服务载体、服务过程、服务内容和服务结果四个方面判断各个维度与用户满意度之间的关系；而以上四个方面则通过政务微信的便捷性、移情性、响应性、可靠性和保证性五个维度来评测。

对政务微信服务载体的测量主要是便捷性，政务微信的便捷性是指服务载体在时间、空间的影响下为公众提供服务的能力。对服务过程的测度包括移情性和响应性，移情性表现为微信服务的个性化、服务的针对性、信息以及沟通的礼貌性等；响应性用来衡量服务反馈的速度、服务的易理解性。对服务内容的测度主要是可靠性，即政务微信信息内容发布的真实可信性、全面完整性。对政务微信服务结果的测量主要是保证性维度，包括是否解决了问题、是否发布了有用的消息以及解决问题的效率。

用户满意度指用户对服务和服务提供者的整体满意度，是用户享用服务前的期望与使用后的感知之间的差异的一种反映。对于政府部门来说，如何提高政务社交媒体的质量和用户满意度，建立良好的用户关系，是一个很重要的问题。因此，除了要探讨政务微信服务质量的影响因素，还有必要研究政务微信服务质量各维度与用户满意度间的关系。

2. 研究假设的提出与量表的设计

基于服务质量由用户感知的观点，下面在服务质量模型中引入用户满意度，结合SERVQUAL量表和服务绩效模型(Service Performance Model, SERVPERF)量表，采用归纳演绎法生成初始问项，并向相关专家请教，最终确定符合政务微信特点的量表，见表4-2，并据此提出研究假设。

表4-2 政务微信服务质量评价模型测量量表

变量	问项
便捷性 (convenience)	C_1: 该微信公众号获取公共信息比以前更方便、更容易 C_2: 可以快速查找微信公众号发布的信息 C_3: 很快熟练地使用该微信公众号
移情性 (empathy)	E_1: 该微信公众号工作人员回复中肯 E_2: 该微信公众号工作人员用语礼貌 E_3: 针对重要信息，该微信公众号提供视频说明 E_4: 针对重要信息，该微信公众号提供有效咨询电话
响应性 (responsiveness)	R_1: 该微信公众号工作人员及时回答问题 R_2: 该微信公众号工作人员告知解决问题的时间 R_3: 可以随时向该微信公众号寻求帮助
可靠性 (reliability)	RE_1: 该微信公众号信息更新及时稳定 RE_2: 该微信公众号提供的各项信息服务均可使用 RE_3: 该微信公众号信息全面，能满足需求 RE_4: 该微信公众号信息权威真实
保证性 (assurance)	A_1: 该微信公众号不会泄漏私人信息 A_2: 该微信公众号提供的服务很好用 A_3: 愿意长期使用该微信公众号
用户满意度 (customer satisfaction)	CS_1: 该微信公众号服务质量很高 CS_2: 该微信公众号能满足需求 CS_3: 与期望相比，该微信号提供的服务很好 CS_4: 该微信公众号总体服务评价是满意的

1) 便捷性与用户满意度之间关系的假设

便捷性指服务载体在时间、空间的影响下为公众提供服务的能力。政务微信服务最大的特点是该服务不受时空的限制，互联网技术和移动通信技术的应用使服务突破了时空的约束，克服了传统公共服务的缺陷，使公众可以随时随地享受政府提供的公共服务。Wolfinbarger 等指出网站便捷性是网站服务的基础，在互联网时代，网站是用户获取各种电子服务的载体，便利的网站设计能提高用户对网站质量的感知[9]。据此提出以下假设：

H_1：政务微信便捷性对用户满意度有显著正向影响

2) 移情性与用户满意度之间关系的假设

移情性主要是指对用户付出个人关怀，服务人员是否关心用户、是否了解用户的特殊需求、是否重视用户的利益以及是否提供对用户方便的营业时间。根据政务微信的自身特征，政务微信服务质量和移情性主要是指回复是否中肯、用语是否礼貌、是否可以随时寻求帮助和是否可以随时查询服务进展，微信互动可以做到不受时空限制，随时随地进行。Changsoo 等指出网站既是一个系统，又是一个用户互动沟通的渠道，因此用户与系统以及用户间的互动情况将共同影响用户对网站质量感知[10]。据此提出假设：

H_2：政务微信移情性对用户满意度有显著正向影响

3) 响应性与用户满意度之间关系的假设

响应性主要是指是否明确告知用户各项服务时间、提供的服务是否符合用户的期待、服务人员是否总是乐意帮助用户以及服务人员是否会因为忙碌而无法提供服务。根据政务微信的自身特征，政务微信服务质量的响应性应该包括服务人员是否迅速给予回复、幕后工作人员是否乐意提供帮助以及回复是否满意等。国内学者梁君研究发现用户将网站的响应性看作影响网站质量的最重要因素[11]。据此提出假设：

H_3：政务微信响应性对用户满意度有显著正向影响

4) 可靠性与用户满意度之间关系的假设

可靠性主要是指能否履行对用户的承诺、用户有困难时是否表现出协助的诚意、公司是否可信赖、是否准时提供所承诺的服务以及是否将服务相关的记录正确地保存。结合政务微信特征，政务微信服务质量的可靠性主要是指提供的各项服务功能是否均可使用、页面信息是否均可浏览阅读、信息更新是否及时、信息发布是否全面以及能否满足需求。Kim 等指出评价网站服务质量的最重要指标就是信息质量，信息质量维度已经广泛地被用来测量用户感知的电子服务的质量[12]；Hernon 等也认为信息质量是衡量用户满意程度的一个重要指标，而衡量信息质量最重要的指标就是可靠性[13]。据此提出以下假设：

H_4：政务微信可靠性对用户满意度有显著正向影响

5) 保证性与用户满意度之间关系的假设

保证性主要是指服务人员是否可以信任、提供的服务能否使用户安心、服务人员是不是很有礼貌、服务人员能否互相帮助以及提供更好的服务。结合政务微信特征，评估政务微信的保证性维度的主要有提供的信息是否准确、是否泄露私人信息。Zeithaml 等指出保证性是影响网站服务质量的一个重要维度，并且安全性也是用户一直关心的问题[14]；Szymanski 等也认为安全性是影响电子服务质量或者满意度的重要维度之一[15]。据此提出假设：

H_5：政务微信保证性对用户满意度有显著正向影响

4.1.2 政务微信服务质量评价模型的实证分析

1. 样本描述

本节采用问卷调查法，以"武汉发布"为测评对象，从以下三个部分展开。第一个部分是背景信息，包括调查者的年龄、性别、职业、教育程度以及用户利用政务微信服务的情况，可以了解他们经常使用哪些微信公众号、服务内容、使用频率、使用年限等，由此了解用户的特征、喜好及行为。第二部分是调查问卷的主体部分，其设计主要借鉴了 SERVQUAL 量表和 SERVPERF 量表。在对便捷性、移情性、响应性、可靠性和保证性五个维度以及用户满意度进行测量的过程中，采用了 Likert 5 级量表：1 分表示非常不满意、2 分表示不满意、3 分表示一般、4 分表示满意、5 分表示非常满意。第三部分是用户满意度的调查和对政务微信改进建议的收集。本调查以"问卷网"为主，辅以电子邮件方式收集数据，本次共发出问卷 230 份，收回有效问卷 197 份，有效回收率达 85.7%。在应答者中，男性有 97 人，占 49.2%；女性 100 人，占 50.8%。

2. 数据分析与假设检验

1) 探索性因子分析

笔者利用 SPSS19.0 对收集到的 197 份有效样本进行了探索性因子分析，结果如表 4-3 所示。根据 Bartlett 球形检验（$p < 0.001$）及 KMO（Kaiser-Meyer-Olkin）检验（KMO 值 =0.738，KMO 值大于 0.7 表示适合进行因子分析），变量间存在相关关系，即各个题项（题

项由表 4-2 中的问项得到)之间可能共享潜在变量,可以进行因子分析。选取特征根大于 1 的因子,得到 6 个因子,累计方差贡献率为 70.989%。随后按照题项具有双重载荷和载荷过低(<0.4)的剔除原则,对正交旋转的结果进行进一步分析,结果如表 4-4 所示。

表 4-3　Bartlett 球形检验和 KMO 检验

取样足够度的 KMO 度量	Bartlett 球形检验	
0.738	近似卡方	1397.039
	df(自由度)	231
	Sig.(显著性)	0.000

表 4-4　旋转成分矩阵 a

题项	成分					
	1	2	3	4	5	6
C_1					0.859	
C_2					0.873	
C_3					0.717	
E_1		0.878				
E_2		0.876				
E_3		0.873				
E_4		0.685				
R_1				0.759		
R_2				0.844		
R_3				0.767		
RE_1			0.830			
RE_2			0.804			
RE_3			0.828			
RE_4			0.793			
A_1						0.854
A_2						0.809
A_3						0.637
CS_1	0.796					
CS_2	0.830					
CS_3	0.820					
CS_4	0.805					

由表 4-4 可知,6 个因子的载荷均大于 0.5 且没有出现双重载荷的情况,因子结构较为合理,由此得到含 21 个题项的正式量表。在此基础上笔者对正式量表进行了信度、效度分析。

2)信度分析

这里主要采用克朗巴赫 α 系数(Cronbach's α coefficient)和组合信度(Composite Reliability,CR)这两个指标来进行信度分析。克朗巴赫 α 系数由 SPSS19.0 计算直接得出；CR 是利用 AMOS 21.0 经过验证性因子分析，通过衡量各测量题项的因子载荷得到的，具体如表 4-5 所示。正式量表整体克朗巴赫 α 系数为 0.792，6 个因子的克朗巴赫 α 系数值在 0.674～0.871（>0.6），表明内部一致性较高。同时，经验证性因子分析探讨得到的 6 个潜变量组合信度 CR 值皆高于建议值 0.7，说明本模型内在质量好，各变量具有较好的信度。

表 4-5 标准化载荷及信度分析、效度分析检验结果

因子(指标)	标准化载荷
便捷性(C) α=0.860 CR=0.8633 AVE=0.6167	
C_1	0.788
C_2	0.839
C_3	0.595
移情性(E) α=0.775 CR=0.7889 AVE=0.5596	
E_1	0.824
E_2	0.798
E_3	0.888
E_4	0.602
响应性(R) α=0.800 CR=0.7498 AVE=0.501	
R_1	0.637
R_2	0.758
R_3	0.723
可靠性(RE) α=0.871 CR=0.8589 AVE=0.6109	
RE_1	0.916
RE_2	0.885
RE_3	0.693
RE_4	0.584
保证性(A) α=0.674 CR=0.7787 AVE=0.5408	
A_1	0.673
A_2	0.781
A_3	0.748
用户满意度(CS) α=0.859 CR=0.8507 AVE=0.5919	
CS_1	0.808
CS_2	0.899
CS_3	0.719
CS_4	0.624
CMIN/DF=1.550 NFI=0.919 CFI=0.917 GFI=0.839 RMSEA=0.066	

3）效度分析

因为本次研究所采取的量表题项都经过了前人的多次证明和检验，所以在内容效度上基本不存在统计问题。经过验证性因子分析可知，测量模型的卡方自由度比值（Chi-square Minimum /Degree of Freedom，CMIN/DF）、规范拟合指数（Normed Fit Index，NFI）、比较拟合指数（Comparative Fit Index，CFI）、拟合优度指数（Goodness of Fit Index，GFI）、近似均方根误差（Root-Mean-Square Error of Approximation，RMSEA）

均达到理想值要求，表明模型拟合得较好。如表 4-5 所示，各个潜变量上的标准化载荷在 0.584~0.916，满足因子载荷值在 0.50~0.95 的标准，通过了显著性检验；平均方差抽取量（Average Variance Extracted，AVE）的值在 0.501~0.6167，均大于 0.5，表明各变量都存在良好的收敛效度。

4）假设验证

这里借助 AMOS 21.0 软件，基于极大似然估计的方法来计算模型拟合指标和各路径系数的参数估计，并得出与假设检验有关的潜变量之间的关系。由表 4-5 显示的结果可知，此结构方程的各项拟合指标除 GFI 略低于 0.9 外，其他指标都符合基本标准。统计学认为，GFI 的值大于 0.9 表示模型路径图与实际数据有较佳的适配度，大于 0.8 表示适配合理，而这里 GFI 值为 0.839，可以认为模型适配合理。从整体的拟合指标来看，可以认为模型最终的拟合效果较好，假设模型与数据拟合程度可以被接受。

表 4-6 描述的是模型的标准路径系数。从表中可知，三条检验路径（便捷性→用户满意度；可靠性→用户满意度；响应性→用户满意度）结果显著（$p<0.05$），因此假设 H_1、H_3 和 H_4 皆通过检验，其他两条检验路径（移情性→用户满意度；保证性→用户满意度）结果不显著，假设 H_2 和 H_5 未通过检验。

表 4-6　对假设进行检验的结果

假设		标准路径系数	临界比率	是否通过检验
H_1	便捷性→用户满意度	0.261*	2.399	是
H_2	移情性→用户满意度	−0.127	−1.434	否
H_3	响应性→用户满意度	0.222*	2.018	是
H_4	可靠性→用户满意度	0.344***	3.312	是
H_5	保证性→用户满意度	0.167	−1.754	否

*表示 $p<0.05$，**表示 $p<0.01$，***表示 $p<0.001$

3. 研究结论及建议

下面结合政务微信特征设计调查问卷，以"武汉发布"为研究对象，对调研数据进行详细分析，形成研究结论并据此提出具体建议。

1）便捷性与用户满意度之间呈显著的正相关关系

本节在检验便捷性维度与服务质量满意度之间的线性关系时发现，H_1 通过检验，说明二者有显著的正相关关系。

通过对调研数据的分析，可以发现公众对"武汉发布"便捷性维度的评估均值为 4.04，便捷性维度可细分为使用简单、获取信息变量、节省时间和快速查找信息题项，各题项的评估均值分别为 4.07、4.12、3.97 和 4.01。由此可见，公众对于"武汉发布"的便捷性总体是满意的。"武汉发布"应继续以图文结合的方式发布信息，以方便用户阅读和获取信息，维持用户的满意度。

2) 移情性与用户满意度之间无显著相关关系

对移情性与服务质量用户满意度之间的线性关系进行分析的结果显示，H_2 未通过检验，说明两者之间无显著的相关关系。

经过分析，可以发现公众对"武汉发布"移情性维度评价均值为 3.93，移情性可细化为随时可以寻求帮助查询服务进展、回复中肯和用语礼貌题项，各题项的均值分别为 3.96、3.87 和 3.95。由此可见，公众对"武汉发布"移情性服务质量总体来说是一般满意的。为提高用户的满意度，在"武汉发布"今后的运营中，服务人员应注意礼貌用语的使用以及服务态度的友好。

3) 响应性与用户满意度之间呈显著的正相关关系

通过分析响应性与用户满意度之间的线性关系，发现 H_3 通过检验，说明二者之间有着显著的正相关关系。

通过对调研数据进行分析，可以发现公众对"武汉发布"响应性维度服务质量满意度评估均值为 3.85，响应性可细化为迅速给予回应、告知解决问题的时间、我满意其回复和工作人员乐意帮助我几个题项，各题项对应的均值分别为 3.82、3.88、3.76 和 3.93。由此可见，公众对"武汉发布"响应性维度总体一般满意。为提高响应性，"武汉发布"应采用自动与人工相结合的方式，对具有共性的、简单的、标准化的问题更多地使用自动回复，对复杂的个性化的问题，可更多地采用人工方式予以答复，这样做不仅能及时给用户提供答复，也能给后台提供一定的缓冲时间。

4) 可靠性与用户满意度之间呈显著的正相关关系

分析可靠性与服务质量满意度之间的线性关系后，结果显示 H_4 通过检验，说明二者之间存在显著的正相关关系。

通过对调研数据进行分析，可以发现公众对"武汉发布"可靠性维度服务质量满意度评估均值为 4.03，可靠性可细化为各项功能均能使用、页面信息均可阅读、信息更新及时和信息全面几个题项，各题项对应的均值分别为 4.03、4.09、3.98 和 4.00。由此可见，公众对"武汉发布"可靠性维度总体是满意的。除保证各项功能可用且操作便捷以外，还要提供及时、完整的信息，这是"武汉发布"进一步努力的方向。

5) 保证性与用户满意度之间无显著相关关系

分析保证性与服务质量满意度之间的线性关系，结果显示 H_5 未通过检验，说明二者之间无显著相关关系。

通过分析，可以发现保证性服务质量满意评估度均值为 3.99，保证性可以细化为不泄露私人信息、很好用和愿意长期使用几个题项，各题项均值分别为 3.98、3.96 和 4.04。由此可见，公众对"武汉发布"保证性维度的服务质量一般满意。为了给用户提供有保证的政务微信服务，一方面政府应运用可靠的信息安全技术；另一方面，相关的政策、规章制度、法律法规也必不可少。

4.2 政务 APP 使用意向影响因素及其实证研究

2016 年 4 月 26 日，国务院转发了国家发展改革委等十个部门提出的《推进"互联网+政务服务"开展信息惠民试点实施方案》（以下简称《实施方案》），该《实施方案》提出了"互联网+政务"的理念，这一理念的提出为我国政府变革服务流程、提升服务效率提供了重要参考和新的思路。同年 11 月 24 日，第二届智慧政府发展年会在北京召开，会议以"探索现代政府治理新模式，共论互联网+政务创新方向"为主题，评选出了"互联网+政务"最佳实践案例 50 强。相比 2015 年召开的第一届智慧政府发展年会，本次会议评选结果最突出的特点在于"政务 APP 平台"首次出现在评选榜单中。政务 APP 作为政府创新政务服务方式、提升服务效率的重要举措，顺应了"互联网+政务"的新形势。

在入选 2016"互联网+政务"最佳实践案例 50 强的 4 个政务 APP 中，国务院 APP 作为国家级政务 APP，在政务信息繁多、政务服务多样的今天，很难兼顾地方情况，其功能主要以政务要闻的发布和政务服务的引导为特点。通过对比使用，笔者发现作为地方性政务 APP 的优秀代表云端武汉 APP 无论是在实用性、互动性，还是在操作性上，都优于镇海 E 乡 APP 和中国宁波 APP。云端武汉将政务服务分为若干子 APP，在最大化提升 APP 功能实用性的同时，又满足了不同服务需求的用户。基于此，笔者将以云端武汉 APP 为评价模型的实证研究对象，从公众用户角度入手，探讨政务 APP 初始接受阶段和持续使用阶段用户使用意向的关键影响因素，以期对提升政府信息服务标准化提供参考。

4.2.1 政务 APP 使用意向影响因素模型

1. 研究综述

关于使用意向的研究，最早来自于信息系统研究领域。一个信息系统能够成功应用取决于两个阶段，即初始采纳阶段和持续使用阶段，不同的阶段会有不同的关键因素影响着用户的心理使用意愿[16]。

在初始采纳阶段，应用最广泛的理论和模型主要有：技术接受模型(Technology Acceptance Model，TAM)、计划行为理论(Theory of Planned Behavior，TPB)、信息系统成功(Information System Success，ISS)模型、期望确认理论(Expectation Confirmation Theory，ECT)和信任理论(Trust)。

TAM 对使用者接受新技术的行为有较好的预测，并且具有出色的简洁度，Seyal 等基于 TAM，建立了政府内部高级管理人员对电子政务系统的用户接受模型[17]；Hung 等在对电子政务用户接受模型的研究中，通过数据分析得出感知有用性和易用性与用户接受呈正相关性[18]；Hsiao 等的研究指出电子政务感知易用性促进市民初次使用意向[19]；汤志伟等的研究成果则显示公众使用政府网站取决于公众认为政府网站是否有用，以及网站的设计是否合理[20]。

但是随着研究的深入，TAM 对于复杂系统的用户采纳行为解释度越来越低。TAM2 在原有模型的基础上删除了"使用态度"这一变量，引入了 TPB 的主观规范这一维度。TAM2 与 TAM 相比进步很大，对用户的信息技术接受行为解释度也提高很多。

考虑到信息系统的采纳是信息系统成功的第一步，因而很多学者将 ISS 模型应用于政府网站的研究中，也有不少学者将 ISS 模型用于电子政务系统的评价研究。Gilbert 等发现信息质量和服务质量是用户初次使用电子政务网站的重要影响因素[21]；Rana 等从印度市民的角度出发，在 ISS 模型基础上引入感知易用性、感知风险等变量来测量公众对政务系统的满意度和使用意向[22]；此外，Ayyash 等指出信息质量、系统质量和网络安全促进市民初次使用意向[23]；Abri 等的研究也总结了电子政务服务初次使用意向的影响因素，包括：服务质量、信息质量、系统质量、安全隐私、娱乐感知、主观规范以及网络风险等[24]。

在寻求更佳的电子政务使用意向模型过程中，鉴于 Trust 理论在电子商务用户接受的研究中取得了很好的效果，部分学者开始运用信任理论解释电子政务的公众使用行为，借此引入了感知信任这一维度。Bélanger 等对电子政务公众的采纳行为进行了实证研究，提出了关于电子政务公众采纳的信任理论，即公众对政府的信任以及对技术的信任影响其采纳行为[25]；Colesca 等探讨了感知信任这一变量在电子政务中的成功作用，发现信任政府正向影响公众对政府网站的初次采纳意向[26]；Teo 等也认为尽管电子政务在一定程度上能够改善政府的透明度、回应性以及责任性，但是只有在公民认为电子政务系统值得信任的时候才会接受并使用[27]。

在持续使用阶段，有学者发现很多用来解释初始采纳意向的因素对于有经验的用户没有增加解释度[28]，Bhattacherjee 最早突破了 TAM 的研究框架，从消费者行为的角度，引入期望确认理论，提出 ECT。ECT 涉及的维度是在初次采纳后的基础上进行测量，非常适用于研究信息系统持续使用的实际情况。因此，ECT 一经提出，便在电子政务持续使用意向模型中频繁使用，例如，Hossain 等的研究说明影响用户持续使用意向的决定因素是用户前次使用后的满意度和系统感知有用性，满意度受感知有用性及期望确认的影响，期望确认也同时影响感知有用性[29]；Aloudat 等针对政府网站进行研究后发现感知有用性和满意度是用户持续使用政府网站的重要影响因素[30]；国内的一些学者赵玉攀、钱丽等也在文章里验证了这些结论[31,32]；另外，利用 ECT 模型，杨小峰等加入了信任感知和娱乐感知两个内部因子，以及社会影响的四个外部因子，提出政府信息系统持久使用模型假设[33]；严星进一步使用该模型成功构建了微信用户的持续使用意向影响因子模型[34]。

2. 概念模型

通过文献梳理，并结合武汉"互联网+政务"的实践以及云端武汉 APP 的特点，笔者建立了政务 APP 使用意向影响因素模型(图 4-2)。在政务 APP 用户使用的初始阶段，感知易用性、主观规范、感知信任、服务质量、信息质量、系统质量等 6 个维度影响显著；按照维度对应主体的不同可以将这 6 个维度归纳为公众层面和政府层面。从公众层面看，让更多的用户在观念上接受并愿意采纳服务是关键要素，用户能否接受并采纳取决于初始信任、感知易用性以及主观规范等因素；从政府层面看，则应重点关注服务质量、信息质量、系统质量等问题。进入持续使用阶段时，用户期望政府继续提供各种可以信赖的服务，电子政务服务的有用性、满意度、期望确认度等特性是用户后续使用的关键因素。

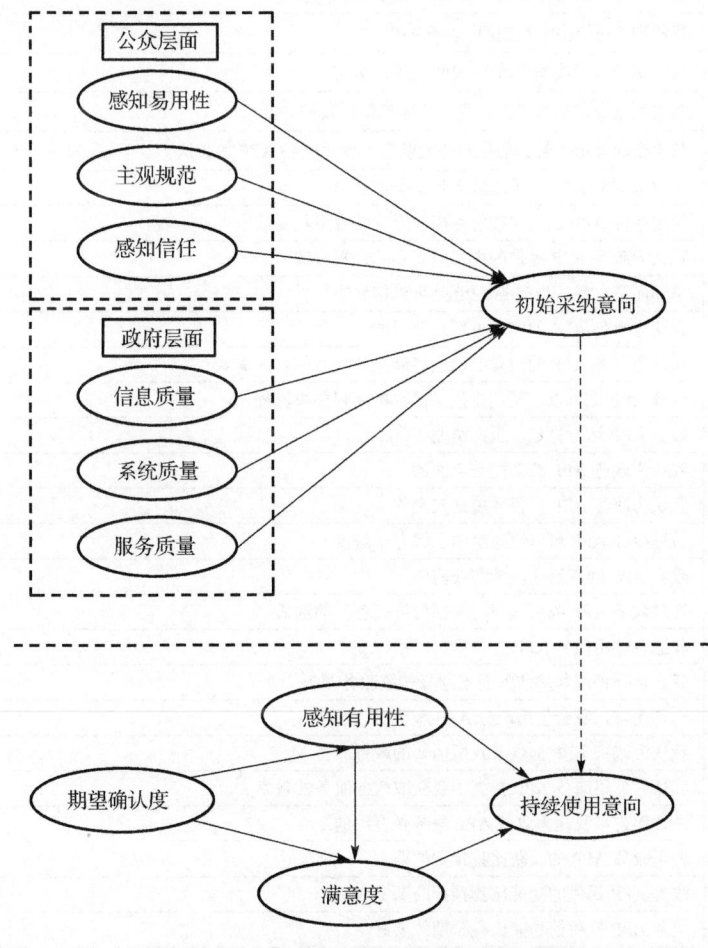

图 4-2 政务 APP 使用意向影响因素模型

3. 研究假设与量表设计

上述国内外学者关于使用意向评价模型的研究成果为本节量表的设计提供了重要参考依据，基于这些研究成果，本节在政务 APP 用户持续使用意向模型中设计了以下量表（表 4-7），并提出了假设。

表 4-7 政务 APP 用户使用意向测量量表

变量	问项
感知易用性	我认为学习和掌握政务 APP 的使用方法是容易的
	我认为使用与操作政务 APP 的过程是容易的
	我认为政务 APP 操作界面的设计科学合理，简单易懂
	总体而言，我感觉使用政务 APP 是容易且方便的
主观规范	我的同学/朋友/同事在使用政务 APP
	我认识的人对我使用政务 APP 有积极影响
	来自大众媒体的信息告诉我，我应该使用政务 APP
	从大众媒体所了解到的信息使我萌生了使用政务 APP 的想法
感知信任	我感觉政务 APP 提供的服务是安全可靠的
	使用政务 APP 让我与政府距离更近，使我更相信政府
	我认为政务 APP 提供的内容是真实的、权威的
	总体而言，我认为政务 APP 是可以信赖的
信息质量	我认为政务 APP 的信息更新是及时的
	我认为政务 APP 的信息准确且能满足公众对信息的需要
	政务 APP 上可以方便地查找到操作指南和办事流程
系统质量	政务 APP 运行稳定，页面浏览正常
	我认为政务 APP 的功能是全面的
	我认为政务 APP 支付环境是安全的
服务质量	通过政务 APP 可以快速全面了解办事进度
	政务 APP 回应迅速，能解决问题
	通过政务 APP 我可以与有关部门进行有效的沟通
初始采纳意向	我愿意使用政务 APP
	我会选择使用移动政务而不选择传统政务服务
	总体而言，我会使用政务 APP 服务
感知有用性	我认为政务 APP 提供了我所需要的政务服务
	我认为使用政务 APP 提高了我获取政务服务的效率
	总体而言，我认为政务 APP 服务是有用的
期望确认度	使用政务 APP 的收获比我预期的要大
	政务 APP 提供的功能比我预期的要多
	政务 APP 提供的功能比我预期的要好
	总体而言，我对政务 APP 的期望在使用后都达到了

续表

变量	问项
满意度	我对政务 APP 提供的服务很满意
	我认为使用政务 APP 获取政务服务是明智的决定
	我在该 APP 中投诉或反馈的问题能够得到合理的解决
	总体而言,使用政务 APP 使我感觉非常满意
持续使用意向	我愿意继续使用该政务 APP
	我会继续将政务 APP 作为获取政务服务的首选
	以后我至少会以现在的频次经常使用该政务 APP

1) 感知易用性和用户初始采纳意向之间的假设

感知易用性是指使用者接受一项新产品、新技术或者新服务的难易程度,从使用方法、操作过程、界面设计三个方面进行测度。El-Masri 等的研究指出,相比之下易用性对电子政务公民初次使用意向的影响作用比较显著,但对公民持续使用行为的影响作用并不显著[35]。Carter 等也认为在信息技术采纳过程中,感知易用性不适合预测潜在采纳者的持续使用行为,但是与用户使用意向的关系明显[36]。本节据此得出假设:

h_1: 感知易用性对政务 APP 用户初始采纳意向具有显著正向影响

2) 感知信任和用户初始采纳意向之间的假设

信任是用户愿意使用移动政务的重要前提之一。感知信任的测度主要分为两个方面:一是对技术和网络环境的信任,主要是政务 APP 安全性、稳定性以及个人隐私保护方面的问项;二是对政务 APP 服务的信任,主要通过信息质量、服务可靠性等方面的问项来体现。Warkentin 等通过实证研究发现信任在用户初次使用电子政务时起到关键性作用[37]。周沛、张可等在研究中都认为感知信任等因素直接影响公众的采纳意向[38,39]。本节据此得出假设:

h_2: 感知信任对政务 APP 用户初始采纳意向具有显著正向影响

3) 主观规范和用户初始采纳意向之间的假设

主观规范是指个人对于是否采取某项特定行为所感受到的社会压力,一般是从个人、组织或者社会影响三个方面去测度。Katz 等认为信息系统的接受需要用户广泛参与使用从而形成一种集体行为的意识,如果使用某种创新技术的用户甚少,则很少有人愿意去选择使用该技术[40]。Hung 等在研究中以技术接受和使用整合理论(Unified Theory of Acceptance and Use of Technology,UTAUT)为基础,验证了主观规范因素对公众采纳在线服务有显著的影响[41]。陈岚也认为从用户接受的角度来看,如果用户感

觉在政府的大力宣传下,使用移动政务服务的用户数量越多,则越有可能接受移动政务服务[42]。本节据此得出假设:

  h_3:主观规范对政务 APP 用户初始采纳意向具有显著正向影响

  4) 信息质量、系统质量、服务质量和用户初始采纳意向之间的假设

  Delone 等对 180 篇文章进行分析总结后提出了著名的信息系统成功模型,其中,信息质量、系统质量与服务质量对信息系统成功起基础作用,是用户满意和系统使用的前提条件[43]。国内学者刘玲利等在研究公众初始接受土地市场管理电子政府网站的重要影响因素时也将这三个质量因素纳入了模型之中[44]。

  h_4:信息质量对政务 APP 用户初始采纳意向具有显著正向影响
  h_5:系统质量对政务 APP 用户初始采纳意向具有显著正向影响
  h_6:服务质量对政务 APP 用户初始采纳意向具有显著正向影响

  5) 期望确认度、感知有用性、满意度与持续使用意向之间的假设

  期望确认模型自提出后就备受学界关注,尤其在电子政务领域,众多国内外学者研究的引用与验证也体现出了该模型对持续使用意向的解释具有效性[45-47],政务 APP 作为电子政务的一种表现形式,从前人研究成果来看是非常适用于该模型的。本节据此得出假设:

  h_7:期望确认度正向影响用户对政务 APP 的感知有用性
  h_8:期望确认度正向影响用户对政务 APP 的满意度
  h_9:感知有用性正向影响用户对政务 APP 的满意度
  h_{10}:感知有用性正向影响用户对政务 APP 的持续使用意向
  h_{11}:满意度正向影响用户对政务 APP 的持续使用意向

4.2.2 政务 APP 持续使用评价模型的实证分析

  1. 数据收集

  本节采用问卷调查法,以武汉市政务 APP——"云端武汉"为测评对象,其主要目的是确定用户使用意向的主要影响因素,为构建用户使用意向测度指标体系提供依据。问卷的设计主要基于表 4-7 中所建立的量表,并结合了政务 APP 的实际情况。由于量表的设计参考了国内外众多专家的研究成果,这些研究基于相关领域的使用意向模型,其成果具有显著的科学性和可借鉴性,因而本节的问卷设计具有一定的合理性

和针对性。问卷从以下三个部分展开。第一个部分是背景信息，包括调查者的年龄、性别、职业、教育程度以及用户利用政务 APP 服务的情况，可以了解他们经常使用哪些政务 APP、服务内容、使用频率、使用年限等。第二部分是政务 APP 用户持续使用意向测度研究的量表，从初始采纳和持续使用两个方面展开调研。第三部分是对政务 APP 改进的建议收集。"政务 APP 用户使用意向影响因素研究调查问卷"中的题项根据 Likert 5 级量表进行设计，依照"完全不赞同""不赞同""不确定""赞同""完全赞同"分别相应地给予 1、2、3、4 和 5 分。

线下纸质问卷和线上网络调查是收集数据的主要方式。线下实地调查主要是通过在武汉市各个政务服务中心发放问卷的方式，请有政务 APP 使用经验的用户认真仔细填写；线上调查主要通过在"问卷星"等专业网络问卷调查平台进行问卷发布与回收，同时，通过微博、微信等平台分享链接，扩大调查范围。问卷的题项中设置了是否有云端武汉 APP 的使用经历的判别选项，对结果为"否"选项的调查问卷剔除。最终，调查问卷的发放回收情况和用户情况见表 4-8 和表 4-9。

表 4-8 调查问卷的发放回收情况统计表

发放方式	发放数量/份	回收数量/份	有效数量/份	回收率/%	问卷有效率/%
线下问卷	200	168	136	84	81
线上问卷	200	200	159	100	79.5
总计	400	368	295	92	80

表 4-9 调查问卷的用户情况统计表

	分类	人数	比例/%
性别	男	133	45.1
	女	162	54.9
年龄	20 岁以下	56	19.0
	20~29 岁	125	42.4
	30~39 岁	90	30.5
	40 岁及以上	24	8.1
受教育程度	高中及以下	43	14.6
	大专	63	21.4
	本科	144	48.8
	硕士及以上	45	15.2

2. 数据分析

1）信度分析

利用 SPSS19.0 软件对回收到的有效问卷进行信度检验，计算得到克朗巴赫 α 系数如表 4-10 所示。

表 4-10 研究量表信度分析表

量表	克朗巴赫 α 系数	项数
感知易用性	0.887	4
感知信任	0.896	4
主观规范	0.911	4
信息质量	0.864	3
系统质量	0.772	3
服务质量	0.861	3
初始采纳意向	0.777	3
感知有用性	0.864	3
期望确认度	0.781	4
满意度	0.873	4
持续使用意向	0.867	3
问卷总体	0.880	38

从研究变量的信度检验表可以看出，整体问卷以及各变量的克朗巴赫 α 系数值均大于 0.7，同时，经验证性因子分析探讨得到的各个潜变量组合信度值(表 4-11)皆高于建议值 0.7，说明本模型内在质量好，各变量具有较好的信度，调查数据是比较可靠的。

表 4-11 初始采纳意向验证模型结构效度表

潜变量	测量项	因子载荷	临界比率	p 值	组合信度	AVE
感知易用性	Q1_1	0.924			0.907	0.711
	Q1_2	0.751	15.004	***		
	Q1_3	0.785	15.943	***		
	Q1_4	0.899	15.765	***		
感知信任	Q2_1	0.836			0.896	0.684
	Q2_2	0.807	16.112	***		
	Q2_3	0.84	16.843	***		
	Q2_4	0.824	16.385	***		
主观规范	Q3_1	0.85			0.911	0.719
	Q3_2	0.825	17.45	***		
	Q3_3	0.873	18.783	***		
	Q3_4	0.843	17.788	***		
信息质量	Q4_1	0.946			0.876	0.703
	Q4_2	0.787	16.262	***		
	Q4_3	0.771	15.72	***		
系统质量	Q5_1	0.74			0.772	0.531
	Q5_2	0.754	10.249	***		
	Q5_3	0.69	9.823	***		

续表

潜变量	测量项	因子载荷	临界比率	p 值	组合信度	AVE
服务质量	Q6_1	0.844			0.862	0.676
	Q6_2	0.827	15.554	***		
	Q6_3	0.795	14.961	***		
初始采纳意向	Q7_1	0.668	10.612	***	0.787	0.555
	Q7_2	0.864	12.932	***		
	Q7_3	0.687				

2) 效度分析

本研究运用 AMOS 21.0 软件采用极大似然法进行验证性因子分析，对模型及量表的结构效度进行验证。

对初始采纳阶段的各问项数据进行验证性因子分析，结果如表 4-11 所示。分析结果可知，问卷模型由 7 个因子构成，各测量题项的标准化因子载荷值均大于 0.5，临界比率均大于 1.96，且均在 0.001 水平上显著；此外各因子的平均方差抽取量（AVE）值均大于 0.5。综上可得，问卷结构模型结构效度比较好，与实际数据契合度较高。初始采纳意向模型通过验证性因子分析检验。

3) 持续使用意向模型验证性因子分析

对持续使用阶段的各问项数据进行验证性因子分析，结果如表 4-12 所示。分析结果显示，问卷模型由 4 个因子构成，各测量题项的标准化因素负荷量值均大于 0.5，临界比率均大于 1.96，且均在 0.001 水平上显著；各因子的平均方差抽取量（AVE）值均大于 0.5。综上可得，问卷结构模型结构效度比较好，持续使用意向模型通过验证性因子分析检验。

表 4-12 持续使用意向验证模型结构效度表

潜变量	测量项	因子载荷	临界比率	p 值	组合信度	AVE
感知有用性	Q8_1	0.839			0.865	0.681
	Q8_2	0.823	15.438	***		
	Q8_3	0.814	15.254	***		
期望确认度	Q9_1	0.739			0.841	0.572
	Q9_2	0.837	13.445	***		
	Q9_3	0.786	12.748	***		
	Q9_4	0.65	10.552	***		
满意度	Q10_1	0.709			0.874	0.635
	Q10_2	0.834	13.243	***		
	Q10_3	0.819	13.027	***		
	Q10_4	0.819	13.031	***		

续表

潜变量	测量项	因子载荷	临界比率	p 值	组合信度	AVE
持续使用意向	Q11_1	0.858			0.871	0.693
	Q11_2	0.784	15.404	***		
	Q11_3	0.853	17.136	***		

4) 结构方程模型分析

利用结构方程模型软件 AMOS 分别对初始接受阶段和持续使用阶段各潜变量进行路径分析，得出政务 APP 使用意向假设模型的标准路径系数(图 4-3 和图 4-4)。

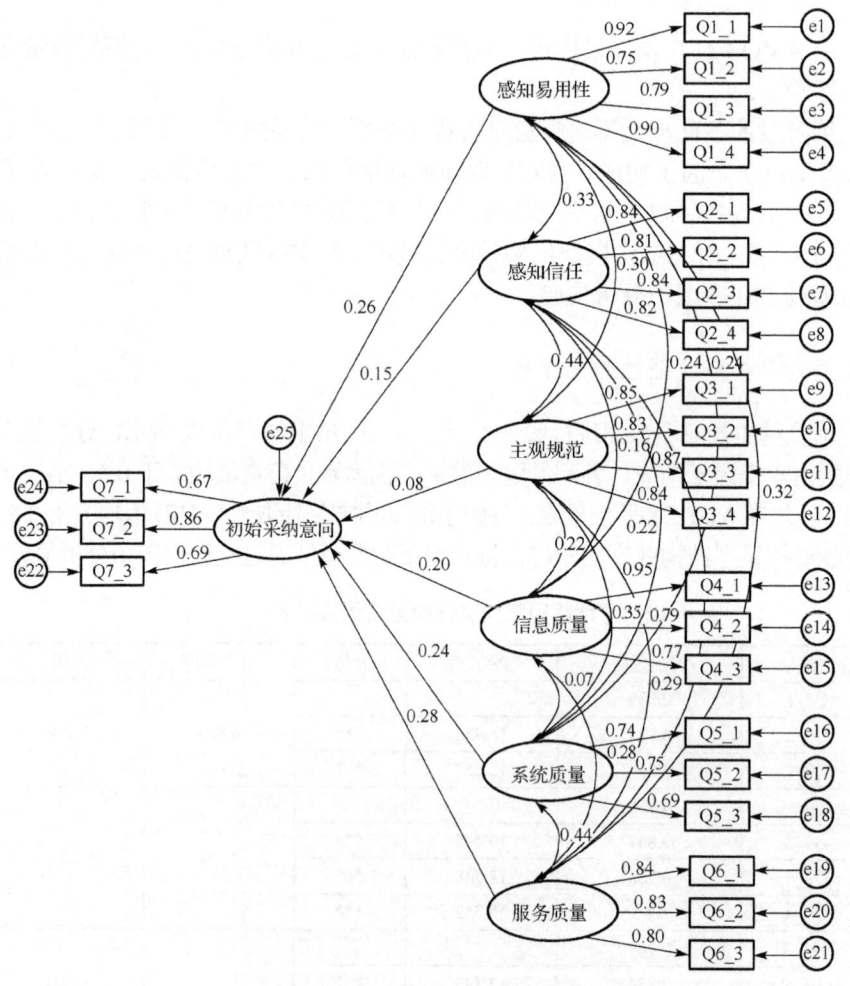

图 4-3 政务 APP 初始采纳意向标准路径系数图

注：e1~e25 表示残差项

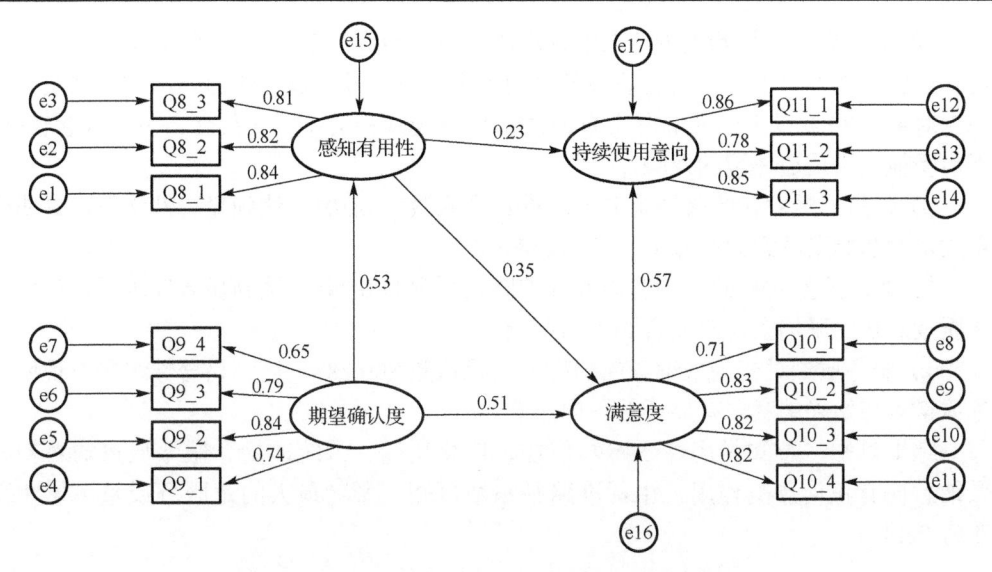

第 4 章 政府信息服务的标准化——基于用户的政府信息服务评价 ·71·

图 4-4 政务 APP 持续使用意向标准路径系数图

(1)初始采纳意向结构模型分析。

构建初始采纳意向结构方程模型，并代入数据进行分析，以及对误差项进行优化修正后模型拟合情况结果如表 4-13 所示。

表 4-13 初始采纳意向模型整体拟合优度分析表

适配度检验指标	理想标准	一般标准	模型结果	结论
CMIN/DF	1～3	越小越好	2.741	良好
RMSEA	<0.08	<0.1	0.077	良好
RMR	<0.08	<0.1	0.047	良好
GFI	>0.90	>0.8	0.858	一般
CFI	>0.90	>0.8	0.911	良好
IFI	>0.90	>0.8	0.912	良好
PNFI	>0.50		0.711	良好

注：RMR 为拟合残差，IFI 为增值拟合度指标，PNFI 为综合拟合度指标

模型整体拟合优度分析结果显示，卡方自由度比值为 2.741<3.000，表示模型适配度良好。再从其他适配度指标看，各指标表现均较好，总体上模型拟合情况较佳，说明假设理论模型与实际数据之间契合较高，模型结果较有说服力。

由初始采纳意向模型标准路径系数表(表 4-14)可知：

① 感知易用性对初始采纳意向的标准路径系数为 0.257，达到显著性水平，说明感知易用性对初始采纳意向有显著的正向影响；

② 感知信任对初始采纳意向的标准路径系数为 0.15，达到显著性水平，说明感知信任对初始采纳意向有显著的正向影响；

③ 主观规范对初始采纳意向的标准路径系数为 0.057，p 值为 0.362，大于 0.05，没有达到显著性水平，说明主观规范对初始采纳意向没有显著的影响，这可能是由于调查对象中 30 岁以下的人群占比为 61.4%，而在现代社会年轻人独立自主的观念较强，不易受他人及周边环境的影响；

④ 信息质量对初始采纳意向的标准路径系数为 0.201，达到显著性水平，说明信息质量对初始采纳意向有显著的正向影响；

⑤ 系统质量对初始采纳意向的标准路径系数为 0.244，达到显著性水平，说明系统质量对初始采纳意向有显著的正向影响；

⑥ 服务质量对初始采纳意向的标准路径系数为 0.285，达到显著性水平，说明服务质量对初始采纳意向有显著的正向影响。

综上可知，感知易用性、感知信任、信息质量、系统质量、服务质量均对初始采纳意向有正向影响作用，由标准路径系数可知，影响最大的是服务质量，影响系数为 0.285。

表 4-14　初始采纳意向模型标准路径系数表

路径关系	标准路径系数	标准误差	临界比率	p 值
初始采纳意向 ← 感知易用性	0.257	0.043	4.463	***
初始采纳意向 ← 感知信任	0.15	0.046	2.409	0.016
初始采纳意向 ← 主观规范	0.057	0.052	0.911	0.362
初始采纳意向 ← 信息质量	0.201	0.034	3.825	***
初始采纳意向 ← 系统质量	0.244	0.067	3.485	***
初始采纳意向 ← 服务质量	0.285	0.055	4.159	***

***表示 p 值小于 0.001；显著性水平为 0.05

(2) 持续使用意向结构模型分析。

构建持续使用意向结构方程模型，并代入数据进行分析，得到模型拟合情况结果如表 4-15 所示。

表 4-15　持续使用意向模型整体拟合优度分析表

适配度检验指标	理想标准	一般标准	模型结果	结论
CMIN/DF	1～3	越小越好	2.596	良好
RMSEA	<0.08	<0.1	0.074	良好
RMR	<0.08	<0.1	0.038	良好
GFI	>0.90	>0.8	0.921	一般
CFI	>0.90	>0.8	0.952	良好
IFI	>0.90	>0.8	0.953	良好
PNFI	>0.50		0.732	良好

模型整体拟合优度分析结果显示，卡方自由度比值为 2.596 < 3.000，表示模型适配度良好。再从其他适配度指标看，各指标表现均较好，总体上模型拟合情况较佳，说明假设理论模型与实际数据之间契合较高，模型结果较有说服力。

由持续使用意向模型标准路径系数表(表 4-16)可知：

① 期望确认度对感知有用性的标准路径系数为 0.532，达到显著性水平，说明期望确认度对感知有用性有显著的正向影响；

② 期望确认度对满意度的标准路径系数为 0.508，达到显著性水平，说明期望确认度对满意度有显著的正向影响；

③ 感知有用性对满意度的标准路径系数为 0.346，达到显著性水平，说明感知有用性对满意度有显著的正向影响；

④ 感知有用对持续使用意向的标准路径系数为 0.234，达到显著性水平，说明感知有用性对持续使用意向有显著的正向影响；

⑤ 满意度对持续使用意向的标准路径系数为 0.569，达到显著性水平，说明满意度对持续使用意向有显著的正向影响。

表 4-16 持续使用意向模型标准路径系数表

路径关系	标准路径系数	标准误差	临界比率	p 值
感知有用性 ← 期望确认度	0.532	0.08	7.65	***
满意度 ← 期望确认度	0.508	0.066	6.842	***
满意度 ← 感知有用性	0.346	0.051	5.191	***
持续使用意向 ← 感知有用性	0.234	0.062	3.331	***
持续使用意向 ← 满意度	0.569	0.09	7.27	***

***表示 p 值小于 0.001；显著性水平为 0.05

5) 中介效应分析

变量中介效应检验结果(表 4-17)显示，期望确认度对满意度影响的总效应为 0.692，中介间接效应大小为 0.184，置信区间为[0.107, 0.227]，不含 0，中介作用显著。说明感知有用性在期望确认度与满意度之间起到显著的中介作用。

感知有用性对持续使用意向的影响总效应为 0.431，中介间接大小为 0.197，置信区间为[0.112, 0.315]，不含 0，中介作用显著。说明满意度在感知有用性与持续使用意向之间起到显著的中介作用。

期望确认度对持续使用意向的影响总效应为 0.518，中介间接大小为 0.518，置信区间为[0.405,0.623]，不含 0，中介作用显著。说明感知有用性、满意度在期望确认度与持续使用意向之间起到显著的中介作用。

表 4-17　持续使用意向模型中介效应分析表

中介路径	直接影响	间接影响	总影响	中介作用置信区间 95%	
				LLCI	ULCI
期望确认度→满意度	0.508	0.184	0.692	0.107	0.277
感知有用性→持续使用意向	0.234	0.197	0.431	0.112	0.315
期望确认度→持续使用意向	—	0.518	0.518	0.405	0.623

注：LLCI 和 ULCI 分别是置信区间的最低和最高值

3. 政务 APP 改进建议

通过以上实证分析可知，政务 APP 用户初始采纳的影响因素按权重依次为服务质量、感知易用性、系统质量、信息质量以及感知信任，政务 APP 用户持续使用最直接的影响因素为感知有用性和满意度。据此，本节提出以下建议。

1) 整合政府资源，提升服务质量

一是要整合不同政府部门和机构的数据资源，形成协同政务；二是要改变互联网上政务碎片化管理方式，在政务 APP 上推进政务事项集中进驻、网上政务服务集中提供、政务信息集中公开，着力构建面向公众的一体化在线公共服务体系；三是政务 APP 应该满足公众个性化需求，可以按照个人办事、企业办事、法人办事等不同服务对象进行分类，设置行政审批、便民服务、一站式服务、阳光政务等服务模块，并且提供栏目式、表单化、自助性的政务服务，另外其服务方式不能仅仅停留在信息公开、新闻发布的层面，而是力图让所有适宜上网的事项都在线办理。

2) 优化操作界面，简化使用方法

感知易用性是影响用户初始采纳意向的重要因素，基于此，建议从以下两方面着手，提升政务 APP 的感知易用性。其一，重视政务 APP 操作界面设计，使用户在短时间内能够清晰地通过菜单栏找到所对应的服务，并基于用户的反馈意见不断进行政务 APP 界面的优化。其二，简化使用方法，应当尽可能简化操作过程中所需要的步骤，减少不必要的操作界面跳转以及个人信息绑定；另外，政务 APP 内还可以增加必要的操作说明，以图文并茂的方式，将操作流程告知使用者，从而帮助用户更好地掌握政务 APP 的使用方法。

3) 提升公众信任度，规范互联网建设

政府需要不断完善社会的信用体系，让公众共同参与社会管理，完善政务公开工作，及时反馈公众诉求和建议，提高办事效率，营造和谐文明的政务服务环境，进一步提升政府的公信力。另外，在建设和发展政务 APP 的同时，应该完善互联网信息安全建设，规范网络信息行为，提高公众的互联网安全意识，提倡诚信公正的互联网环境和道德规范，提高公众对互联网环境的信任。

4) 提升政务 APP 系统安全，优化系统质量

系统安全又可以细分为用户账户安全和隐私安全两方面，尤其是对于一些政务 APP，其功能涉及养老金、公积金、费用缴纳等方面的金融行为，其中存在一定数额的资金流转，往往需要与公民的银行卡、信用卡等进行绑定。因此我国在建设政务 APP 的过程中，必须充分考虑公民对于系统质量的要求，尤其注重保护公民的个人信息隐私，并定期对政务 APP 的功能和内容进行维护，确保系统的流畅程度，提升用户的使用体验，最终不断强化用户的使用意向。

5) 整合 APP 功能，提升用户满意度

诸多地方为了顺应潮流，相继开发了功能单一的各种政务 APP，虽然免去了群众在办事过程中的来回奔波之苦，但是却需要下载各种类型的政务 APP。实际当中应当基于前期的整体规划，对 APP 所包含的功能进行大致设计，尽可能避免 APP 功能的单一化，实现多种功能的聚合，使广大市民能够在同一个政务 APP 中满足其多样化的政务需求。另外，部分 APP 的功能以政务信息公开为主，与政务微博、政务微信功能重叠，影响了其实用性。因此，在政务 APP 的建设过程中，应当做好其功能整合工作，以公众需求为导向，增加政务 APP 的实用性，提升用户满意度。

参 考 文 献

[1] 腾讯. 平均每个微信用户关注 2.3 个政务号和 1 个媒体号[EB/OL]. [2018-04-26]. https://baijiahao.baidu.com/s?id=16229787205982191458&wfr=spider&for=pc.

[2] Cronin J J, Taylor S A. Measuring service quality: A reexamination and extension[J]. Journal of Marketing, 2010, 56(3): 55-68.

[3] 克里斯蒂·格鲁诺斯. 服务市场营销管理[M]. 吴晓云, 冯伟雄, 译. 上海: 复旦大学出版社, 1998.

[4] 刘渊, 邓红军, 金献幸. 政府门户网站服务质量与内外部用户再使用意愿研究——以杭州市政府门户网站为例[J]. 情报学报, 2008, 27(5): 908-916.

[5] 周毅. 公共信息服务质量问题研究——基于建立政府与公民信任关系的目标[J]. 情报理论与实践, 2014, 37(1): 17-21.

[6] 罗杭, 郭珍, 张毅. 移动政务的价值分析[J]. 情报资料工作, 2010(4): 37-41.

[7] 严炜炜. 用户满意度视角下微博客服务质量评价模型研究[J]. 图书情报工作, 2011, 55(18): 53-56.

[8] 戴炜轶, 王凯洋, 徐芳. 基于用户体验的高校微博信息服务质量评价指标体系研究[J]. 兰州教育学院学报, 2013, 29(10): 113-116.

[9] Wolfinbarger M, Marry C. eTailQ: Dimensionalizing, measuring and predicting etail quality[J]. Journal of Retailing, 2003, 79(3): 183-198.

[10] Changsoo S, Tadisina S K. Development of e-service quality measure for internet-based financial institutions[J]. Total Quality Management & Business Excellence, 2008, 19(9): 903-918.

[11] 梁君. 第三方B2B电子商务网站质量评价体系研究[D]. 杭州: 浙江大学, 2008.

[12] Kim S, Stoel L. Dimensional hierarchy of retail website quality[J]. Information & Management, 2004, 41(5): 619-633.

[13] Hernon P, Calvert P. E-service quality in libraries: Exploring its features and dimensions[J]. Library & Information Science Research, 2005, 27(3): 377-404.

[14] Zeithaml V A, Parasuraman A, Malhotra A. Service quality delivery through web sites: A critical review of extant knowledge[J]. Journal of the Academy of Marketing Science, 2002, 30(4): 362-375.

[15] Szymanski D M, Hise R T. E-satisfaction: An initial examination[J]. Journal of Retailing, 2000, 76(3): 309-322.

[16] Shin D H. Understanding purchasing behaviors in a virtual economy: Consumer behavior involving virtual currency in Web 2.0 communities[J]. Interacting with Computers, 2008, 20(4/5): 433-446.

[17] Seyal A H, Pijpers G G M. Senior government executives' use of the internet: A Bruneian scenario[J]. Behaviour & Information Technology, 2004, 23(3): 197-210.

[18] Hung S Y, Chang C M, Kuo S R. User acceptance of mobile e-government services: An empirical study[J]. Government Information Quarterly, 2013, 30(1): 33-44.

[19] Hsiao C H, Wang H C, Doong H S. A study of factors influencing e-government service acceptance intention: A multiple perspective approach[C]//International Conference on Electronic Government and the Information Systems Perspective. Heidelberg: Springer, 2012: 79-87.

[20] 汤志伟, 韩啸, 吴思迪. 政府网站公众使用意向的分析框架: 基于持续使用的视角[J]. 中国行政管理, 2016(4): 27-33.

[21] Gilbert D, Balestrini P, Littleboy D. Barriers and benefits in the adoption of e-government[J]. International Journal of Public Sector Management, 2004, 17(4): 286-301.

[22] Rana N P, Dwivedi Y K, Williams M D, et al. Investigating success of an e-government initiative: Validation of an integrated IS success model[J]. Information Systems Frontiers, 2015, 17(1):127-142.

[23] Ayyash M M, Ahmad K, Singh D. Investigating the effect of information systems factors on trust in e-government initiative adoption in Palestinian public sector[J]. Research Journal of Applied Sciences, Engineering and Technology, 2013, 5(15): 3865-3875.

[24] Abri D A, McGill T, Dixon M. Examining the impact of e-privacy risk concerns on citizens' intentions to use e-government services: An Oman perspective[J]. Journal of Information Privacy and Security, 2009, 5(2): 3-26.

[25] Bélanger F, Carter L. Trust and risk in e-government adoption[J]. The Journal of Strategic Information Systems, 2008, 17(2): 165-176.

[26] Colesca S E, Dobrica L. Adoption and use of e-government services: The case of Romania[J]. Journal of Applied Research and Technology, 2008, 6(3): 204-217.

[27] Teo T S H, Srivastava S C, Jiang L. Trust and electronic government success: An empirical study[J]. Journal of Management Information Systems, 2008, 25(3): 99-132.

[28] Karahanna E, Straub D W, Chervany N L. Information technology adoption across time: A cross-sectional comparison of pre-adoption and post-adoption beliefs[J]. MIS Quarterly, 1999: 183-213.

[29] Hossain M A, Quaddus M. Expectation-confirmation theory in information system research: A review and analysis[M]//Information Systems Theory. New York: Springer, 2012: 441-469.

[30] Aloudat A, Michael K, Chen X, et al. Social acceptance of location-based mobile government services for emergency management[J]. Telematics and Informatics, 2014, 31(1): 153-171.

[31] 赵玉攀, 杨兰蓉. 公众采纳政务 APP 影响因素及实证研究[J]. 情报杂志, 2015, 34(7): 195-201.

[32] 钱丽, 王永, 黄海, 等."互联网+政务"服务公众采纳模型的研究[J].情报科学, 2016, 34(10):141-146.

[33] 杨小峰, 徐博艺. 政府门户网站的公众持续使用行为研究[J].情报杂志, 2009(5): 19-22, 33.

[34] 严星. 微信用户持续使用意向影响因素研究[D]. 成都:电子科技大学, 2014.

[35] El-Masri M, Tarhini A. Factors affecting the adoption of e-learning systems in Qatar and USA: Extending the unified theory of acceptance and use of technology 2 (UTAUT2)[J]. Educational Technology Research and Development, 2017, 65(3):743-763.

[36] Carter L, Bélanger F. The influence of perceived characteristics of innovating on e-government adoption[J]. Electronic Journal of E-government, 2004, 2(1): 11-20.

[37] Warkentin M, Gefen D, Pavlou P A, et al. Encouraging citizen adoption of e-government by building trust[J]. Electronic Markets, 2002, 12(3): 157-162.

[38] 周沛, 马静, 徐晓林. 移动电子政务公众采纳影响因素的实证研究[J]. 图书情报工作, 2012, 56(5): 134-138.

[39] 张可, 张宁. 移动政务公众接受度影响因素实证研究[J]. 图书情报工作, 2012, 56(3): 135-139.

[40] Katz M L, Shapiro C. Network externalities, competition, and compatibility[J]. American Economic Review, 1985, 75(3): 424-440.

[41] Hung Y H, Wang Y S, Chou S C T. User acceptance of e-government services[C]//Pacific Asia Conference on Information Systems, Auckland, 2007: 97.

[42] 陈岚. 基于过程的移动政务公众参与实证研究[J].电子政务, 2013(12):80-87.

[43] Delone W H, Mclean E R. Information systems success: The quest for the dependent variable[J]. Journal of Management Information Systems, 1992, 3(4):60-95.

[44] 刘玲利，王冰，朱多刚. 土地市场管理电子政务网站用户初始接受与持续使用行为研究[J]. 现代情报, 2013, 33(4): 172-177.

[45] Kim B. An empirical investigation of mobile data service continuance: Incorporating the theory of planned behavior into the expectation-confirmation model[J]. Expert Systems with Applications, 2010, 37(10): 7033-7039.

[46] Tang J E, Chiang C. Integrating experiential value of blog use into the expectation-confirmation theory model[J]. Social Behavior and Personality: an international journal, 2010, 38(10): 1377-1389.

[47] Chen Z J, Vogel D, Wang Z H. How to satisfy citizens? Using mobile government to reengineer fair government processes[J]. Decision Support Systems, 2016, 82: 47-57.

第 5 章 政府信息资源管理技术的标准化
——元数据与互操作

信息技术标准化是围绕信息技术开发，信息产品研制，信息系统建设、运行与管理而开展的一系列标准化工作，主要包括政府信息资源的生产、识别、提取、检测和分类编码、交换或传输、处理、存储、显示、打印、控制以及政府信息资源的利用等技术。信息技术标准一般包括信息采集、编码与记录标准，中文信息处理标准，数据通信标准与文献标准等内容。

政府信息资源管理标准化需要利用多种信息技术，本章主要探讨元数据技术和互操作技术。元数据是政府信息资源组织的核心技术，采用统一的元数据标准组织政府信息资源，能够有效地描述和整合政府信息资源，提高对政府信息资源的识别和检索效率；互操作是政府信息资源交换与整合的关键技术，有利于实现跨部门、跨系统的信息共享，提高政府信息资源的利用效率、服务和标准化水平。

5.1 政府信息资源管理元数据概述

元数据，英文是"metadata"，即"关于数据的数据"或"关于信息的信息"[1-3]。元数据一般被定义为描述文件的背景、内容、结构及其整个管理过程的数据[4]。元数据可以描述聚合成的任何级别的资源，它可以描述一个单一的资源，或者一个多部分组成的资源集合[5]。如果元数据以结构化和标准化的方式存储，则可以支持搜索和检索机制，保证不同的存储系统之间的自动化和互操作[6]。元数据按照其所涉及的领域，可以分为多个类别，如与政府信息资源、科研数据资源、图书馆信息资源、档案信息资源和文化遗产信息资源相关的元数据，其中，政府信息资源管理元数据是用于描述和管理政府信息资源的一类元数据。

5.1.1 政府信息资源管理元数据的定义

政府信息资源元数据可用来描述政府信息资源的存在性及存在位置；确定政府信息资源的可用性；描述获取政府信息资源的手段；描述政府信息资源的来源、完整性及安全性等信息；解决政府信息交换和数据共享的问题[7]。

政府信息资源管理元数据是一种内容和结构上有序的元数据，这种有序集中体现在元数据标准中。关于政府信息资源元数据标准，研究较多的包括国外的 GILS 和 DC-Government，国内的电子政务信息资源描述元数据标准（e-Government Resources

Metadata Standard，e-GRMS)和中国政府信息资源元数据核心集(China Government Information Metadata Core，CGIMC)。

5.1.2 国外政府信息资源管理元数据标准研究

Charalabidis 等提出建立以政府资源本体为基础扩展的元数据，涵盖服务、文档、XML 模式、公共机构和信息系统[8]。更具体地，以 Tambouris 等为代表的部分学者关注政府信息资源收集的元数据确定步骤[5]，其内容为：确定资源的元数据描述，确定利益相关者群体元数据，确定每个利益相关者使用的元数据，并指定相应的元数据元素。

政府机构和其他组织之间有效的数据共享依赖于共同的含义和表达。因此，政府部门、产业集群、组织(如 ISO 和万维网联盟(World Wide Web Consortium，W3C))等依据自身需求提出了各种数据和元数据标准[9]。学者统计出目前在信息资源管理领域中至少有 23 种元数据标准模式，如都柏林核心元数据倡议(Dublin Core Metadata Initiative，DCMI)、电子政务元数据框架(e-Government Metadata Framework，e-GMF)等，以及 13 种元数据编码模式(如超文本置标语言(Hypertext Markup Language，HTML)、标准通用置标语言(Standard General Markup Language，SGML)、XML)正在被使用[10]。实践中元数据使用的多样化并不利于政府信息的共享和使用，确定政府信息资源管理元数据的统一标准是推进政府信息资源管理发展的重要基础因素。

各国现行的政府元数据标准成为学者的重要研究对象。现今应用于政府信息资源描述、发现、管理的元数据标准主要有两种：GILS 和 DC-Government 元数据。这两种标准体系能够适应广泛的需求，多个国家在其基础上结合实际需求制定了本国元数据规范[8,11]。众多研究者分别从性质、语义结构、句法结构、互操作性、扩展性等方面对 GILS 和 DC-Government 元数据进行探讨。GILS 是 20 世纪 90 年代由美国联邦政府设计的一种支持公众搜寻、获取和使用政府公开信息资源的分布式信息资源及利用体系，现已广泛投入使用并得到美国行政部门的有力支持，且在日本、俄罗斯等国家得到应用[12]。2001 年 DCMI 政府工作组和电子政务信息资源管理(Managing Information Resources for e-Government，MIReG)工作组联合发布了 DC-Government 应用纲要(DC-Government Application Profile)，之后 DC-Government 在实践和理论研究的共同发展中得到不断完善。Mullen 对美国 GILS 在联邦和州政府的应用情况展开了调查，州政府全部或部分采用 GILS 来建立符合自身特色的政府信息资源管理框架[13]。Park 等对都柏林核心元素集(Dublin Core Element Set)本土化应用后实现的互操作、应用范围和控制词汇进行研究，指出加拿大政府通过建立一个以 DC 体系为基础的元数据方案，已实现数据及信息的捕捉、描述、组织和传播，并逐步实现了政府信息管理标准化[14]。另外，也有学者研究政府信息资源管理元数据的单个方面，如 Davies 等将

《信息技术.元数据的注册(MDR).第 3 部分：注册元数据模式和基本属性》(ISO/IEC 11179-3—2013)与英国电子政务互操作框架(e-GIF)和综合公共部门词汇表(Integrated Public Sector Vocabulary，IPSV)结合进行分析，探讨支持语义互操作的政府信息资源管理元数据[9]。

政府信息资源保存元数据也是政府信息管理元数据的重要组成部分。典型的如澳大利亚政府文档保存元数据标准(Recordkeeping Metadata Schema，RKMS)，其主要目的是指定并且标准化在电子环境下所有文档保存中的元数据，它定义了一组有序构架的元数据元素，并且统一到一个为了发展资源注释框架而设的数据模型中。这个标准可拓展，并能够继承其他计划中的元数据元素，也支持与其他更通用的元数据标准，如 DC 等之间的互操作[15]。

5.1.3 国内政府信息资源管理元数据标准研究

政府信息资源管理元数据作为应用技术标准研究的重要部分，得到了国内学界的广泛关注。

1. 政府信息资源管理元数据标准化的必要性

2009 年，国务院办公厅秘书局编制的《政府信息公开目录系统实施指引(试行)》(简称《指引》)中包含了"政府公开信息核心元数据"。但该文件中对元数据的句法结构等内容没有做明确的指导性说明，具体使用过程中容易产生问题。

在此背景下，有学者阐述了建立我国政府信息资源元数据标准的必要性，如建立政府信息资源元数据标准是有效描述政府信息资源、实现政府信息资源高效发现和交流的基础[16]。同时，政府信息资源元数据的描述是建设元数据体系模型的重要环节，构建合理的元数据描述方法有利于完善元数据体系，以便对信息进行有效、规范的组织和管理[17]。另外，元数据是建立政府信息资源数据仓库的基础，一套完整的元数据描述体系可以很好地解决数据仓库异构数据交换的问题[18]。

2. 适合我国的政府信息资源管理元数据标准探讨

我国学者已经开始了建立统一政府信息资源管理元数据标准的尝试，国外的实践经验成为我国元数据标准建设的重要参考，众多学者对 GILS 和 DC-Government 元数据等国外较为广泛使用的元数据标准进行介绍分析。赵志荣等首先将 GILS 介绍到我国[19]，之后不断有学者进一步对其进行介绍和分析[20,21]。GILS 是一种支持公众搜寻、获取和使用政府公开信息资源的开放环境下的分布式信息资源及利用体系。其中用以描述元数据的 GILS 定位记录，是一组用来描述信息资源的内容、位置、服务方式、存取方法等相关数据元素的集合，由 3 种标准构成：技术标准、信息组织标准和控制词表标准。DC-Government 元数据则是专门针对政府信息资源管理的应用扩展集。目前英国 e-GMS、加拿大财政部信息或技术标准(Treasury Board Information or

Technology Standard，TBITS)、澳大利亚的 AGLS、欧盟 MIReG 等项目都规定在 DC 基础上构建政府信息资源的元数据格式。

国外的实践为我国的政府信息资源管理元数据标准化提供了丰富的经验参考，研究者在此基础上讨论建立适合我国国情的元数据标准。例如，有研究者提出政府信息资源元数据要在保持与国际通用元数据核心的互操作的前提下，最大限度地适应我国政府中文信息的特点，可以从中文政务信息资源的特性进行信息的规范性描述，寻求适合我国国情的政务信息资源描述方式[22,23]。王红霞等提出可将 DC-Government 元数据作为我国政府信息资源元数据核心的基础，同时遵循 ISO/IEC 11179 标准(信息技术数据元的规范与标准化)对元数据标准进行适应我国实际情况的调整[24]。章旭等构建的政府信息公开元数据由 DC 元素和政府信息公开核心元素组成，复用 DC 的 15 个核心元素，增加了 3 个政府信息核心元素，并扩展了 DC 元素的限制属性[25]。另外，李文生等介绍了西方国家的电子邮件元数据标准，并尝试构建适合我国的政府电子邮件元数据标准[7]。

也有学者试图从其他角度来探讨我国政府信息资源管理元数据标准的建立。李荣艳等从元数据的总体结构出发，基于政府信息资源生命周期建立元数据标准[26]：元数据规范主要涉及其中的采集加工、服务、保存、处置等环节，其内容结构对应政府信息资源生命周期的几个过程，所以应包括描述元数据、责任元数据、服务元数据、保存元数据和管理元数据几个部分。吴鹏等以 XML 作为主流的元数据描述语言，建立应用于电子政务系统中的统一的政府信息资源元数据描述框架[27]。

3. 构建我国统一政府信息资源管理元数据标准

在对我国政府信息资源管理元数据标准进行了一段时间的探索后，有学者提出构建统一的政府信息资源管理元数据标准，主要是 e-GRMS 和 CGIMC。

e-GRMS 元数据标准包含核心元素、限定元素、编码体系和受控词表、扩展规则四部分，其中核心元素复用了 DC 的 15 个元素，根据我国实际需要扩展到 25 个政府信息资源元数据核心元素。核心元素实现有效检索与管理功能；限定元素进一步对核心元素进行解释和限定，丰富了核心元素的含义；编码体系和受控词表则控制元数据元素的内容；扩展规则提供在某一领域使用标准时进行扩展的原则和方法[28]。e-GRMS 最大限度地体现了不同系统和不同资源的特征，同时具有强大的包容性和灵活性，并且便于建立和其他领域元数据标准的映射关系，有利于标准的推广使用[29]。

CGIMC 借鉴了 GILS 与 DC-Government 元数据的内容，将我国政府信息资源的元数据核心元素定义为资源内容元数据、资源责任元数据、资源表示元数据、资源获取元数据、资源管理元数据五大类，具体细分为 23 个核心元素。整个元数据体系特别强调资源获取信息的描述，如资源密级等获取限制，以及相关的使用技术条件；并且引入了资源管理元数据，用来保证政府信息资源的变更记录与真实有效性[30]。

4. 政府网络信息资源保存元数据的研究

目前，越来越多的政府信息资源通过网络发布，政府网络信息资源长期保存研究也日益受到重视[31]，对政府网络信息资源保存元数据的研究也包含其中。何欢欢认为对于政府网站信息资源保存机构而言，开放档案信息系统参考模型(Open Archival Information System，OAIS)的最大意义就在于其能够指导政府构建长期存储政府网站信息资源的可信数字仓储，并可根据 OAIS 信息模型制定支持政府网站信息资源长期存储的保存元数据方案。无论政府网站信息资源保存机构是否使用参考模型构建其长期存储系统框架和保存元数据方案，都必须考察所保存的政府网站信息资源总体状况，确保长期存储系统框架和元数据方案采用已被广泛接受的协议和标准，能够支持机构间的互操作，同时具备一定的可扩展性，在技术变革或存储对象变化之后，对其进行局部更新或调整即能满足新的需求，而不用进行整体重建[32]。廖思琴等从保存元数据框架、长期保存实践、云存储参与方及角色定位、云存储系统体系结构四个方面来分析和制定针对政府 Web 资源的保存型元数据框架，并围绕内容描述信息元数据、保护描述信息元数据、保护描述信息元数据中与云存储有关的元素，提供该框架下的核心元素集[33]。北得克萨斯州大学图书馆的"网络墓地"项目参考 OAIS 信息模型制定了政府网站信息资源保存元数据草案[34]。

5.2 我国政府信息元数据标准体系框架构建

自 2015 年以来，国家相继发布了《国务院关于印发促进大数据发展行动纲要的通知》(国发〔2015〕50 号)、《国务院关于印发政务信息资源共享管理暂行办法的通知》(国发〔2016〕51 号)、《国务院办公厅关于转发国家发展改革委等部门推进"互联网+政务服务"开展信息惠民试点实施方案的通知》(国办发〔2016〕23 号)、《国务院办公厅关于印发政务信息系统整合共享实施方案的通知》(国办发〔2017〕39 号)、《国务院办公厅关于印发政府网站发展指引的通知》(国办发〔2017〕47 号)、《国家发展改革委 中央网信办关于印发〈政务信息资源目录编制指南(试行)〉的通知》(发改高技〔2017〕1272 号)等文件，各项政策的密集出台说明政府信息的共享、公开、开放和整合成为政府信息发展的必然趋势。政府信息元数据标准有助于使政府信息的发现、开发、组织、维护、公开、利用等一系列流程得到更加规范的管理，并且政府的信息安全、信息版权也能得到可靠的保障[6]。在这一趋势下，基于政府信息多维特征和生命周期特殊性，本节构建了一个能够符合政府信息特点、满足实际管理需求和便于资源利用的政府信息元数据标准体系框架，为制定相应的政府信息元数据标准提供参考。

5.2.1 我国政府信息元数据标准规范

国内外主要的政府信息标准规范可见表 5-1。在国外，主流的两大政府信息元数据标准是 GILS 和 DC-Government，其他各国的相关标准规范都或多或少借鉴了这两大标准，其中具有代表性的主要有英国的 e-GMS，澳大利亚的 AGLS、加拿大政府元数据框架(The Government of Canada Metadata Framework，GCMF)。我国第一个正式的政府信息管理元数据标准是 2007 年出台的《政务信息资源目录体系 第 3 部分：核心元数据》(GB/T 21063.3—2007)，该标准作为政务信息资源目录体系的一部分，主要用于信息资源目录的描述、编目、建库、发布和查询。2009 年和 2017 年我国分别出台的《政府信息公开目录系统实施指引(试行)》(第二部分：政府公开信息核心元数据)(简称《指引》(第二部分))和《指南》对政府信息资源元数据进行了规范说明。在地方层面上，主要有上海 2013 年发布的《政务信息资源共享与交换实施规范 第 1 部分：目录元数据》(DB31/T 745—2013)，山东省 2016 年发布的《政务信息资源核心元数据》(DB37/T 2885—2016)，贵州省 2016 年发布的《政府数据资源目录 第 1 部分：元数据描述规范》(DB52/T 1124—2016)。

表 5-1 国内外政府信息元数据标准规范

地区	标准规范
国外	《政府信息定位服务》(Government Information Locater Service, GILS) DC-Government 应用纲要 《澳大利亚政府定位服务元数据标准》(Australian Government Locator Service (AGLS) Metadata Standard-Reference Description) 《英国电子政务元数据标准》(UK e-Government Metadata Standard, e-GMS) 《加拿大政府元数据框架》(The Government of Canada Metadata Framework, GCMF) 《新西兰政府定位服务》(New Zealand Government Locator Services, NZGLS) 《爱尔兰公共服务元数据标准》(The Irish Public Service Metadata Standard, IPSMS)
国内	国家：《政务信息资源目录体系 第 3 部分：核心元数据》(GB/T 21063.3—2007) 《指南》 地方：上海《政务信息资源共享与交换实施规范 第 1 部分：目录元数据》(DB31/T 745—2013) 山东《政务信息资源核心元数据》(DB37/T 2885—2016) 贵州《政府数据资源目录 第 1 部分：元数据描述规范》(DB52/T 1124—2016)

国外标准规范大多以 GILS 和 DC 为基础，并增补一些符合自身需求的元数据及元素，由于 GILS 和 DC 主要的目的是使资源检索服务更为准确和便捷，国外的政府信息元数据标准大多侧重于资源的定位与发现[18,27]。而我国的标准规范各有特点，特别是在资源利用上，以此为例，如表 5-2 所示，国家标准《政务信息资源目录体系 第 3 部分：核心元数据》(GB/T 21063.3—2007)侧重于公共信息资源描述和以交换服务为基础的资源共享，《指引》(第二部分)侧重于信息公开，但不够详细，《指南》则侧重于共享和开放。三个地方标准在利用上也各有不同侧重点，上海侧重于共享与公开，山东省侧重于共享，而贵州省主要描述政府的数据资源，并且在利用上涉及数据的开放。总体而言，我国的政府信息元数据标准存在需求定位不够准确、体系设置不够清晰、资源特点不够突出的问题。因此需要在借鉴以上标准的同时参考其他相关标准规范，构建一个系统的政府信息元数据标准体系框架，为今后制定更能反映政府信息特点和实际管理利用需求的政府信息元数据标准提供参考。

表 5-2 我国政府信息元数据标准规范中与资源利用相关的元数据

类型	元数据及元素	GB/T 21063.3—2007	《指引》(第二部分)	《指南》	DB31/T 745—2013	DB37/T 2885—2016	DB52/T 1124—2016
共享	发布日期			√	√	√	
	共享类型	√		√	√	√	√
	更新周期			√	√	√	
	共享条件			√			
	交换方式	√		√	√	√	
公开	公开方式			√			
	获取方式		√				
	收费方式			√			
	更新周期			√			
开放	开放类型						√
	发布日期			√			
	是否开放			√			
	开放条件			√			
	获取方式						√

就目前而言，我国对政府信息的整合、共享、公开、开放和整合已成大势，资源管理和利用中的元数据需求日渐突出，因此需要综合考虑包括资源描述、资源管理、资源利用等政府信息生命周期环节上的元数据需求，在建立统一标准框架的基础上，制定合适的元数据标准。同时在具体环节上，还需要考虑到政府信息生命周期的特殊性：在描述上，政府信息具有多维度的特征，除了具有不同的载体形态，还涉及经济、社会、教育、文化、医疗、环境、工农业、旅游等各个领域，因此在考虑通用特征的同时，还需要综合考虑不同维度的信息特点来设计元数据标准；在管理上，由于政府的政治职能具有法定性和强制性，其往往能够收集或者产生其他企业或者个人无法获取的、涉及国计民生的特殊信息或数据，必须采取安全管理措施确保这类机密或敏感信息的安全，同时对可用于商业化开发的政府信息还必须考虑到政府对信息的版权管理，因此在管理上需要设计与安全管理、版权管理相关的元数据；在提供利用上，政府信息具有不同的利用途径，政府部门有义务与其他部门共享信息，向公众公开信息和开放数据，这也顺应近年来世界范围内开展的协同治理、透明政府和开放政府的趋势，因此在设计与政府信息利用相关的元数据时也必须考虑到不同的利用途径。

5.2.2 基于政府信息多维特征和生命周期的元数据标准体系框架的构建

政府信息元数据标准体系框架从顶层对政府信息元数据标准进行规划与设计[35]，为相应元数据标准的制定提供了一个标准化的逻辑框架，为确定相应核心元数据集提供了一系列"原型化"的元数据及元素，也为政府信息的管理提供了规范化的信息框架。

美国国家信息标准组织(National Information Standards Organization，NISO)认为元数据标准体系的设计可以从描述型、结构型和管理型方面考虑[36]；加拿大政府元数据框架从资源的定位功能出发,设定了五个必备的通用核心元数据,包括 Creator、Date、Language、Subject 和 Title,这五个通用核心元数据用于描述政府信息的核心特征,并与 DC 对应,同时考虑到与专门领域的扩展关系,引入文档管理元数据(records management metadata)、网站内容管理系统元数据(Web content management system metadata)、行政通信元数据(executive correspondence metadata)、地理空间元数据(geospatial metadata)等[37];欧盟的电子政务元数据框架(EU e-government metadata framework)从政策层面提出以 DC 为基础来制定具有互操作性的元数据标准并提供可参考的最佳实践和规范指南[38];肖珑等从描述型元数据、管理型元数据和应用型元数据三个方面设计了北京大学数字图书馆中文元数据标准框架[39];本节提出的政府信息元数据标准体系框架在借鉴以上标准体系和框架的同时,结合政府信息的多维特征和生命周期特征,从资源描述、资源管理和资源利用三个核心方面设计了包括信息描述元数据、信息管理元数据和信息利用元数据三类元数据的标准体系框架,并给出相应的核心元数据,同时结合我国国情,主要参考国内已有的相关标准规范,提供可选择的核心元素,具体框架如图 5-1 所示。

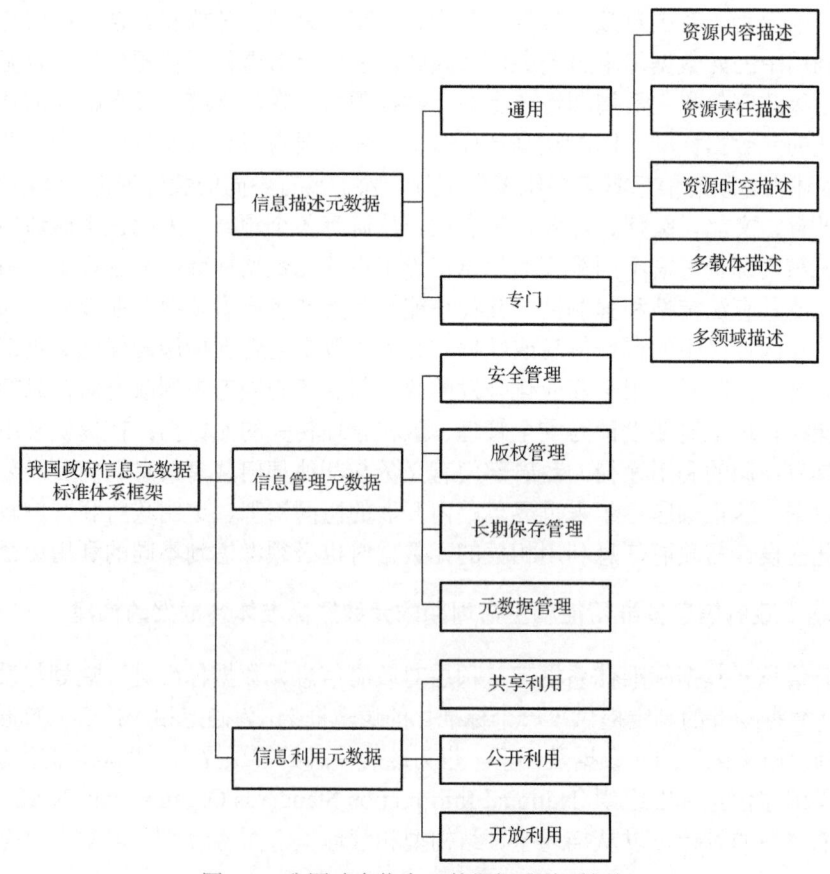

图 5-1 我国政府信息元数据标准体系框架

1. 信息描述元数据

信息描述元数据是对政府信息的内容特征、背景特征的描述，便于了解资源状况以及资源的定位与发现。它既包括对总体特征进行描述的通用元数据，也包括面向不同载体和领域的专门元数据。

1）通用信息描述元数据

通用信息描述元数据是相对于专门类型的政府信息而言的，适用于任何类型的政府信息的描述。尽管不同的领域可能有专门的元数据需求，但大多数与发现和访问相关的元数据元素几乎相同[40]。这里给出的通用政府信息描述元数据核心集以国家标准《政务信息资源目录体系 第 3 部分：核心元数据》（GB/T 21063.3—2007）为基础，同时参考了其他相关标准基本都涉及的元数据及元素。通用政府信息描述元数据核心集主要由资源内容描述元数据、资源责任描述元数据和资源时空描述元数据 3 个核心元数据组成，每个核心元数据还包括相应的核心元素，如表 5-3 所示。

表 5-3 可参考的通用政府信息描述元数据核心集

元数据	元素	可参考的标准规范
资源内容描述	资源名称	
	资源标识符	《信息资源核心元数据》（GB/T 26816—2011）
	资源分类	《政务信息资源目录体系 第 3 部分：核心元数据》（GB/T 21063.3—2007）
	资源摘要	
	资源关键词	《指引》（第二部分）
	资源语种	《指南》
资源责任描述	资源提供方	《政务信息资源共享与交换实施规范 第 1 部分：目录元数据》（DB31/T 745—2013）
	资源发布方	《政务信息资源核心元数据》（DB37/T 2885—2016）
	资源维护方	《政府数据资源目录 第 1 部分：元数据描述规范》（DB52/T 1124—2016）
资源时空描述	资源时间范围	
	资源空间范围	

2）专门信息描述元数据

政府信息具有多维度特征，这里根据政务部门的实际资源结构和职能属性，按照载体和领域分为多载体和多领域两种政府信息，两种类型又可以细分为多个细类，每种类型的政府信息都有对应的元数据描述标准可供参考。选择参考已有的国家和地方标准，既便于标准之间的互操作，也可以结合实际情况进行比较选择，能为建立符合机构资源特点、体系较为规范完备的标准方案提供很好的指引。具体可以参考的标准规范如表 5-4、表 5-5 所示。

表 5-4 多载体政府信息描述元数据可参考标准规范

专门信息描述元数据	类别	可参考的标准规范
多载体政府信息描述元数据	数据	《政府数据 数据分类分级指南》（DB52/T 1123—2016） 《政府数据资源目录 第1部分：元数据描述规范》（DB52/T 1124—2016） 《政府数据资源目录 第2部分：编制工作指南》（DB52/T 1125—2016） 《政府数据 数据脱敏工作指南》（DB52/T 1126—2016） 《政府数据 核心元数据 第1部分：人口基础数据》（DB52/T 1239.1—2017） 《政府数据 核心元数据 第2部分：法人单位基础数据》（DB52/T 1239.2—2017） 《政府信息公开电子监察数据交换格式规范》（SZJG 35—2011）
	文档	《信息与文献 文件管理过程 文件元数据 第1部分：原则》（GB/T 26163.1—2010） 《党政机关电子公文元数据规范》（GB/T 33480—2016） 《标准文献元数据》（GB/T 22373—2008） 《文书档案案卷格式》（GB/T 9705—2008） 《组织机构代码数字档案管理与技术规范》（GB/T 28624—2012） 《电子文件归档与电子档案管理规范》（GB/T 18894—2016） 《电子文件存储与交换格式版式文档》（GB/T 33190—2016） 《信息与文献 电子办公环境中文件管理原则与功能要求 第1部分：概述和原则》（GB/T 34840.1—2017） 《电子文件档案资源管理规范 第4部分：元数据》（DBJ 440100/T 10.4—2008）
	多媒体	《照片类电子档案元数据方案》（DA/T 54—2014） 《录音录像类电子档案元数据方案》（DA/T 63—2017） 《档案数字化规范 第4部分：照片档案数字化加工》（DB11/T 765.4—2010） 《档案数字化规范 第5部分：录音档案数字化加工》（DB11/T 765.5—2012） 《档案数字化规范 第6部分：录像档案数字化加工》（DB11/T 765.6—2012） 《音频数据加工规范》（WH/T 49—2012） 《图像元数据规范》（WH/T 51—2012）
	邮件	《公务电子邮件归档与管理规则》（DA/T 32—2005） 《信息技术 词汇 第32部分：电子邮件》（GB/T 5271.32—2006）
	网站	《国务院办公厅关于印发政府网站发展指引的通知》（国办发〔2017〕47号） 《政府网站建设与管理规范》（DB22/T 1964—2013） 《政府网站安全保障指南》（DB31/T 825—2014） 《政府网站运维绩效评测规范》（DB33/T 938—2014）
	数据库	《组织机构代码信息数据库(基本库)数据格式》（GB/T 16987—2002） 《信息技术 词汇 第17部分：数据库》（GB/T 5271.17—2010） 《电子档案基础元数据数据库结构和封装格式》（DB32/T 1893—2011） 《术语数据库开发文件编制指南》（GB/T 15387.1—2014） 《基础地理信息城市数据库建设规范》（GB/T 21740—2008） 《基础地理信息数据库基本规定》（GB/T 30319—2013） 《基础地理信息数据库建设规范》（GB/T 33453—2016）

表 5-5 多领域政府信息描述元数据可参考标准规范

专门信息描述元数据	可参考的标准规范
多领域政府信息描述元数据	《地理信息元数据》（GB/T 19710—2005） 《地理信息元数据 第 2 部分：影像和格网数据扩展》（GB/T 19710.2—2016） 《道路、水路货物运输地理信息基础数据元》（GB/T 26767—2011） 《气象数据集核心元数据》（GB/T 33674—2017） 《空间地理基础信息数据元目录 第 1 部分：测绘管理数据元》（DB 37/T 1441—2009） 《空间地理基础信息数据元目录 第 2 部分：地政管理数据元》（DB 37/T 1442—2009） 《空间地理基础信息数据元目录 第 3 部分：矿政管理数据元》（DB 37/T 1443—2009） 《人口基础信息数据元目录 第 1 部分：公安数据元》（DB 37/T 1444—2009） 《人口基础信息数据元目录 第 2 部分：民政数据元》（DB 37/T 1445—2009） 《人口基础信息数据元目录 第 4 部分：社保数据元》（DB 37/T 1447—2009） 《法人单位基础信息数据元目录 第 1 部分：工商行政管理数据元》（DB37/T 1436—2009） 《法人单位基础信息数据元目录 第 2 部分：质量技术监督数据元》（DB37/T 1437—2009） 《法人单位基础信息数据元目录 第 3 部分：国家税务数据元》（DB37/T 1438—2009） 《法人单位基础信息数据元目录 第 4 部分：地方税务数据元》（DB37/T 1439—2009） 《交通信息资源核心元数据》（JT/T 747—2009）

2. 信息管理元数据

在政府信息管理过程中主要涉及安全管理、版权管理、长期保存管理和元数据管理，这些都需要用元数据进行描述，以确保管理过程中的信息能够及时准确地得到反映，便于了解资源管理情况，也有利于选择合适的资源利用方式。这里将资源管理元数据分为安全管理、版权管理、长期保存管理和元数据管理四类，并提出可供参考采用的核心元素，具体如表 5-6 所示。

表 5-6 可参考的政府信息管理元数据核心集

元数据	可采用的元素	可参考的标准规范
安全管理	安全评估等级、权限安全分类、访问对象、安全风险说明、安全技术类型、安全日志信息	《信息安全技术 信息安全事件分类分级指南》（GB/Z 20986—2007） 《信息安全技术 信息系统安全等级保护基本要求》（GB/T 22019—2008） 《信息安全技术 信息安全风险管理指南》（GB/Z 24364—2009） 《信息安全技术 信息安全产品类别与代码》（GB/T 25066—2010） 《信息安全技术 政府部门信息安全管理基本要求》（GB/T 29245—2012） 《信息安全技术 信息安全服务 分类》（GB/T 30283—2013） 《信息技术 安全技术 信息安全管理体系实施指南》（GB/T 31496—2015） 《信息安全技术 政府门户网站系统安全技术指南》（GB/T 31506—2015） 《信息安全技术 信息安全风险处理实施指南》（GB/T 33132—2016） 《信息安全技术 政府部门信息技术服务外包信息安全管理规范》（GB/T 32926—2016）

续表

元数据	可采用的元素	可参考的标准规范
版权管理	版权声明、版权种类、获取版权方式、权利状态、许可信息、许可方名称、权利许可使用方式、权利许可开始日期、权利许可结束日期	《图书版权资产核心元数据》（GB/T 35427—2017） 《广播电视数字版权管理元数据规范》（GY/T 261—2012） 《版权信息基础数据元》（CY/T 135—2015） 《版权信息核心元数据》（CY/T 134—2015）
长期保存管理	保存方法、保存格式、保存技术、保存系统	《基于文件的电子信息的长期保存》（GB/Z 23283—2009） 《文献管理 长期保存的电子文档文件格式 第 1 部分：PDF1.4（PDF/A-1）的使用》（GB/T 23286.1—2009） 《电子存档 第 1 部分：为保存电子信息针对信息系统设计和运行的规范》（GB/T 33716.1—2017） 《版式电子文件长期保存格式需求》（DA/T 47—2009） 《图书馆数字资源长期保存元数据规范》（WH/Z 1—2012） 《图书馆数字资源长期保存信息包封装规范》（WH/T 72—2015）
元数据管理	元数据标识符、元数据联系方、元数据维护方、元数据创建日期、元数据更新日期、元数据语种、元数据安全限制分级等	《政务信息资源目录体系 第 3 部分：核心元数据》（GB/T 21063.3—2007） 《政务信息资源共享与交换实施规范 第 1 部分：目录元数据》（DB31/T 745—2013） 《政务信息资源核心元数据》（DB37/T 2885—2016）

1）安全管理

政府信息涉及国计民生和政府运作，其中部分信息可能涉及个人隐私、国家秘密或其他社会公共利益，因此必须对政府信息进行安全管理，既要防止政府信息被窃取、被盗用或篡改等风险，也要确保政府信息得到分级分类控制。国务院总理李克强在 2017 年 12 月 6 日召开的国务院常务会议上指出，要确保信息安全，进一步提高国家电子政务外网、国家数据共享交换平台安全防护能力。对事关国家安全等政务数据资源，必须由政府部门行使管理权[41]。安全管理元数据可以描述政府信息安全管理过程中涉及的相关信息，这里的元数据核心集参考了信息安全技术方面的国家标准，包括安全评估等级、安全风险说明、安全技术类型等核心元素。

2）版权管理

政府信息的版权管理元数据主要针对的是政府信息的商业化开发，与美国等国家不同，我国的版权法中并未将政府排除在外。在评估政府信息时，将政府信息区分为商业化开发和提供利用。商业化开发的政府信息主要是那些经济价值高、商业潜力大的信息，主要集中在地理、金融、消费、资信等经济价值含量高的信息领域[42]，在对这类信息开展商业化开发的过程中会涉及政府对资源的版权管理问题，因此对政府信息的管理进行描述时，相应的管理元数据必须考虑到相关的版权管理信息。

3) 长期保存管理

政府信息的长期保存是确保政府信息得到持续、稳定和有效开发利用的基础，由于政府信息的长期保存过程中往往涉及与保存相关的一系列信息，所以可以通过长期保存管理元数据的方式将这些信息固化，以便了解政府信息的保存状况，便于后续的开发利用。这里参考已有的相关标准规范同时结合政府信息的特点提出长期保存管理元数据可以采用的核心元数据元素，包括保存方法、保存格式、保存技术、保存系统。

4) 元数据管理

元数据作为反映政府信息的一种工具，其本身也是一种需要进行管理的信息，无论国家标准还是地方标准都对政府信息元数据本身的管理非常重视，其中包括许多与元数据管理相关的元数据，这里主要参考了国家和地方标准，提出元数据管理可以采用的核心元数据元素。

3. 信息利用元数据

政府信息的提供利用，从资源类型上包括政府信息的共享和公开、政府数据的共享和开放；从利用对象上看，包括对内共享利用、对外公开利用和对外开放利用。相应地，在选择资源利用方式后，需要元数据进行相关利用信息的描述，这里将政府信息利用元数据分为共享利用元数据、公开利用元数据和开放利用元数据三种类型。

1) 共享利用

2016年9月5日国务院发布《国务院关于印发政务信息资源共享管理暂行办法的通知》（国发〔2016〕51号），用于规范政务部门间政务信息资源的共享工作，政府信息资源的共享利用成为政府深化改革、转变职能、创新管理的重要举措。政府信息共享利用元数据能够规范政府信息的共享利用，可以为政府部门间共享的信息和数据提供重要的描述信息，便于了解资源的共享情况和状态。这里参考了相关的标准规范，提出政府信息共享利用元数据可以采用的核心元素及相应的元素值，如表5-7所示。

表 5-7　可参考的政府信息共享利用元数据核心集

元数据类型	元素	元素值	可参考的标准规范
共享利用元数据	资源共享分类方法	基础信息分类	《国务院关于印发政务信息资源共享管理暂行办法的通知》(国发〔2016〕51号) 《指南》 《电子政务数据元 第2部分：公共数据元目录》(GB/T 19488.2—2008) 《政务信息资源共享与交换实施规范 第1部分：目录元数据》(DB31/T 745—2013) 《政务信息资源核心元数据》(DB37/T 2885—2016)
		主题信息分类	
	共享类型	无条件共享	
		有条件共享	
		不予共享	
	共享条件	无条件	
		申请	
		协商	
		其他	
	推荐使用用途	行政依据	
		工作参考	
		数据核校	
		业务协同	
		其他	
	交换方式	接口交换	
		文件下载	
		在线浏览	
		离线交换	
		其他	

2) 公开利用

李克强总理指出，信息公开透明是政府公平公正施政的前提和保障[43]。自 2008 年 5 月 1 日《条例》开始实施以来，各地政府相继在政府网站中设立了政府信息公开专栏，通过信息公开目录的形式公开政府信息，确保政府工作的民主透明，保障公民、法人及其他组织的知情权和监督权。2009 年，国家出台的《指引》(第二部分)，对政府公开信息涉及的核心元数据进行了说明，但该规范不同于标准，存在元数据选取不够全面、元素描述不够详细、与实际公开工作联系不够紧密等问题。这里在参考国家相关条例、《指引》(第二部分)的同时，借鉴了地方标准，并结合各大政府网站的信息公开目录元数据采用情况，提出可参考的政府信息公开利用元数据核心元素及相应的元素值，如表 5-8 所示。

表 5-8　可参考的政府信息公开利用元数据核心集

元数据类型	元素名称	元素值	可参考的标准规范
公开利用元数据	信息公开分类方式	主题分类	《条例》 《指引》(第二部分) 《政务信息资源共享与交换实施规范 第1部分：目录元数据》(DB31/T 745—2013)
		机构分类	
		文种分类	
		组配分类	
		服务对象分类	
		文号分类	
		体裁分类	

续表

元数据类型	元素名称	元素值	可参考的标准规范
公开利用元数据	信息公开方式	主动公开	《条例》 《指引》（第二部分） 《政务信息资源共享与交换实施规范 第1部分：目录元数据》（DB31/T 745—2013）
		依申请公开	
		不公开	
	信息获取方式	接口交换	
		文件下载	
		在线浏览	
		电子订阅	
		窗口索取	
		其他	
	信息收费说明	完全免费	
		收取成本费	

3) 开放利用

2015年8月31日，国务院发布《国务院关于印发促进大数据发展行动纲要的通知》（国发〔2015〕50号），提出要"制定公共机构数据开放计划，落实数据开放和维护责任，推进公共机构数据资源统一汇聚和集中向社会开放，提升政府数据开放共享标准化程度"，同时"建立政府和社会互动的大数据采集形成机制，制定政府数据共享开放目录。"政府数据的开放利用已经成为国内外推动开放政府、透明政府建设的重要举措，目前在开放平台建设上，国家统一的政府数据开放平台还在建设中，各个地方政府数据开放平台逐步建立起来；在政府数据开放目录建设上，目前只有贵州省出台了相关的政府数据资源目录标准，但与开放利用相关的元数据设置不够全面。这里进一步参考国家已经出台的《促进大数据发展行动纲要》、《指南》以及地方政府数据开放平台的元数据建设情况，提出了可供参考的政府信息开放利用元数据的核心元素及相应的元素值，如表5-9所示。

表5-9 可供参考的政府信息开放利用元数据核心集

元数据类型	元素名称	元素值	可参考的标准规范
开放利用元数据	数据分类方式	主题分类	《国务院关于印发促进大数据发展行动纲要的通知》 《指南》 《政府数据资源目录 第1部分：元数据描述规范》（DB52/T 1124—2016）
		行业分类	
		服务分类	
		标签构造	
	数据开放类型	完全开放	
		依申请有条件开放	
		不予开放	
	数据分级	非敏感数据	
		涉及用户隐私数据	
		涉密数据	

续表

元数据类型	元素名称	元素值	可参考的标准规范
开放利用元数据	数据处理说明	原始数据	《国务院关于印发促进大数据发展行动纲要的通知》 《指南》 《政府数据资源目录 第 1 部分：元数据描述规范》 （DB52/T 1124—2016）
		清洗数据	
		脱敏数据	
	数据提供方式	API 获取	
		数据库封装	
		文件	
		网页链接地址	
		API 推送	
		共享资源库	
		其他	

5.2.3 政府信息元数据标准体系框架的应用流程

Tambouris 等认为设计一个简单而又包容的元数据标准制定流程对于保证透明度和满足各方需求至关重要[5]，本节在参考 Tambouris 等提出的政府元数据标准制定流程以及刘家真提出的元数据方案设计流程基础上[44]，提出政府信息元素标准体系框架的应用流程，该流程涉及政府信息生命周期、主要的工作步骤、框架应用、需求主体等要素，目的是为组织机构按照标准体系框架设计相关元数据标准提供参考，具体如图 5-2 所示。

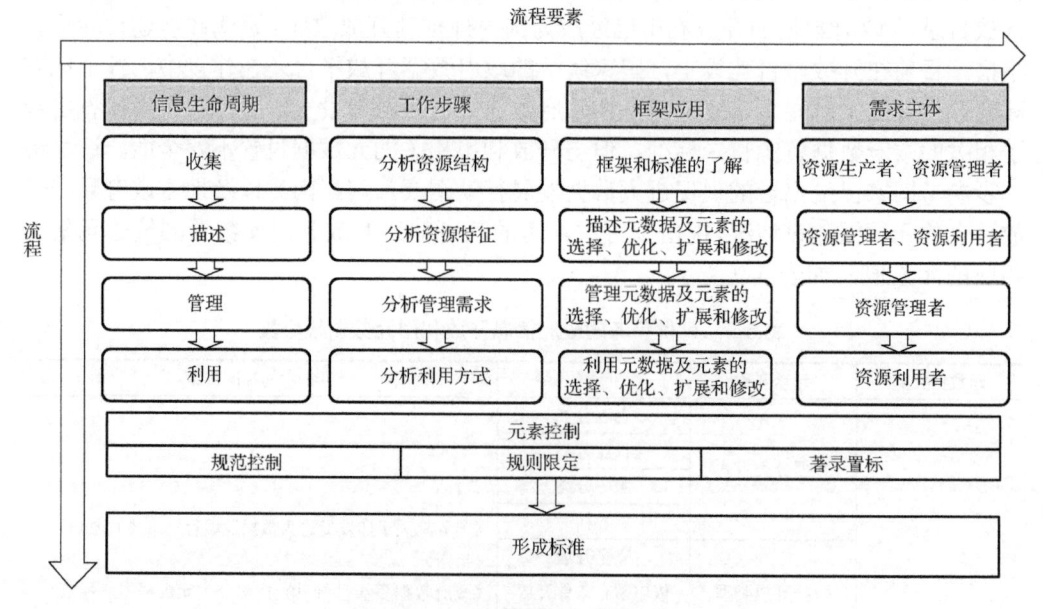

图 5-2 政府信息元数据标准体系框架的应用流程

政府信息生命周期的不同阶段需要考虑不同的需求主体，采取相应的工作步骤，对标准体系框架三个核心方面涉及的元数据及元素进行应用。

（1）在政府信息资源的收集阶段，主要面向资源生产者和资源管理者，对元数据标准的制定开展准备工作，主要包括对现有的政府信息资源结构进行梳理分析，明确资源类型，判断哪些资源需要制定元数据标准，并对本节框架及相应标准进行了解，便于后续选取采用。

（2）在政府信息资源的描述阶段，主要面向管理者和利用者，对政府信息资源的特征要素进行提取，明确资源的内容特征、背景特征，并参考本书框架和标准对描述元数据及元素进行选择、优化、扩展和修改，便于管理者和利用者了解资源状况以及资源的定位与发现。

（3）在政府信息资源的管理阶段，则面向资源管理者，对政府信息资源的管理需求进行分析，明确资源需要采取哪些管理方式，并参考本书框架和标准对管理元数据及元素进行选择、优化、扩展和修改，以确保能够准确反映管理过程中的信息。

（4）在政府信息资源的利用阶段，则面向资源利用者，对政府信息资源的利用方式进行分析，针对共享、公开、开放等不同的利用方式，参考本书框架和标准对利用元数据及元素进行选择、优化、扩展和修改，便于利用者了解和获取政府提供利用的各类信息资源。

经过对政府信息资源描述、管理和利用各阶段的元数据及元素进行选择、优化、扩展和修改，确定需要采用的核心元数据及元素后，还需要进行元素控制，这一阶段主要对各阶段确定下来的元数据进行标准化管理，主要包括规范控制(受控词表)、规则限定(编码体系)、著录置标(著录规则、置标方案)，初步建立起规范化的政府信息元数据标准；最后对初步建立的标准进行验证，包括验证主体需求能否得到满足，各项功能能否得到实现，在各项系统中是否正常运行，验证通过则形成最终标准。

本节从资源描述、资源管理、资源利用三个核心方面设计了符合政府信息特点和生命周期的政府信息元数据标准体系框架。在资源描述上，既可为制定通用标准提供核心元素参考，也为制定多种类型的政府信息描述元数据标准指明了可供参考的标准规范；在资源管理上，为选择合适的管理元数据、制定符合实际管理需求的政府信息管理元数据标准提供了可供参考的核心元数据元素以及相关标准规范；在资源利用上，为顺应政府信息的共享、公开和开放利用的趋势，提供了相应的可供参考的核心元数据元素及相关的标准规范。最后提出了政府信息元数据标准体系框架的应用流程，为具体制定符合政府信息特点、满足资源管理和利用需求的元数据标准提供了应用参考。总之，本节初步提出的政府信息元数据标准体系框架可为当前的标准制定和研究提供实践参考及研究思路，但在未来的研究中相关的元数据及元素还需进一步完善，相关的参考标准规范也需进一步补充。

5.3 政府信息资源元数据语义互操作模式

我国于 2007 年制定并实施了中国政府信息资源的元数据标准，即《政务信息资源目录体系 第 3 部分：核心元数据》（GB/T 21063.3—2007）[45]，提出了我国政府信息资源组织和描述的核心元数据标准。随着政府信息公开程度的不断提升，新环境对政府信息资源的组织与利用提出了更高的要求，我国又于 2009 年 1 月发布了《国务院办公厅秘书局关于印发〈政府信息公开目录系统实施指引(试行)〉的通知》(国办秘函〔2009〕6号），并在该实施指引的第二部分提出了政府信息公开核心元数据标准。然而，这两个元数据标准在元素设置和命名等方面存在着差异，两个政府信息目录系统对资源描述的习惯不同，主要表现为：①两者的目录体系不同，对于领域知识的组织没有统一的方案；②两者的元数据标准中出现了彼此互异的元数据元素，或者一个元数据标准中的元素与另一个标准中的元素命名虽然相同但是具体语义不同。这些差异对在此基础上建立的政府信息资源系统交互产生了诸多不利影响，跨平台信息的语义检索、政府信息资源的语义共享、元数据的复用和管理存在诸多障碍。本节主要从底层的语义角度来探讨解决这些问题的可行方案，并阐述模式的具体实施细节。

5.3.1 政府信息资源语义互操作

1. 互操作的产生

按照电气与电子工程师协会(Institute of Electrical and Electronics Engineers，IEEE)对互操作的定义[46]可以发现，系统之间的互异体现在不同的层面，包括句法、数据方案、语义和系统层面[47]。不同层面均可能产生互异，语义冲突也由此产生[48]。语义冲突现象主要包括两种：一种是命名维度上的冲突，主要发生于对象、属性和实例的名称上，如同义词、同形同音异义词等；另一种是在抽象维度上的冲突，主要由对概念的抽象化不一致或是抽象程度不同引起，如两个不同数据库中相同的实例归属于不同的类，相同的类在不同数据库中属于不同层级，一个数据库中的对象对应于另一个数据库中的一组对象等。可见，不同的概念在不同数据库中有着不同层次的表达，一个数据库与另一个数据库之间概念的关系包括对象与对象、对象与属性、对象与实例、属性与对象、属性与属性等。

2. 政府信息资源元数据语义互操作

从目前大多数政府信息资源语义互操作实践研究来看，各国政府都已经建立了各自的元数据标准和互操作框架，个别国家还通过元数据注册来实现元数据的互操作，然而并未完全实现政府信息资源元数据在语义层面上的互操作。目前，政府信息资源元数据语义互操作面临的问题主要是缺乏语义表达能力强的语言、数据结构的视野不统一、不同目录体系标准下元数据术语不一致等，这些问题严重影响了政府信息资源的跨系统检索。

国内学者目前的相关研究主要集中在电子政务互操作框架的分析方面[49-51]，在政府信息资源的语义互操作模型方面，吴鹏等曾对电子政务信息资源语义互操作模型进行了设计，但是其研究中并未涉及具体的互操作方法，在设计本体互操作时，对本体注册如何实现也并未提供细节描述[52]。针对政府信息资源元数据语义互操作实践面临的问题，本书认为，为了实现元数据语义互操作，从策略上来讲，一是采用增强语义表达能力的语言策略，二是对元数据制定统一的数据结构使其拥有统一的视野和理解。本书主要从第二种策略出发，构建一种政府信息资源领域元数据语义互操作模式。这个模式主要解决两个问题：其一，解决不同元数据标准的互异问题，将单个或者多个不同元数据标准在同一个元数据注册库中进行注册，从而形成单个领域的本体，实现单个领域内的元数据语义互操作；其二，解决不同元数据注册库之间的差异问题，在元数据注册模型之上构建统一的元元模型，使得由多个元数据注册库构成的多个领域之间能够进行语义互操作，实现政府信息资源多个领域的元数据语义互操作。

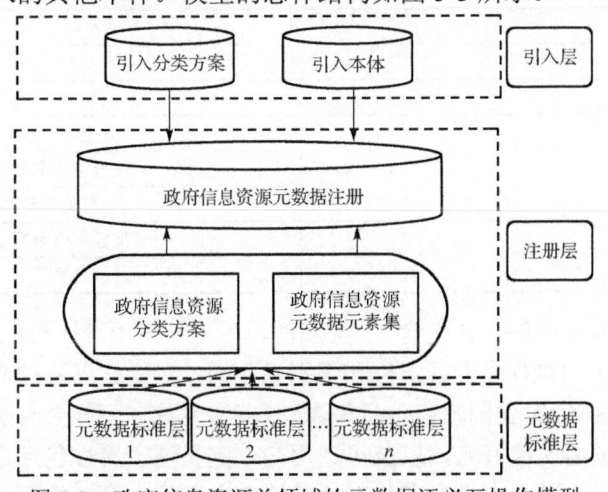

5.3.2 政府信息资源单领域的元数据语义互操作模式

要实现政府信息资源单领域的元数据语义互操作，必须先实现单个或多个不同政府信息资源元数据标准在同一个元数据注册库内进行元数据注册，该注册模型的总目标在于实现元数据的统一定义和描述，以达到对元数据理解的统一。这首先需要在元数据标准的上层采用统一的数据结构，并构建统一的管理机制对不同的政府信息资源元数据实施统一框架下的注册和管理；其次，必须对元数据之间的关系实现管理，对元数据按类管理的同时对分类方案也实行注册；再次，为了对元数据实现统一的管理，还需要将元数据的管理信息加以记录和管理，如对元数据的注册状态、更改等信息进行记录；最后，还要通过引入本体的方式来增强对元数据的语义描述能力，丰富其语义。

1. 政府信息资源单领域的元数据语义互操作模型

政府信息资源单领域的元数据语义互操作模型共分为三层，即元数据标准层、注册层、引入层。元数据标准层涉及单个或多个不同的政府信息资源元数据标准，由于这些元数据标准之间的差异，需要通过元数据注册的方式将其元数据元素集的各元素和分类方案分别进行注册；在注册层，各元数据元素集和分类方案按照设定的属性进行注册；在引入层，针对通过引入其他分类方案建立的政府信息资源元数据标准分类方案，也可以根据分类方案注册信息进行注册，这里的引入本体，是指政府信息资源元数据标准中引入的其他本体。模型的总体结构如图 5-3 所示。

图 5-3 政府信息资源单领域的元数据语义互操作模型

2. 政府信息资源单领域的元数据语义互操作方法

1)注册层对元数据标准内元数据元素的统一定义和描述

为了实现对元数据的统一定义和描述,可以将政府信息资源元数据标准的核心元素按照属性进行定义并注册,核心元素注册时被称为注册项,结合已有的《政务信息资源目录体系 第 3 部分:核心元数据》(GB/T 21063.3—2007)中对元数据的描述,核心元数据注册项的注册信息如表 5-10 所示。

表 5-10 核心元数据注册项的注册信息

属性	子属性
(1)标识符	URI
(2)命名	中文名称
	英文名称
	短名或简称
	偏好名
	可选用名
(3)定义	定义语言
	定义参考资料
(4)数据类型	类型名称
	类型描述
	标准数据类型方案参考
(5)注释	必选项
	条件选项
	可选项
(6)取值示例	
(7)注册状态	
(8)责任机构	
(9)提交机构	
(10)分类方案	分类方案标识符
	分类方案名称
	分类方案项
(11)参考元数据	参考文档/解释说明
	关系类型

核心元数据的注册信息共包含 11 类属性。标识符采用统一资源标识符(Universal Resource Identifier,URI)来进行定位和识别元数据;对元素名称的命名主要包括 5 个属性,即中文名称(针对我国政府信息资源)、英文名称、可能会有的短名或简称、一般情况下会经常使用的偏好名,以及可选用名。定义这一属性包括定义语言,即采用何种语言进行定义,以及定义参考资料,即这个定义的来源。数据类型这一属性主要

包括类型名称、类型描述和标准数据类型方案参考：数据类型是指日期型、文本型、数值型等，类型描述主要指各种数据类型具体是什么含义，标准数据类型方案参考是指这些数据类型所采用的标准是什么，如日期型是采用国际计时标准还是特定地区的计时标准。注释这一属性包含必选项、条件选项和可选项三种，即对于某一个元素，必须明确表明该元素是否为注册过程中的必选内容。取值示例即对每一个元素在注册时给出一个实例。注册状态表示对注册的更新、修改等信息的说明。责任机构和提交机构主要是指该注册的实施者和系统的提交者。某些元素可能采用了某种特定的分类方案，因此，分类方案这一属性包括分类方案标识符、分类方案名称、分类方案项三项内容。参考元数据主要包括参考文档/解释说明、关系类型两项内容，说明所参考的元数据是什么，与现行的元数据之间的关系是什么，如相同关系、包含关系、上下位关系等。

2) 注册层对政府信息资源元数据标准分类方案的注册

分类方案项指的是分类方案中的每一项，其属性包括：URI、名称、定义、数据类型、注释、关系类型、关系链数、关系链节点、关系节点数。除了一般的属性，本方法的特点之一是增加了注释、关系类型、关系链数、关系链节点、关系节点数等属性。其中，注释表示的是该分类项在整个分类方案中属于必须项、条件选项还是可选项；关系类型指的是该分类项与其他项之间的关系，如宽泛（broader）、紧密（narrower）关系等；关系链数指的是一个分类项所拥有的关系数量；关系链节点指的是某分类项所关联的关系项；关系节点数指的是与分类项关联的其他分类项节点的数量。关系节点之间通过关系链进行关联，通过关系类型表明关系节点之间的关系，因此各个分类项可互相关联并形成一个关系网。

引入分类方案指的是在政府信息资源元数据标准涉及的分类方案中通过引入的方式使用其他的已建立的分类方案，该分类方案也可以根据分类方案注册信息进行注册。参考分类方案指的是与元数据方案相关的分类方案。注释用来指明用于描述分类方案的语法。引入分类方案和参考分类方案需提供 URI 和分类方案名称。政府信息资源分类方案的注册信息如表 5-11 所示。

表 5-11　政府信息资源分类方案的注册信息

属性的类	属性
分类方案项	URI
	名称
	定义
	数据类型
	注释
	关系类型
	关系链数
	关系链节点
	关系节点数

续表

属性的类	属性
引入分类方案	URI
	分类方案名称
参考分类方案	URI
	分类方案名称
注释	分类方案使用的语法，如 SKOS 的语法等

注：SKOS 为简单知识组织系统(simple knowledge organization system)

3) 注册层对政府信息资源本体的注册

本体的注册信息和分类方案的注册信息有相似之处，如表 5-12 所示。"概念"所包含的属性内容和分类方案的注册信息中"分类方案项"所包含的属性内容(表 5-11)基本一致。此外，这里的注释指明该本体所使用的语法，如网络本体语言(Web Ontology Language, OWL)；概念指的是本体中涉及的每一个概念或者术语；声明是以公式的方式来引入其他本体，这与分类方案的注册信息不同；参考本体是指与该本体有关联的其他本体。

表 5-12　政府信息资源本体的注册信息

属性的类	属性
注释	概念体系使用的语法
概念	命名空间
	URI
	名称
	定义
	数据类型
	关系类型
	关系链数
	关系链节点
	关系节点数
声明	公式
引入本体	本体标识符
	本体名称
参考本体	本体标识符
	本体名称

5.3.3　政府信息资源多领域的元数据语义互操作模式

政府信息资源关于元数据的标准在不同领域或范围内存在不同，如《目录体系》和《指引》中的元数据标准存在不同，可通过前面的元数据注册模型实现本领域内对元数据的共同理解和元数据之间的关联，实现语义互操作。然而，如果这些不同的元数据标准注册于不同的元数据注册库，并且引入各种本体的机制，那么就面临注册库引入的本体之间语义互操作的问题，即由多个元数据注册构成的多个领域之间的元数据语义互操作问题。解决这个问题的基础在于，各个不同领域标准下的元数据注册需要采用统一模型，建立统一的元数据注册库。此外，由于引入了不同的本体，需要解决这些不同本体之间的互操作问题，这就需要实现元数据注册库的不同本体之间的语义互操作。要实现本体之间的语义互操作，需要在元数据注册库的数据元模型之上进一步构建统一的数据模型，采用本体注册的方法来实现。

1. 政府信息资源多领域的元数据语义互操作模型

政府信息资源多领域的元数据语义互操作模型包括元数据层、元数据注册层、引入层和本体注册层。其中在元数据层，不同领域或范围的政府信息元数据标准通过统一的元数据注册机制进行注册，如图 5-4 所示。在元数据注册层，仍然可以采用前面设计的单领域元数据注册机制，即元数据的注册信息包括元素注册信息、元数据标准分类方案注册信息和引入本体的注册信息。政府信息资源元数据的元素通过注册机制设定的属性进行注册；政府信息资源分类方案通过设定的各项注册要素进行注册，其中注册要素包括分类方案项、引入分类方案、参考分类方案等。分类方案项通过给定的属性进行更详细的注册，对于任何一个待注册的政府信息资源元数据标准，若其使用的分类方案是引入的分类方案，那么引入的分类方案可通过元数据分类方案注册机制进行注册，以此在注册库中实现不同分类方案之间的关联和互操作；元数据注册库还支持政府信息资源本体的注册，注册信息包括注释、概念、声明、引入本体等，其中的概念通过设定的属性进行注册，同时通过声明的方式引入其他本体。

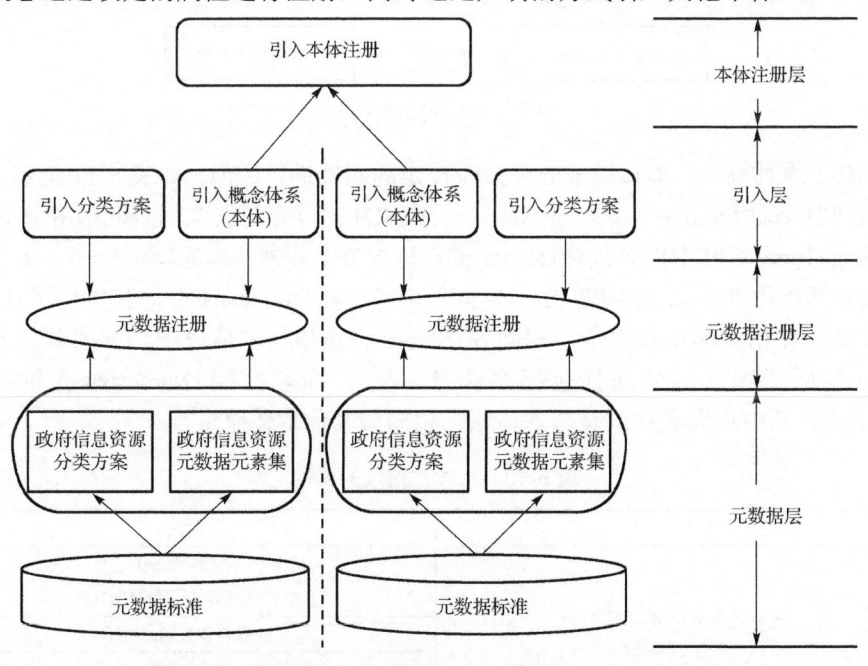

图 5-4 政府信息资源多领域的元数据语义互操作模型

为解决引入其他本体产生的语义互操作问题，需要在元数据注册模型（数据元模型）之上构建统一的数据模型（元元模型），采用本体注册的模型和方法对引入的概念体系进行注册，以此实现本体之间的语义互操作。

2. 政府信息资源多领域的元数据语义互操作方法

引入本体主要指两种类型的本体，一种是由标准组织发布的本体，即标准参考本体；另一种是具有某个领域特色的领域本体。本体注册不仅支持标准参考本体的注册，而且支持领域本体的注册，其组成部分如图 5-5 所示，为了实现引入本体之间的语义互操作，采用本体注册的方法，按照本体—本体分子—本体原子分别进行注册。对于本体描述语言，其本体的结构就存在着句子和符号的层次结构，对于本体来说，同样存在着类似的层次结构，其结构中本体分子是指构成本体的句子，本体原子对应于本体描述语言中的符号，如 OWL 中的 Class、objectProperty 等。

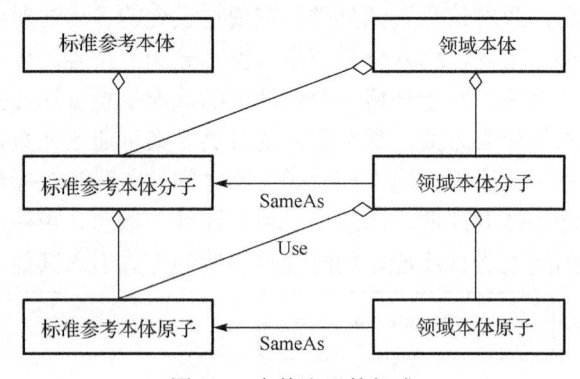

图 5-5　本体注册的组成

本体、本体分子、本体原子分别按照设定的属性进行注册，如表 5-13 所示，本体的属性包括名称（Name）、统一资源标识符（URI）、内容包含（ConsistOf）和描述语言（LanguageType）。其中内容包含（ConsistOf）是指该本体中包含的本体分子；本体分子的属性包括使用（Use）、相同者（SameAs）、命名空间（Namespace），其中使用（Use）是指本体分子使用到的本体原子，相同者（SameAs）是指与本体分子相同的其他本体分子；本体原子注册时的属性包括名称（Name）、命名空间（Namespace）和相同者（SameAs），其中相同者指的是与本体原子相同的其他本体原子。

表 5-13　本体注册项的属性

注册项	属性
标准参考本体/领域本体	名称（Name）
	统一资源标识符（URI）
	内容包含（ConsistOf）
	描述语言（LanguageType）

续表

注册项	属性
标准参考本体分子/领域本体分子	使用(Use)
	相同者(SameAs)
	命名空间(Namespace)
标准参考本体原子/领域本体原子	名称(Name)
	命名空间(Namespace)
	相同者(SameAs)

需要说明的是，对于领域本体分子属性的使用(Use)既可表示使用其领域本体原子，也可表示使用标准参考本体原子。对于标准参考本体分子的属性的相同者(SameAs)特指与其相同的其他标准参考本体分子，而对于领域本体分子的属性的相同者(SameAs)特指与领域本体分子相同的标准参考本体分子。同样，对于标准参考本体原子的属性的相同者(SameAs)则特指与其相同的其他标准参考本体原子，而对于领域本体分子的属性的相同者(SameAs)特指与其相同的标准参考本体原子。

通过上述按照本体—本体分子—本体原子，及其各自属性进行注册的本体注册机制，形成了领域本体与标准参考本体之间的语义关联和互操作，也实现了不同领域本体之间因为相同领域本体分子或领域本体原子的关联而形成语义上的互操作。

本节针对目前政府信息资源元数据语义互操作实践面临的问题，采用了元数据注册模式和本体注册模式，实现了政府信息资源单领域和多领域的元数据语义互操作。其中，政府信息资源单领域的元数据语义互操作针对的是注册在同一个元数据注册库的单个或多个不同的政府信息资源元数据标准，采用统一的数据元模型，通过元数据注册的方法，将不同元数据标准在同一个元数据注册库中进行注册，形成政府信息资源领域单领域的元数据语义互操作。在元数据注册时，首先，为了实现对元数据的统一定义和描述，将政府信息资源元数据标准的核心元素按照属性的方法进行定义并注册；其次，为实现不同分类方案的统一描述和不同分类方案之间关系的表达，将政府信息资源元数据标准分类方案各注册项按照其属性进行注册；为了增强元数据的语义表达能力，元数据注册还支持概念体系的注册，并通过引入其他本体来丰富元数据的语义。针对政府信息资源多个元数据注册库构成的多个领域，为了解决政府信息资源多领域的元数据语义互操作问题，本节提出了本体注册模式，在元数据注册的数据元模型之上构建统一的元元模型，采用本体注册的方法，采用本体—本体分子—本体原子的注册结构，分别按照其属性进行注册，使得不同本体之间互相关联，实现不同本体的语义互操作，从而实现政府信息资源多领域的元数据语义互操作。

5.4 国外政府信息资源互操作标准体系实例分析

自 20 世纪 90 年代至今，许多西方国家和组织以互操作为政府信息资源共享的关键原则，制定了一系列标准和指南，设立了政府互操作框架，逐渐建立起成熟的政府信息资源管理标准化体系。相较之下，我国的政府信息资源标准化尚处于发展阶段，而西方国家和组织现有的标准体系为我国提供了有益的参考和借鉴。本节主要研究美国、欧盟等国家和组织以互操作为核心的政府信息资源标准体系建设状况，简要介绍其发展历程，探索其共性和差异，并总结出可供借鉴的建设经验。

虽然实现互操作能够有效削减信息资源管理成本，加强信息共享与业务合作，但互操作的实现受到一系列复杂因素的影响，在实践中往往受到组织结构和技术等多方面的限制。实现互操作的预期收益和障碍如表5-14所示。

表5-14 实现互操作的预期收益和障碍

	预期收益		障碍
组织机构	优化决策流程，加强部门合作，削减管理成本，提升政府信息服务水平，实现"一站式"服务	组织机构	目标不一致，职责和权力范围限制，机构差异，流程差异，资金限制
技术	减少数据冗余，实现信息资源共享、再利用，削减信息处理成本	内容	语法和语义差异，数据异构，数据质量差异
		技术	信息技术发展水平有限，技术升级滞后，信息技术平台不兼容，基础设施不完善，遗留应用程序难处理，访问受限制

实现政府信息资源管理标准化，建立协调一致的互操作标准体系，能够保证信息资源和业务流程的有序化、规范化，推进信息共享，促进业务协同，为实现不同系统之间的互联互通奠定基础，从而推进障碍的化解和互操作的实现。总体来讲，科学、合理的标准化工作是实现政府信息资源互操作的核心方法和基本保证。与互操作相关的信息资源管理标准应包含以下几个方面的内容。

(1)信息共享。信息共享相关标准的主要目标在于实现跨系统、跨部门的信息无障碍流动。信息共享相关标准包括信息描述(元数据)标准、信息分类编码标准、数据交换格式标准、语义和语法规范等。

(2)业务协同。业务协同相关标准的目标是促进系统、部门之间的业务流程协作，整合系统间的复杂和差异性，实现面向用户的"一站式"服务，包括业务过程规范、业务模型及其描述语言标准等。

(3)语义和内容。语义和内容标准介于信息内容和业务流程标准之间，是二者的交集部分，用于保证数据和信息在系统、部门之间交换时可读、可理解、意义明确。

除了针对技术、业务等具体内容的标准规范，政府信息资源管理的总体框架和实施原则等也应纳入其标准体系范畴。

5.4.1 美国政府信息资源互操作标准体系

自20世纪80年代起，西方国家已经开始关注信息技术领域的互操作，标准化是这一时期国际组织和各国政府针对互操作问题的典型回应。在计算机和互联网领域，一系列标准和参考模型，如开放系统互联（Open System Interconnection，OSI）参考模型、可移植操作系统接口(Portable Operating System Interface，POSIX)标准、开放分布式处理参考模型(RM-ODP)等陆续出台[53]，从技术层面奠定了信息资源互联互通的基础。

与此同时，美国将目光转向政府工作范畴，积极将信息的互联互通引入政府管理活动中。1988年，美国国家标准与技术研究院(National Institute of Standards and Technology，NIST)通过了"政府开放系统互联标准"(Government Open System Interconnection Profile，GOSIP)，指引政府部门加强信息互联与部门间合作。1995年，美国国会在《文书削减法》修正案中明确提出鼓励政府跨部门信息共享[54]。1999年，美国联邦首席信息官委员会(Chief Information Officers Council，CIOC)发布美国FEAF，并于2002年发布电子政务总体架构指南(E-Government Enterprise Architecture Guidance，EGEAG)，为政府跨部门信息资源管理提供了系统、全面的指导。同年，美国行政管理与预算局OMB建立FEA，在政府信息资源、业务流程、技术架构等方面提供系统化的原则和标准，跨越部门和领域间的限制，形成自顶向下的完整标准体系框架。自此，美国政府信息资源管理标准化体系已基本成熟，并在近几年内继续完善发展，在世界范围的政府信息资源管理标准化工作中居领先地位。

1. 美国信息资源管理标准化体制

美国的标准化管理体制具有主体多元、高度分散、市场驱动的基本特点，私有部门和非政府组织制定的自愿性共识标准(Voluntary Consensus Standard，VOC)构成美国信息资源管理标准体系的重要部分。1996年，美国国会批准《国家技术转让与促进法案》(National Technology Transfer and Advancement Act，NTTAA)，鼓励政府采用民间团体和私有部门制定的自愿性共识标准，并加强政府与民间组织在标准制定方面的合作。其后，随着一系列标准制定法案的陆续出台，美国的标准制定体制日趋成熟。

美国的民间标准制定组织(Standards Development Organization，SDO)在美国标准化体系中处于重要地位。这些民间组织包括专业学会和贸易协会等，依其不同专业领域和需求，广泛、大量地制定标准[55]。其中，美国国家标准学会(American National Standards Institute，ANSI)是民间标准组织中的中立协调者，负责监督标准制定流程，进行标准认证，推动民间自愿标准与国际标准接轨[56]。

美国政府不直接控制任何民间团体，但许多政府部门(如OMB、国家档案与文件署、联邦首席信息官委员会等)都会积极参与到标准制定的过程中，并对民间标准化活动给予关注。美国政府在标准化中的作用主要体现在以下几个方面。

(1) 制定一系列法律法规，为民间标准组织的发展提供法律保障。相关的法律文件有NTTAA、OMB通告A-119、《2004标准制定组织推动法案》等。

(2) 政府人员直接参与民间标准制定工作，对民间标准组织施加影响。

(3) 通过ANSI协调民间标准化活动，搭建政府和民间组织标准制定的桥梁。同时通过 NIST 协调美国联邦、州及地方各级政府专用标准，减少政府专用标准的重复性。

(4)注重在立法中采用、吸纳较为成熟的民间自愿性标准，加强民间自愿性标准的效力，促进自愿性标准与政府专用标准相结合、相转化。若对于某一目标暂无可用的自愿性标准，则由政府部门直接制定相应的专用标准，如 NIST 信息技术实验室制定的联邦信息处理标准(Federal Information Processing Standard, FIPS)[57]。

美国多元化、社会化、市场化的标准制定机制，能够有效降低政府标准制定成本，提升标准制定和实施的效率，同时推动新技术的及时应用，保持政府标准体系的发展活力。同时，美国积极推进本土标准的国际化，这对于美国在世界市场范围内竞争力的提高大有裨益。

2. FEA

对政府信息资源标准达成自愿共识，是实现政府信息资源共享与合作的基础。然而，单独的标准文件并不足以保障政府信息资源的互操作能力。要实现面向用户的无缝信息整合和一体化信息服务，还需要将针对信息资源管理各个环节和层面的标准组织起来，形成统一有序的标准体系，从宏观上把握政府信息资源管理的整体架构[58]。对此，许多西方国家参考企业架构(EA)，对政府信息资源管理的要素进行标准化描述，自顶向下对标准体系进行梳理和规范。

FEA 对政府部门内部及部门之间的信息技术、管理流程架构进行标准化定义，指导政府部门的框架设计，提高政府工作效率和服务水平。经过十余年的修订与完善，FEA 的体系逐渐完备，目前被学界视为世界范围内最成熟的电子政务建设项目。FEA 的预期结果及对应的实现途径见表 5-15。

表 5-15 FEA 的预期结果及实现途径[59]

预期结果	实现途径
服务传递	跨部门合作，形成一致的观点、灵活的计划与开发流程
功能集成	定义跨领域的元环境(meta-context)，制定覆盖政府活动全生命周期的标准体系
资源优化	及时引用新兴技术和管理范式
权威参考	建立集成、一致的视图，制定参考模型

FEA 作为覆盖美国政府多领域、多层面的总体架构，其目标的实现有赖于贯穿不同子域、不同层级的统一视图以及相应的多层次标准体系。FEA 包含战略、业务和技术三个子域，将总体架构应用分为国际、国内、联邦政府、部门、机构、分部、系统、应用 8 个层级，并依据子域和分级提供绩效、业务、数据、应用、基础设施、安全 6 个参考模型(reference model)(图 5-6)；对每个子域中的标准文档构件进行分别定义，为政府部门提供了分层、有序的标准化目录体系(表 5-16)。

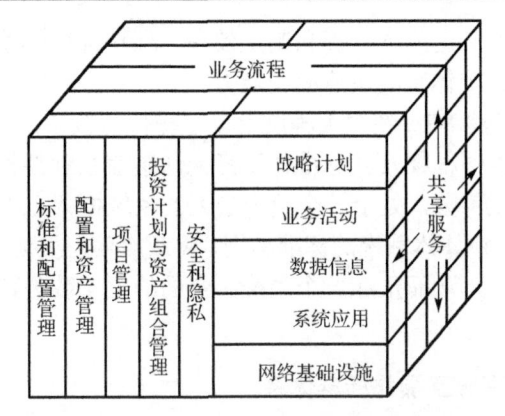

第 5 章 政府信息资源管理技术的标准化——元数据与互操作 ·107·

图 5-6 通用方法中定义的企业架构模型

资料来源：Federal Enterprise Architecture Management Office. FEA Practice Guidance

表 5-16 FEA 标准文档构件目录

参考模型	标准文档构件	
	核心构件（必需）	其他构件（据实际条件可选）
策略	总概念图	战略规划，业务方案概念，SWOT 分析，绩效评估评分卡
业务	高级流程图	业务运作方案，业务服务目录，组织结构图，案例及其图表，备选方案分析
数据	高级逻辑数据模型	知识管理方案，数据质量方案，数据流图，物理数据模型，CRUD 矩阵，状态转换图，事件序列图，数据字典，对象库
应用	应用程序接口图	应用通信图，应用接口矩阵，应用数据交换矩阵，应用服务矩阵，应用性能矩阵，应用系统演化图，企业服务总线图，应用维护程序，应用清单，软件许可目录
基础设施	高级网络图	主机作业概念，技术配置标准，技术预测，电缆线路图，无线连接图，框架视图（前视图和侧视图），数据中心/服务器机房图，布线图，网络拓扑图，资产目录，设备蓝图
安全	安全控制列表	安全和隐私方案，认证与鉴定文件，持续监控规程，灾害恢复方案，持续运作方案

资料来源：Federal Enterprise Architecture Management Office. FEA Practice Guidance

FEA 在其实施原则中对于信息资源互操作提出以下要求。

(1) 在战略层面上，政府应推动机构内部及机构之间的标准建设，促进战略目标与业务活动、技术支持之间相匹配、相协调。各机构应确保自身的企业架构方案符合国家标准的规定，其采用的信息技术战略和企业架构蓝图应与政府总体规划协调一致。

(2) 在业务流程上，机构内部和跨机构的各项服务应尽量实现网络化、标准化。

(3) 在技术层面上，数据和信息交换应以开放标准为基础，使用平台独立的数据协议（如 XML）建立开放系统平台，并推荐采用开源软件方案。

FEA 在架构规划和标准建设中非常注重对既有经验的吸取和再利用。根据 FEA 通用方法（common approach）规定，政府机构在制定政策、流程模型和技术方案之前应首先调查相关领域的现存成果，评估其可用性，并在施行和反馈过程中加以完善。这一方法有利于削减标准制定成本，提高制定效率，保持标准体系与市场环境和技术发展动态相适应，提高标准体系的快速应变能力。

值得一提的是，虽然 FEA 在很大程度上以互操作为核心，以标准体系为呈现形式和实现手段，然而互操作框架及其标准体系皆无法覆盖企业架构整体，而只作为政府企业架构中的有机组成部分，处于一个更为宏大的系统框架之中。FEA 的覆盖面大到宏观的政策、法规，小到具体系统的标准细则，将政府信息资源管理等活动以跨子域、多层级的方式组织起来，从而形成一个系统、全面的电子政务建设框架，推动政府职能的全方位优化。

5.4.2 欧盟政府信息资源互操作标准体系

1. 欧盟信息资源管理标准化体制

1985 年，欧盟理事会通过《技术协调与标准新方法决议》，对技术标准需要符合的基本要求做出强制规定。在符合基本原则的前提下，由政府和民间标准化组织自愿进行具体标准的制定与采纳。

欧盟的标准制定体制与美国的自愿性共识标准体制略有区别。美国政府在制定标准时，先查找相关领域的既有标准，再考虑是否采用或另行制定专用标准，民间标准则由 ANSI 进行认证和协调。欧盟则事先对标准制定原则进行统一规定，明确基本要求，再委托标准组织进行制定。美国和欧盟的标准制定体制分别体现出"收获型"和"播种型"的特点[60]。

2. 欧盟互操作框架

随着欧洲一体化趋势不断发展，欧洲国家对于互操作的关注不仅局限于某一国家的电子政务领域，还涉及跨国界的政府信息资源交流共享与业务合作。对欧洲而言，互操作是建立"电子欧洲"（e-Europe）的核心原则。跨国界互操作的实现，有利于为用户提供泛欧洲化的公共服务，有利于推动欧洲市场一体化的协调发展。2003 年，欧盟委员会下属项目"向公共管理部门，企业和公民提供可操作的欧洲电子政务服务"（Interoperable Delivery of European e-Government Services to Public Administrations, Business and Citizens, IDABC）发布"联结欧洲"（Linking-up Europe）提案[61]，就实现跨国界互操作的重要性以及相关的核心政策达成共识，并于次年建立欧盟互操作框架（European Interoperability Framework，EIF）v1.0，规定了以互操作为中心的一整套标准和指南，为各成员国的电子政务建设提供了协调一致的顶层架构。

EIF 以标准体系框架为其主要内容，对技术和非技术内容均有涉及，具有较强的通用性。其主要作用是在共识性原则的基础上为各成员国的政府总体架构提供参照和补充，同时避免直接干涉成员国自身的政策和标准[62]。

与美国 FEA 采用的层级式结构不同，EIF 以用户服务为中心，其整体架构并非逐级细分，而是围绕具体服务内容展开，其相应的标准体系呈现出集群模式的特点。同时，EIF 将互操作分为组织结构、语义和技术三个维度（表 5-17），对每个维度的互操作问题分别进行定位。与 EIF 配套的架构指南（Architecture Guidelines，AG）对 EIF 中的通用准则进行补充，从业务要求和安全管理两方面提供更为细化的标准。

表 5-17　EIF 互操作标准与规范[63]

互操作维度		标准与规范
组织结构互操作		公众服务项目(12 个)，企业服务项目(8 个)，业务互操作接口
语义互操作		数据元素，数据字典，多边数据元素映射表，术语词汇，基于 XML 的语义模型
技术互操作	前台	数据表示和交换，界面设计，多通道入口，字符集，集体编辑，文件类型和格式，文件压缩
	后台	数据集成和中间件，基于 XML 标准，基于 EDI (electronic data interchange) 标准，网络服务，分布式应用模型，互联服务，文件信息传输协议，信息存储服务，邮箱访问，目录和域名服务
	安全	安全服务，公钥基础设施，网络安全服务，防火墙，病毒防护

资料来源：European Commission.European Interoperability Framework v1.0

与美国相比，欧盟的信息资源共享和互操作问题具有跨国界的特殊背景，且涉及的主体数量更多，类型更复杂，这使得 EIF 表现出更高的实施自由度，并且对于开放性、多语言环境、多边合作等普遍原则十分重视。为保证跨国界信息资源互操作的实现，EIF 明确定义了"开放标准"的概念，并规定优先考虑利用开源软件。对于涉及多国业务主体的活动，EIF 规定在前台信息服务中必须支持多语言环境，采用中性语言设计后台架构，对于无法保证语言中立的则需制定语言翻译方案。

2009 年，IDABC 被新成立的项目"欧洲公共管理互操作解决方案"（Interoperability Solutions for European Public Administrations，ISA）所替代。ISA 于次年更新了 EIF 2.0 版本，2017 年再次更新版本，迄今为止已在 EIF 下发布了 40 余个具体的互操作解决方案（action）[64]。新版 EIF 降低了对成员国应用框架的要求，同时将政策、法律和管理层面纳入互操作概念中，总体架构向更宏观、更综合的方向发展。

5.4.3　欧洲一些国家政府信息资源互操作标准体系

在应用欧洲互操作框架的同时，一些欧洲国家，如英国、法国、德国、荷兰、瑞典、丹麦等已建立了本国的互操作标准体系，这些国家范围的标准体系各具特色，同时存在共通之处。

英国的电子政务互操作框架（e-GIF）于 2000 年发布，2005 年更新至 6.1 版。作为英国电子服务发展框架（e-Services Development Framework，e-SDF）规划中的一部分，e-GIF 以互操作为中心，从网络互联、数据集成、内容管理元数据、电子服务访问和业务领域五个方面建立了一整套技术规范和指南，并提供了统一的技术标准体系目录（表 5-18）。e-GIF 在英国政府范围内强制推行实施。

表 5-18　e-GIF 标准体系目录[65]

总体框架		相关政策和法律遵从制度
数据标准目录		地址，联系方式，财务，标识符，组织信息，个人信息等
技术标准目录	网络互联	网络互联和网络服务规范
	数据集成	数据集成规范，XML 模型，中间件交换
	内容管理元数据	内容管理元数据规范，标识规范
	电子服务访问	计算机工作站，其他入口，移动电话，网络会议，网络语音，存储卡规范等
	业务领域	网络化学习，电子健康与社会保障服务，财务，商务，采购与物流等
XML 模型		XML 模型库，XML 模型开发指南
元数据标准 e-GMS		开发与维护原则，数据元素定义

资料来源：Cabinet Office.e-GIF

德国联邦政府内政部于 2002 年出台电子政务应用标准与架构(Standards and Architectures for e-Government Applications, SAGA)，至 2010 年更新至 4.0 版本。SAGA 为政府部门中信息技术的应用提供了简明标准、流程和方法，为电子政务及其他信息技术相关决策提供了方向和路径，目的在于促进信息资源的重复利用，实现政府互操作，保证标准建设的开放性、可扩展性[66]。SAGA 以 RM-ODP 为参照，从总体架构、信息、计算机、结构设计、技术五个视角对电子政务的应用问题进行划分，并分别给出相应的标准与解决方案。从总体内容上看，德国的互操作标准体系侧重于对政府信息服务中的互操作问题提供具体标准和规范，并且对相关标准之间的关系进行详细阐述，但暂未建立统一完整的顶层架构。

SAGA 由政府组织的专家小组共同讨论决定，参与者既有政府部门，也有企业、科研机构等非政府组织和团体。SAGA 通过网络论坛广泛地吸收社会意见，保证定期更新，以随时适应新的技术发展和社会环境。

丹麦国家信息技术与通信机构于 2004 年发布了丹麦电子政务互操作框架(Danish e-Government Interoperability Framework, DIF)[67]。DIF 项目在很大程度上受 EIF 启发，是 EIF 在丹麦的应用，其内容包括基本原则、技术和语义标准等。丹麦电子政务互操作框架目前已纳入丹麦的政府总体架构当中[68]。

总体来看，欧洲各国互操作标准框架和体系均以互联网技术为核心，因此在技术层面存在许多共同点。这些共性广泛存在于信息传输、信息表示、网络互联等标准中，为跨国界范围信息服务的实现提供了有利基础。

欧洲各国的互操作标准体系在结构模式和强制性上有所差别。英国、丹麦采用和美国类似的分层模式，其标准体系自顶向下层层展开。德国的标准体系则与欧盟相似，采用集群模式，以具体服务活动为中心对标准进行组织[58]。英国 e-GIF 属于强制性标准规范，必须在英国政府所有部门和系统中采用，而丹麦和德国只提供推荐性的指南和建议，对标准的使用无强制性要求。

5.4.4 国外政府信息资源互操作标准体系建设经验与借鉴

虽然西方国家和组织的信息资源互操作标准体系各具特色，但就其标准体系结构、内容、制定和管理方式而言它们具有显著的共性，且具有相似的发展趋势。本节将从三个方面总结西方国家和组织的政府信息资源互操作标准体系中可供借鉴的经验，为我国的政府信息资源标准建设提供参照和借鉴。

1. 标准体系结构：宏观与微观的结合

纵观西方国家和组织的政府信息资源管理标准发展历程，各国标准体系结构普遍呈现出从零散到系统、从微观到宏观的发展态势，总体架构趋于完整，标准结构愈加有序，标准体系不断优化。

1) 注重顶层设计，建立标准框架结构

西班牙学者 Guijarro 用两个主要阶段描述西方国家和组织的互操作标准体系发展历程。在第一阶段，各国和组织就标准文件达成共识并予以广泛实施；在第二阶段，各国和组织开始将企业架构引入政府机构，在协调技术标准的基础上，保证流程和业务目标的一致性，从而实现真正的政府信息无缝服务。西方国家和组织标准体系已基本进入第二阶段，各国纷纷建立总体互操作框架，对标准体系进行顶层设计，自顶向下进行梳理、融合。既有的互操作框架也向更宏观、更综合的方向发展，对顶层设计和综合架构愈加重视。

在信息资源管理领域，标准体系顶层设计的价值主要体现在以下两方面。

(1) 应对标准体系建设的复杂性。实现政府信息服务的无缝整合关系到政府不同层级、不同领域的复杂环境，其涉及的政策法律、组织机构、业务流程、信息技术等多方面问题相互交织、相互影响[69]。进行顶层设计、建立标准体系框架，有利于从整体上把握社会和技术环境的复杂特征，对不同层面的现存问题和可能风险进行统一的协调管理。

(2) 保证目标和价值的一致性。政府信息资源管理的基本目标在于信息资源的优化和服务水平的提高，然而不同政府部门对于信息资源管理的视角和理解方式不尽相同，参与主体的多元化更催生了不同的利益和偏好要求。为此，西方国家在互操作标准框架中往往明确规定将开放、便民、透明、共享、安全等作为政府信息资源管理基本原则，以共同的愿景和统一的目标指引具体的标准制定工作，调和不同主体之间的差异与矛盾，推动政府信息资源管理的健康、协调发展。

西方国家通过顶层设计，将微观标准整理到统一框架中，旨在实现在复杂与简明、有序与无序之间的平衡。较为成熟的标准体系中，如 FEA 和 EIF，已进一步将相关政策、法规纳入其互操作框架之中，与标准体系共同构成自顶向下的总体架构。

2) 注重理论应用，建立标准体系模型

西方学界普遍认为，实现互操作的一大障碍在于政府、社会环境和信息技术的诸多复杂关系尚未明确，而以往的电子政务概念和理论往往过于空泛模糊，从而掩盖了实际建设过程中的诸多问题[70]。为此，西方国家的互操作标准建设十分注重系统的理论基础，采用多层次、多维度的标准模型，以应对互操作问题的复杂性。如美国在 FEA 中采用矩阵模型对标准体系进行描述，从而将复杂多样的实际问题纳入统一的标准体系之中。

现存的政府总体架构模型较为多元，对于互操作的范畴定义、政府工作层级划分等尚未达成共识[71]，其相应的标准体系显示出层级化、集群化等不同模式特征[72]。但总体来看，西方国家标准体系多采用立体多维的框架结构，将不同政府部门层级和技术领域综合起来加以考虑。

2. 标准内容：技术标准与管理流程标准并重

西方国家的政府信息资源标准体系不仅包括技术层面的语法、语义、网络基础设施等标准，还针对业务流程、组织机构、管理策略等制定了一系列原则和指南，且对非技术领域的互操作标准愈加重视。

对管理流程标准的重视，一定程度上受政府信息资源管理面向用户的服务理念影响。如今，信息资源管理面向用户的服务特征愈加明显，在实现信息自由交换和共享的基础上，还需进一步推进政府信息资源的无缝整合和部门之间的互操作，从而提供面向用户的"一站式"服务。片面关注技术互操作而忽视部门之间的流程合作，会危害一体化信息服务的建设，甚至导致信息孤岛的出现。为此，国外学界普遍将业务流程、组织机构、管理策略等层面纳入互操作的概念范畴，建立一系列业务流程规范和组织机构参考模型，并且将政策、法律适当地引入互操作范围中。

另外，局限于技术层面的互操作可能对社会理念和原则造成危害。数据信息的跨边界、无障碍流动可能会导致信息安全隐患，侵犯公众隐私权。同时，在西方国家特有的政治文化背景下，跨部门的信息和服务集成可能导致部门独立性的消解，危害西方国家的分权制衡原则，与民主和法治基本理念相违背[73]。针对这些问题，西方国家注重将安全、透明、民主等理念引入标准体系，并通过制定组织机构和流程层面的标准，协调机构之间的关系，引导部门有序合作，应对实现互操作带来的挑战。

3. 标准制定与管理：集中与分布的平衡

为适应日新月异的信息技术和日趋开放的市场竞争环境，西方国家鼓励标准制定的主体多元化，提倡自愿、开放的标准制定和采纳原则。政府与私有部门合作制定标准，被西方学界认为是实现互操作的最佳办法[74]。

政府与私有部门合作的标准制定体制包括以下三个要点。

(1) 充分利用市场竞争特性，保障标准制定和标准采纳的自愿性。过于强制的标准体系会导致标准化进程落后于技术发展水平，脱离实际社会背景，从而阻碍互操作的实现，影响政府部门对社会、技术环境的适应力。因此，国外学者普遍提倡标准制定和采纳的自愿性原则，主张政府和私有部门应以标准产生的效益作为是否采用标准的评判依据，同时鼓励政府吸纳、采用社会各界标准，从而达到节约标准制定成本、及时适应环境变迁的目的。

(2) 设立有效的标准协调机制。虽然标准化工作的目的在于信息资源有序化和促进信息交流共享，但在标准制定社会化的环境下，由于标准制定主体、背景和流程上的差异，标准之间的关系愈加复杂，甚至可能制造更多的混乱，违背其统一秩序的初衷，因此更加需要协调机制从中加以调节，避免标准的制定分散随意。美国的 ANSI 和 NIST 是典型的标准协调组织，分别负责调和民间自愿性标准和政府专用标准之间的关系，推动标准体系协调发展。

(3) 发挥政府部门的主导作用。一方面，通过顶层框架设计，确立标准化工作的一致目标，对标准领域和层级加以定义、划分，明确标准之间的边界与联系，从而保证各标准子域之间松散耦合[75]，减少标准之间的重叠与冲突。标准的总体框架设计应以通用的元级别架构为主，避免规定细节化的工作和技术内容，保证标准体系活跃有序。另一方面，政府应积极关注、参与标准化活动，确保标准的有序制定和有效实施。

为方便社会化、多主体的标准化活动，西方国家和组织十分鼓励开放标准和开源软件的应用。美国、欧盟、德国、丹麦均在其互操作框架中对开放标准进行了明确定义，并以开放标准的应用作为其互操作框架的基本原则。

政府机构与社会各界合作的标准制定体制，在重视顶层设计的同时保证自由发挥，在标准制定的集中与分布、秩序与自由、闭合与开放之中寻求平衡，从而推动标准体系的协调发展。

西方国家的互操作标准体系往往因特定的历史和社会环境而生，并与其既有的社会经济体制和意识形态相适应。美国的自愿一致标准化体制扎根于其高度自由的市场环境，其自顶向下的标准体系与联邦政府的组织形式相结合，通过建立统一协调的目标和标准框架，保证不同部门在明确权责的基础上能够展开无缝的合作。欧盟互操作标准体系对基本原则加以重视，并采取以服务为中心的框架形式，很大程度上是为了适应欧盟多国家、多主体的特征。相较之下，中国的市场化程度较西方国家更低，标准制定主体较为单一，并且部门之间"条强块弱"的问题更为突出，与西方国家不尽相同。如何将西方发达国家的建设经验应用到我国的信息资源标准化的实际工作中，建立符合国情的、科学有效的互操作标准体系，仍有待进一步展开研究。

参 考 文 献

[1] National Information Standards Organisation. Understanding metadata[EB/ON]. [2018-08-10]. https://www.niso.org/publications/press/UnderstandingMetadata.pdf.

[2] Miller P. Metadata for the masses[EB/OL]. [2018-08-02]. http://www.ariadne.ac.uk/issue5/metadata-masses.

[3] Sen A. Metadata management: Past, present and future [J]. Decision Support Systems, 2004, 37(1): 151-173.

[4] International Organization for Standardization. ISO 15489, information and documentation-records management[EB/OL]. [2016-04-02]. https://www.iso.org/standard/62542.html.

[5] Tambouris E, Manouselis N, Costopoulou C. Metadata for digital collections of e-government resources[J]. The Electronic Library, 2007, 25(2): 176-192.

[6] Thornely J. Metadata and the deployment of Dublin Core at State Library of Queensland and Education Queensland, Australia[J]. OCLC Systems & Services: International Digital Library Perspectives, 2000, 16(3): 118-129.

[7] 李文生, 李超, 杨吉江. 面向政务信息资源管理的电子邮件元数据标准研究[J]. 现代情报, 2009(12): 35-39.

[8] Charalabidis Y, Lampathaki F, Askounis D. Metadata sets for e-government resources: The extended e-government metadata schema (eGMS+)[M]//Wimmer M A, Scholl H J, Janssen M, et al. Electronic Government. Berlin: Springer, 2009: 341-352.

[9] Davies J, Harris S, Crichton C, et al. Metadata standards for semantic interoperability in electronic government[C]//Proceedings of the 2nd International Conference on Theory and Practice of Electronic Governance, Cairo, 2008: 67-75.

[10] Ramesh P, Vivekavardhan J, Bharathi K. Metadata diversity, interoperability and resource discovery issues and challenges[J]. DESIDOC Journal of Library & Information Technology, 2015, 35(3): 35-48.

[11] Moen W E. The metadata approach to accessing government information [J]. Government Information Quarterly, 2001, 18: 155-165.

[12] Open Systems Environment Implementors Workshop/Special Interest Group on Library Applications(OIW/SIG-LA). Application profile for the government information locator service (GILS)[EB/OL].[2018-08-16]. http://www.gils.net/prof_v2.html.

[13] Mullen A. GILS metadata initiatives at the state level [J]. Government Information Quarterly, 2001, 18(3): 167-180.

[14] Park E G, Lamontagne M, Perez A, et al. Running ahead toward interoperable e-government: The government of Canada metadata framework [J]. International Journal of Information Management, 2009, 29(2): 145-150.

[15] Day M. Metadata for digital preservation: A review of recent developments[C]//Proceedings of the International Conference on Theory and Practice of Digital Libraries, Berlin, 2001: 161-172.

[16] 曹树金, 司徒俊峰, 马利霞. 论政府信息资源的元数据标准[J]. 情报学报, 2004(6): 715-722.

[17] 张承伟, 赖洪波, 乌丽娟. 政府信息资源元数据及其标准化的研究[J]. 计算机应用研究, 2006(12): 51-53.

[18] 张承伟, 赖洪波. 政府信息资源元数据的描述方法[J]. 情报科学, 2007, 25(6): 848-851.

[19] 赵志荣, 张晓林. GILS 元数据的结构和应用[J]. 情报理论与实践, 2000, 23(6): 46-49.

[20] 杨薇薇, 王新才. 美国 GILS 服务体系研究[J]. 图书馆理论与实践, 2006(2): 97-99.

[21] 王欣. 美国政府信息指引服务及其对我国的启示[J]. 情报杂志, 2002(3): 92-94.

[22] 阳艳. 政府信息资源描述的规范性研究[J]. 新世纪图书馆, 2006(3): 44-45.

[23] 罗昊. 两种政府信息资源元数据的分析与比较及其对我国的启示[J]. 新世纪图书馆, 2003(2): 19-22.

[24] 王红霞, 苏新宁. 基于元数据的电子政务信息资源组织模式[J]. 情报理论与实践, 2007(1): 116-121.

[25] 章旭, 汪建满. 政府信息公开元数据方案初探[J]. 图书馆建设, 2008(12): 16-20.

[26] 李荣艳, 梁蕙玮, 曲云鹏, 等. 我国政府信息资源元数据标准研究[J]. 图书馆学研究, 2012(11): 42-46.

[27] 吴鹏, 强韶华, 苏新宁. 政府信息资源元数据描述框架研究[J]. 中国图书馆学报, 2007, 33(1): 68-70.

[28] 闫伟, 杨洪山, 孙莉. 政务信息资源描述元数据标准的制定研究[J]. 计算机与信息技术, 2005(10): 85-87.

[29] 王仁武, 杨洪山, 陈家训. 电子政务信息资源元数据标准的设计与实现[J]. 情报资料工作, 2007(4): 52-55.

[30] 王芳. 我国电子政务元数据的构建及其基于 Web 服务的共享实现[J]. 情报科学, 2007(1): 125-133.

[31] 陆泉, 韩雪, 韩阳, 等. 我国数字信息资源长期保存研究综述[J]. 图书馆学研究, 2015(4): 2-8.

[32] 何欢欢. 政府网站信息资源保存体系研究[D]. 武汉: 武汉大学, 2010.

[33] 廖思琴, 周宇, 胡翠红. 基于云存储的政府网络信息资源保存型元数据研究[J]. 情报杂志, 2012, 4(4): 143-147, 152.

[34] Alemneh D G, Hastings S K, Hartman C N. A metadata approach to preservation of digital resources: The University of North Texas libraries' experience [J]. Digital Library, 2002, 7(3): 63-75.

[35] Park E G, Lamontagne M, Perez A, et al. Running ahead toward interoperable e-government: The

government of Canada metadata framework [J]. International Journal of Information Management, 2009, 29(2): 145-150.

[36] Guenther R, Radebaugh J. Understanding Metadata[M]. Bethesda: National Information Standard Organization (NISO) Press, 2004.

[37] Devey M, Côté M C, Bain L, et al. Celebrating 10 years of government of Canada metadata standards[C]//Proceedings of the International Conference on Dublin Core and Metadata Applications, Pittsburgh, 2010: 104-114.

[38] Tambouris E, Tarabanis K. Towards a European e-government metadata framework to facilitate semantic interoperability[C]//Proceedings of the 4th International Conference on EGOV, Copenhagen, 2005: 94-101.

[39] 肖珑,陈凌,冯项云,等. 中文元数据标准框架及其应用[J]. 大学图书馆学报, 2001, 19(5): 29-35.

[40] Rothenberg J, Graafland-Essers I, Kranenkamp H, et al. Designing a national standard for discovery metadata[EB/OL]. [2017-07-18]. https://www.rand.org/pubs/technical_reports/TR185.html.

[41] 中国政府网. 李克强主持召开国务院常务会议 部署加快推进政务信息系统整合共享等[EB/OL]. [2017-12-18]. http://www.gov.cn/xinwen/2017-12/06/content_5244924.htm.

[42] 丁波涛. 政府信息资源商业化的研究[J]. 图书情报工作, 2008, 52(9): 74-77.

[43] 上海市人民政府网. 国务院为何力推公共资源配置领域政府信息公开?[EB/OL]. [2017-12-18]. http://www.shanghai.gov.cn/nw2/nw2314/nw2315/nw32813/nw32814/nw32818/userobject82aw87969.html?1.

[44] 刘家真. 电子文件管理——电子文件与证据保留[M]. 北京: 科学出版社, 2009.

[45] 中华人民共和国国家质量监督检验检疫总局, 中华人民共和国国家标准化管理委员会. 政府信息目录体系 第3部分 核心元数据(GB/T 21063.3-2007)[S/OL]. 北京: 中国标准出版社, 2007. [2016-11-22]. http://www.doc88.com/p-6857093357795.html.

[46] Rezaei R, Chiew T K, Lee S P, et al. Interoperability evaluation models: A systematic review[J]. Computers in Industry, 2014, 65(1): 1-23.

[47] Bountouri L, Papatheodorou C, Soulikias V, et al. Metadata interoperability in public sector information[J]. Journal of Information Science, 2008, 35(2): 204-231.

[48] Naiman C F, Ouksel A M. A classification of semantic conflicts in heterogeneous database systems[J]. Journal of Organizational Computing and Electronic Commerce, 1995, 5(2): 167-193.

[49] 张晓娟, 张梦田. 西方国家政府信息资源互操作性标准体系研究[J]. 情报资料工作, 2015(3): 42-48.

[50] 颜海, 朱志赟. 基于顶层设计的电子政务互操作框架构建与实施[J]. 信息资源管理学报, 2015(1): 104-109.

[51] 迪莉娅. 西方国家电子政务互操作性框架比较[J]. 档案, 2010(2): 20-23.

[52] 吴鹏, 高升, 甘利人. 电子政务信息资源语义互操作模型研究[J]. 中国图书馆学报, 2010(2): 77-82, 122.

[53] Guijarro L. Interoperability frameworks and enterprise architectures in e-government initiatives in Europe and the United States [J]. Government Information Quarterly, 2007 (24): 92.

[54] Yildiz M. E-government research: Reviewing the literature, limitations, and ways forward[J]. Government Information Quarterly, 2007 (24): 648.

[55] 望旺.美国政府信息资源管理法律、政策、标准制定体系研究[J]. 情报理论与实践, 2010, 33 (10): 121.

[56] ANSI. About ANSI [EB/OL]. [2018-08-08]. https://www.ansi.org/about_ansi/overview/overview?menuid=1.

[57] NIST. Procedures for developing FIPS (Federal Information Processing Standards) Publications [EB/OL]. [2017-05-12]. https://www.nist.gov/itl/procedures-developing-fips-federal-information-processing-standards-publications.

[58] Guijarro L. Analysis of the interoperability frameworks in e-government initiatives[C]//Proceedings of the International Conference on Electronic Government, Berlin, 2004: 36-39.

[59] OMB. The common approach to federal enterprise architecture [S/OL]. [2018-01-10]. https://www.immagic.com/eLibrary/ARCHIVES/GENERAL/WHITEHSE/W120502C.pdf.

[60] 刘春青. 国外强制性标准与技术法规研究[M]. 北京: 中国标准出版社, 2013.

[61] European Commission. Linking-up Europe Commission paper [EB/OL]. [2018-01-10].http://ec.europa.eu/idabc/en/document/2036/5583.html.

[62] Guijarro L. Semantic interoperability in egovernment initiates [J]. Computer Standards & Interfaces, 2009 (31): 174-180.

[63] European Commission. European interoperability framework for pan-european e-government services [S/OL]. [2018-01-10]. http://ec.europa.eu/idabc/servlets/Docd552.pdf?id=19529.

[64] ISA. New European interoperability framework [EB/OL]. [2017-12-20]. https://ec.europa.eu/isa2/sites/isa/files/eif_brochure_final.pdf.

[65] Cabinet Office. e-GIF [EB/OL]. [2018-05-20].https://webarchive.nationalarchives.gov.uk/20100703002704/http://archive.cabinetoffice.gov.uk/e-envoy/framework-egif4/$file/e-GIF4Pt1_2002-04-25.pdf.

[66] KBSt. SAGA4.0 [S/OL]. [2018-05-12]. https://www.cio.bund.de/SharedDocs/Publikationen/DE/Architekturen-und-Standards/SAGA/saga_4_0_englisch_download.pdf?__blob=publicationFile.

[67] UNDP. E-government interoperability: A review of government interoperability frameworks in selected countries [R/OL]. [2018-05-12]https://itlaw.wikia.org/wiki/E-Government_Interoperability:_A_Review_of_Government_Interoperability_Frameworks_in_Selected_Countries.

[68] OIO. Introduction to national enterprise architecture in Denmark [EB/OL]. [2018-05-20]. http://arkitekturguiden.digitaliser.dk/introduction-national-enterprise-architecture-denmark.

[69] Scholl H J, Klischewski R. E-government integration and interoperability: Framing the research agenda[J]. International Journal of Public Administration, 2007, 30 (8/9): 889-920.

[70] Hellberg A S, Grönlund Å. Conflicts in implementing interoperability: Re-operationalizing basic values[J]. Government Information Quarterly, 2013, 30 (2): 154-162.

[71] Chen D. Architectures for enterprise integration and interoperability: Past, present and future [J]. Computers in Industry, 2008 (59): 647-659.

[72] Klischewski R. Information integration or process integration? How to achieve interoperability in administration[C]//Proceedings of the International Conference on Electronic Government, Berlin, 2004: 57-65.

[73] Yildiz M. E-government research: Reviewing the literature, limitations, and ways forward[J]. Government Information Quarterly, 2007, 24(3): 646-665.

[74] Lueders H. Interoperability and open standards for egovernment services[C]//Proceedings of the 1st Internet Conference on Interoperability of Enterprise Software-Applications, Geneva, 2005.

[75] Hanseth O, Jacucci E, Grisot M, et al. Reflexive standardization: Side effects and complexity in standard making[J]. MIS Quarterly, 2006, 30(1): 563-581.

第 6 章 政府信息资源管理标准化保障体系

绩效评估体系和安全保障体系是政府信息资源管理的支撑体系,两者分别从绩效评价和安全维护的角度指导与支持政府信息资源管理工作的开展;政府信息资源管理绩效评估标准体系和政府信息安全标准体系的建立也为政府信息资源管理的标准化提供了保障。本章分别构建我国政府信息资源管理绩效评估标准体系和我国政府信息安全标准体系。

6.1 政府信息资源管理绩效评估标准体系

在信息时代,政府信息资源管理成了新兴的政府管理活动。据统计,目前政府拥有的信息资源占社会总信息资源的 80%以上,政府是最大的信息拥有者和控制者[1],政府信息资源管理活动在提高政府行政效率以及推动电子政务发展等方面发挥着越来越重要的作用。因此,科学管理、综合开发和有效利用政府信息资源是当前政府工作的重要内容之一[2],如何提升政府信息资源管理绩效也成为各级政府有待解决的一个问题。由此,绩效评估作为一种提高管理效率的工具被引入政府信息资源管理工作之中,以衡量、评价政府信息资源管理工作,并为提高政府信息资源管理的效率提供依据。

6.1.1 国内外政府信息资源管理绩效评估体系研究概况

1. 国外

西方国家在政府绩效评估的研究中走在世界的前列。政府信息资源管理作为其中的重要部分,也得到了学者的关注。但是从总体上来看,学界对于政府信息资源管理绩效评估的基本内涵、评价方法、指标体系等还未形成较为统一的意见以作为实践的规范和借鉴。

1) 政府信息资源管理流程的绩效评估

在国外的政府信息资源绩效评估中,部分学者主要是按照信息管理各个过程进行研究探索的。从信息管理的流程来看,信息资源管理主要集中在政府信息共享、检索利用、安全保障等方面。例如,Schooley 等认为对跨组织的信息资源共享最重要的指标是时效性和服务质量[3];Salampasis 等选择网络共享和搜寻便捷度作为政府信息资源管理绩效评估的维度与具体评估指标等内容[4]；Gupta 等从电子政务绩效范畴的角度研究政府信息资源管理绩效及其评估问题[5]；Zhao 等通过 Web 内容分析、信息安全审计、计算机网络安全映射等渠道评估了美国电子政务网站的安全性，分析了目前电子政务中存在的威胁，并对如何提高电子政务安全性提出解决方案[6]。

除此以外，有学者对信息资源管理的基础硬件部分做出评估。Charalabidis 等对第二代开放政府数据(Open Government Data，OGD)基础设施进行评估，并基于用户评级的价值模型来验证。该价值模型的主要评价指标为数据提供能力、数据搜索和下载功能、用户级别的反馈功能、数据处理能力、数据上传功能、供应商级别的反馈功能、用户级别的意愿支持、供应商级别的意愿支持和未来的行为[7]。

2) 政府门户网站的绩效评估

相较之下，政府门户网站的绩效评估受到更多关注，学者从不同角度出发建立指标体系，对政府门户网站进行绩效测评。

Middleton 总结了影响政府网站质量的因素，包括：安全性和保密性、可用性、内容、服务、公众参与和功能，这也成为公共部门网站评估常见的衡量指标[8]。Kaylor 等和 Carbo 等则强调地方电子政务评价需要考虑经济、社会、文化等因素，另外，评价模型需要根据不同情况和评价目标进行调整[9,10]。

公共部门的网站评估框架研究中，Panopoulou 等试图制定出一个用于评估公共部门网站的评估框架。该评估框架包括四个主轴：一般特征(general characteristics)、电子内容(e-content)、电子服务(e-services)和电子参与(e-participation)。前两者用于评估公共部门网站的一般特征和内容，后两者用于评估满足其行政角色的特殊功能[11]。Johnson 等认为非政府网站的度量标准(如点击量)较为单一，评估政府公共部门的网站的标准度量应与此区别，标准基线应包括功能/导航问题、内容/样式和包含的信息等内容[12]。Yuan 等拟议的新政府门户网站三级评估框架中将内容、功能和结构作为一级，其二级评价指标涵盖政务公开、城市宣传、地方内容(内容)、网上交易、行政问答(question&answer)、公民参与、特殊功能(功能)，设计特点、信息功能、Web 功能(结构)，这些指标的每一个维度强调互动性、透明度、效率和效力，均体现了当代公共管理的原则[13]。

Luna 等对于政府门户网站绩效评估的研究有着不同的见解，认为现今大多数评价只考虑结果或产出，忽视了政府可用投入的能力和资源，而利用数据包络分析（Data Envelopment Analysis，DEA)模型能较为准确地评价政府门户网站的相对效率。该模型中，技术相关的机构和环境因素被用作输入变量(互联网用户数、计算机用户数、移动电话用户数、全球竞争力指数、政府效率指数、基础设施指数)，门户特征被用作输出变量(信息、互动、事务、集成、参与)[14]。

另外，在政府门户网站的绩效评估中，学者注重与实践活动的充分结合，在现实环境背景下建立评价指标体系。例如，有学者设计了一个美国全境适用的、用于衡量美国城市政府网站具体功能和服务的绩效评估标准"电子分数"(e-score)，它将存在主体信息、存在相关内容链接、存在可下载表格、完全网上交互四项内容作为"电子分数"的基本刻度[15]。Wang 等建立了基于信息结构的中国省级政府网站评价指标体系，从信息、导航、检索和标志方面的部分核心内容展开建立评价指标体系：全球导航、局部导航、上下文导航、附加导航、语境系统、检索系统、标识系统[16]。另外，有学者基于公共价值理念对俄罗斯的地方政府门户网站进行评估，其建立的五大指标为开放度指标、透明度指标、交互性指标、以公民为中心的指标和可用性指标[17]。Smith 在前人关于网站评价标准的基础上开发出一系列新西兰政府门户网站的新评价指标，评价的一级主体指标为信息内容标准(information content criteria)和易用性标准(ease-of-use criteria)，其中信息内容标准包括网站定位、内容、元数据、服务、准确性、隐私和外部认可 7 个指标。而易用性标准涵盖了链接、反馈机制、可访问性、设计、导航性 5 项内容[18]。

也有学者专门研究针对政府网站的服务能力进行绩效评估。Torres 等对欧洲 33 个城市的网站进行服务能力的评估，评价的维度主要包括服务成熟度(service maturity)和传播成熟度(delivery maturity)，其中服务成熟度包含广度(breadth)和深度(depth)两个部分[19]。Wang 等结合主客观两方面确立政府网站服务综合指标体系，其中主观指标值通过问卷调查和专家获得，客观指标值由 Web 日志分析、统计方法和财务统计计算获得。该体系具体指标包括网站设计的质量、网站功能服务、成本和收益(成本和收益指数)三项[20]。

2. 我国

我国政府信息资源管理绩效评估的标准化进程较为缓慢，总体上尚未形成完整的规范标准。

关于我国政府信息资源管理绩效评估体系的完善，张晓娟等认为应当从树立正确价值取向、明确目标、规范程序、构建多元化评估主体、选取科学方法、构建完备指标体系、建立完善监督体制、强化评估结果公开利用、建立健全申诉制度等方面进行[21]。王新才等把政府信息资源绩效评估视角置于政府绩效审计之中，提出政府信息资源管理绩效审计关注的重点在于政府信息资源管理活动的经济性、效率性和效果性等[22]。

另外，有学者总结目前该领域研究存在着问题，如绩效评估理论内涵无法为政府信息资源管理绩效评估提供一般意义上的理论指导；方法论无法为政府信息资源管理绩效评估活动提供有效的操作指南；制度层面研究缺失，易引发评估活动的短期行为。这三方面目前也成为政府信息资源管理绩效评估研究的发展方向[23]。

1) 政府信息资源管理绩效评估的理论内涵

一般来说，一个完整的绩效评估体系包括评估价值取向、评估主体、评估指标、评估方法等组成要素[24]，政府信息资源管绩效评估的标准化、规范化内容也应当包含这些内容[25]。

对政府信息资源管理绩效评估的价值取向进行合理的定位，是政府信息资源管理活动能够顺利实施并取得成功的关键因素。王协舟认为政府信息管理绩效评估的价值取向主要包括效益、公平、法治等基本内容，该观点也得到了众多学者的认可。关于信息服务绩效评估价值取向，唐重振概括为以公众为中心的、适时有效的、全面公开的同社会发展相协调的电子政务信息服务绩效评估价值体系和行为取向[26]；周伟等则定位为公众满意取向、投入产出取向、内在优化取向、持续发展取向等[27]。另外，彭海艳等将政府信息资源公共获取绩效评估的价值取向定为以公众参与度和公众满意度为核心价值取向，并以公平、公正、公开、法治、效率与效益双重结合为辅助[28]。

评估主体是政府信息资源绩效评估的重要组成部分，部分学者对参与政府信息资源管理绩效评估过程的主体选择提出建议。

(1) 政府信息资源管理：政府信息资源管理主要通过电子政务的内网和外网实现。因此应分成两部分：内网由政府内部工作人员自评，而外网由政府与社会的二元主体参与评估，主要包括政府自身、社会公众、专业管理机构、社会中介机构[29]。

(2) 政府网站：参与政府网站(外网)绩效评估的主体应当为政府信息化主管部门、行政主管、效能监察部门、第三方机构和网站用户[30]。

(3) 政府信息公开：基于利益相关者理论，王欢喜提出政府信息公开绩效评价主体应当是影响政府信息公开绩效评价工作以及受到评价工作过程与结果影响的个人和组织，即评价决策者、评价组织者、评价专家、监督部门、政府信息管理部门的工作人员、政府信息服务对象、普通公众以及其他利益相关者[31]。

(4) 政府信息资源公共获取：政府信息资源公共获取绩效评估应是多元化的同体评估结合异体评估，同体评估主要包括上级政府、本级政府、下级政府以及政府评估管理机构；异体评估主体主要是指独立于政府以外的具有评估资格和评估能力的组织、团体或个人[32]。

2) 政府信息资源管理绩效评估指标体系

政府信息资源管理绩效评估指标体系的确立是绩效评估工作具体实施中最为核心的内容[21]，目前我国政府信息资源管理绩效评估的研究主要集中在这方面。

王协舟等构建了由政府信息资源数量指数、政府信息资源质量指数、政府信息资源利用指数、政府信息资源建设发展潜力指数共同构成的政府信息资源评估综合指数[24]。王新才等将政府信息资源管理效益审计标准评价指标体系设计为经济性标准、效率性标准和效果性标准,并用来考察和评价政府信息资源管理活动是否符合经济性、效率性和效果性的业绩标准[33]。

多位学者就政府信息资源管理流程中的某一环节的绩效评估指标体系进行了探讨。

(1)政府信息资源共建共享:杨畅等认为可以从建设过程评估指标、运行状况评估指标、系统功能与性能评估指标、运行管理和维护评估指标、运行效益评估指标来构建评估指标体系[29]。

(2)政府信息资源公共获取:彭海艳等依据政府的服务质量与公共责任、政府信息公开的有效性与便捷度、公众的参与度与满意度等评估标准,建立政府信息资源公共获取绩效评估体系[28]。

(3)政府信息服务:唐重振将信息服务绩效评估指标体系设置为信息公开、在线服务、公众参与三个指标[34],张研等则从电子政务信息服务内部管理维度、电子政务信息服务成本维度、电子政务信息服务顾客维度、学习与发展维度四个方面构建[35]。除此之外,周伟等从用户满意、内在优化、投入产出、持续发展四个纬度设计出政府信息服务绩效评估的模型[36,37]。

(4)政府信息公开:郑方辉等基于《条例》确定了指标体系,包括制度设计、过程推进、目标实现、社会满意[38]。刘磊等以信息公开内容、公开方式和程序、监督和保障、公众参与维度,构建基于模糊层次分析法的政府信息公开绩效评估体系[39]。

(5)政府信息资源开发利用水平:刘强等提出的评价指标体系内容包括开发力度、利用水平、保障措施[40]。

(6)政府信息技术管理:宋航等采用"维度—基本指标—指标要素"这一普通的指标模型结构,将指标体系分为三个基本层次和维度,包括信息技术系统安置的恰当性、信息技术系统结构的合理性与信息技术系统使用的有效性[41]。

3)政府门户网站绩效评估指标体系

许多学者也选择对政府门户网站绩效评估指标体系进行研究。在广泛的实践基础上,一部分学者以政府信息公开、办事服务、公共参与三个要素作为评估政府网站职能运行绩效评估的主要指标[42-44],有学者补充应将网站设计及性能考虑在内,从用户角度对指标进行分类,整合不同类型的指标形成评估标准[45]。而针对常用指标中的"在线办事",寿志勤等将服务制度、服务功能、服务模式、服务框架和服务平台设计与性能作为"在线办事"服务绩效评估指标体系中的一级指标集[46]。

除此之外,王靓靓等从应用服务、人性化服务、服务反馈等方面来评估政府网站"以用户为中心"的程度[47];王璟璇等以用户体验的角度从内容、功能、效果三方面评估政府网站[48]；龙怡则通过改进的成本效益分析法来进行更为客观的经济评价，并选择以中美省、州级政府门户网站为对象，判别中美政府网站的绩效水平[49]。另外，有学者针对地方或部门政府网站信息公开的绩效评估指标体系进行探讨[50,51]，同时也有学者对政府门户网站评估指标体系进行综述研究[52-54]。

6.1.2 我国政府信息资源管理绩效评估体系的构建

目前，我国政府信息资源管理的绩效评估还处在探索阶段，在相关领域的研究上还不够系统成熟，在实际的绩效评估工作中也普遍存在效率低下的问题。为了进一步促进政府信息资源管理绩效评估工作的发展，从宏观上构建起政府信息资源管理绩效评估体系势在必行。本节在6.1.1节分析国内研究现状的基础上，进一步明确构建政府信息资源管理绩效评估体系的必要性，并从评估价值取向的确立、评估目标和主体的选择、评估指标体系的构建、评估监督体制和申诉制度的建立等方面论述构建我国政府信息资源管理绩效评估体系的设想。

1. 构建政府信息资源管理绩效评估体系的必要性

从我国政府信息资源管理绩效评估的研究现状可以看出，目前我国相关方面的研究还相对分散，缺乏系统性。研究主要集中在政府信息资源的建设、公开、服务、共享等具体方面的绩效评估，而在这些方面的绩效评估当中，研究重心又放在评估指标体系的构建上，针对绩效评估的价值取向、主体选择、评估方法、评估结果运用等方面的研究相对缺乏，不利于我国政府信息资源管理绩效评估的有效进行。从研究和实践的角度来看，建立科学完整的政府信息资源管理绩效评估体系是十分必要的，其意义可以概括为以下三个方面。

1) 推动我国政府信息资源管理绩效评估领域研究的深化

从我国政府信息资源管理绩效评估的国内研究现状的论述中不难发现，目前我国政府信息资源管理绩效评估领域的研究缺乏系统性和规范性。虽然相关方面的研究一直在进行，但是始终没有一套完整的评估体系去引导相关领域研究的开展，这就导致研究成果分散，整体质量难以提高。因此，为了进一步推动我国政府信息资源管理绩效评估领域研究的开展，必须建立起政府信息资源管理绩效评估体系，这样就能够在宏观上引导相关研究的开展，使得相关领域的研究更加系统成熟。

2) 提高我国政府信息资源管理绩效评估工作的效率

由于缺乏一套完整的政府信息资源管理绩效评估体系，我国各级政府信息资源管理的绩效评估工作开展得并不顺利。首先表现在，开展政府信息资源管理绩效评估工作的政府机构不多，开展绩效评估的领域也十分有限；其次，在少数开展绩效评估的政府机构当中，在评估主体、评估目标、评估方法和指标体系的构建上存在的不足也导致了评估结果的可信度不高、评估效率较低等问题。因此，为了进一步推动各级政府信息资源管理的绩效评估工作，迫切需要构建一套完整的政府信息资源管理绩效评估体系，规范和指导各级政府信息资源管理的绩效评估工作，提高评估效率。

3) 为我国电子政务绩效评估机制的建立奠定必要的基础

政府信息资源的建设和管理是实施电子政务的基础，政府信息资源管理的绩效评估也是电子政务绩效评估的重要组成部分，对电子政务的绩效评估起到基础性和支撑性的作用。我国对电子政务绩效评估工作一直比较重视：2002 年《国家信息化领导小组关于我国电子政务建设指导意见》中提出要加快"建设电子政务绩效评估机制"；《2006—2020 国家信息化发展战略》中更加明确地指出"建立电子政务规划、预算、审批、评估综合协调机制。加强电子政务建设资金投入的审计和监督。明确已建、在建及新建项目的关系和业务衔接，逐步形成统一规范的电子政务财政预算、基本建设、运行、维护管理制度和绩效评估制度"。因此，构建一套完整的政府信息资源管理绩效评估体系对于我国电子政务绩效评估机制的进一步确立十分必要。

2. 构建我国政府信息资源管理绩效评估体系的设想

一般而言，一个完整的绩效评估体系包括评估原则、评估方法、评估指标、评估程序等组成要素[55]。笔者在广泛的文献调研的基础上，更加细化了绩效评估的体系，并建议从以下几个方面构建政府信息资源管理绩效评估体系。

1) 树立正确的绩效评估价值取向

绩效评估的价值取向是政府对其终极目的的基本价值判断、价值确认和利益选择，因此确立政府信息资源管理绩效评估的价值取向是开展实际评估工作的核心。国内已有许多学者就价值取向的选取这一方面做了相关研究，其中，在政府绩效评估价值取向的确立上，已有学者提出了效率和公平并重、效率与民主并重、经济增长和社会发展同步的三大方面的价值标准体系[56]；对于电子政务信息服务的绩效评估，则可以选取以公众为中心的、适时有效的、全面公开的与社会发展相协调的绩效评估价值体系和行为取向[27]；而在电子政务信息资源建设绩效评估的价值取向的选取方面则应该包括效益、法治、公平等基本内涵[55]。综上，对于政府绩效评估组成部分的政府信息资源管理绩效评估，可以参考政府绩效评估以及电子政务绩效评估的价值取向，秉承科学发展观，民众本位和全面、协调、可持续的价值取向。

2) 明确绩效评估的目标

确定目标是极其重要的，也是整个评估活动的起点，更是整个评估活动沿着正确的方向前进的基本保证[57]。政府信息资源管理活动从本质上来说是一种信息资源管理活动；而信息资源管理的总目标是保证社会信息流在不同渠道中有序流动，信息的开发和利用在有领导、有组织的统一规划和管理下，协调一致、有条不紊地进行，使各类信息以更高的效率与效能、更低的成本，在国家进步、经济发展、人民物质文化生活水平提高中充分发挥作用[58]。政府信息资源管理绩效评估的目标可以将政府绩效评估的目标和信息资源管理的目标结合起来。考虑到我国各级政府管理任务不尽相同，不同级别的政府可能存在不同的管理目标，各级政府应该根据自身信息资源管理存在的问题和考核的重点确立自己信息资源管理绩效评估的目标，使得绩效评估工作明确高效。

3) 规范绩效评估的程序

科学、规范的评估程序是保证政府绩效评估顺利实施的前提和保障。统一的政府信息资源管理绩效评估程序能够避免各级政府由程序混乱导致的效率低下以及评估结果不准确的问题。国内外已有相关机构和学者提出了相关绩效评估程序的规范和标准，例如，1994年美国审计总署修订的《美国政府审计准则》将美国的政府绩效审计严格划分为制定计划、初步调查、管理控制、详细审查、编写报告和提交报告六个程序[59]，此外美国还在其联邦政府组织架构（FEA）中将电子政务绩效评估的评估流程设计为确定评估主体与客体，下达评估通知书、拟定评估工作，搜集基础资料、实施评估三大步骤[60]；澳大利亚审计署的《绩效审计》将其绩效审计划分为制定战略计划、进行初步研究、制定审计计划、现场实施审计、撰写审计报告以及跟踪审计六个步骤[57]；我国研究者则将政府信息资源管理绩效审计的程序设计为选择和确定审计对象—审前调查和风险评估—制定审计方案—收集和评价审计数据—编制和提交审计报告—跟踪检查[61]。以上大部分是在政府绩效审计层面上的审计程序，但是从本质上看，政府绩效审计属于政府绩效评估的范畴，它是政府绩效评估的一种特殊形式，二者统一于政府绩效管理的理论与实践[62]。因此，政府信息资源管理绩效评估的评估程序可以参照国内外的政府绩效审计程序，总体上可以划分为评估前期准备阶段、评估组织实施阶段和评估结果运用阶段三个大的阶段[63]，然后根据各级政府的具体评估行为再进行细分。

4) 构建多元化的评估主体

一般而言，政府绩效评估的评估主体可以划分为外部评估主体和内部评估主体，外部评估主体是指政府机关以外的评估主体，包括政党评估、国家权力机关评估和社会评估等；内部评估主体是指政府机关自身作为评估主体，主要包括政府机关的自我评估和专门评估[64]。国外在政府绩效评估的主体构建上比较成熟，如美国政府绩效评估的主体不仅包括了属于内部评估主体的行政部门，还包括了在整个政府行政评估中参与的民众、专家等[57]；英国的政府绩效评估则是以专业的评审机构为主体，但是这些评估机构并不属于政府机关，而是完全独立于政府的，同时英国还不断扩大社会公众在政府绩效评估中的参与力度[65]。而我国政府绩效内部主体评估仍是目前政府绩效评估的首选渠道和常用形式[66]，导致了评估结果不够科学客观、评估质量普遍较低。因此，在我国政府信息资源管理绩效评估的主体构建上，应该科学分配内部评估主体与外部评估主体的比例，进一步扩大外部评估主体的参与力度，缩小各类评估主体的心理误差，构建政府信息资源管理绩效评估主体多元化体系。

5) 选取科学合理的绩效评估方法

评估方法的选择一直是绩效评估的关键环节，不同的评估方法会产生完全不同的指标体系，因此评估方法的选择是评估指标体系构建的基础。通过文献调研，笔者发现国内外的政府绩效评估和电子政务绩效评估方法主要集中在 3E 评价法、关键绩效指标(Key Performance Index, KPI)、标杆管理法、平衡记分卡、绩效棱柱模型等，其中以平衡记分卡方法最为常见。很多发达国家，如美国、澳大利亚、英国、新西兰等都将平衡记分卡引入了政府绩效评估，国内外也有诸多学者运用平衡记分卡方法构建了电子政务的绩效评估指标体系。就目前国内的研究现状和具体实践来看，比较多的学者还是倾向于利用 3E 评价法和平衡记分卡方法来进行政府信息资源管理的绩效评估工作，主要是由于这两种方法比较符合政府信息资源管理工作的性质和特点，能够构建出更加科学全面的评估指标体系。

6) 构建完备的绩效评估指标体系

评估指标体系反映评估价值取向，评估的方法决定着评估指标体系的构建。在 6.1.1 节的国内研究现状中，笔者已经总结列举了目前国内政府信息资源管理绩效评估的许多方面的指标体系。但在实际的评估工作当中，指标体系的确立受到很多主客观因素的影响，不可能有一套指标体系适用于各类政府信息资源管理的绩效评估工作，因此，只能根据不同政府的实际情况以及其绩效评估的目标等确立适合各类政府自身的绩效评估指标体系。

7) 建立完善的绩效评估监督体制

建立政府信息资源管理绩效评估监督体制有利于保障政府信息资源管理的绩效

评估工作的公正运行。笔者认为绩效评估监督的主体大致可以分为党政机关监督和社会监督两个方面，党政机关监督主要是上级领导机关、同级机关、下级机关及检察机关的监督；社会监督主要可以分为第三方机构的监督、民众监督和社会舆论监督等。通过体制的建立，明确各监督主体的权力、责任和义务，让各监督主体各司其职，可以在全社会建立起一个立体的监督网络，对政府信息资源管理绩效评估工作进行全方位、全过程的监督[35]。这样才能够保障政府信息资源管理的绩效评估工作更加高质量、高效率地进行。

8) 强化绩效评估结果的公开与利用

政府信息资源管理绩效评估结果的公开是《条例》的必然要求，也是我国公民行使行政知情权的客观要求，政府信息资源管理绩效评估结果也属于政府信息资源的一部分。在推动政府信息公开方面，我国已有许多学者提出了一些标准，用以衡量政府信息资源的公开情况[67-69]。除了政府信息公开的相关标准可以推动政府信息的公开，还可以从公开的方式、范围、渠道等方面进一步扩大政府信息的公开。政府信息资源管理绩效评估结果的公开是结果有效利用的基础和前提，也是进一步提高公民对政府的满意度和信任度的客观要求。

政府绩效评估结果利用是政府绩效评估过程控制的关键环节[70]，评估结果利用的好坏直接影响到绩效评估的整体效益。我国的绩效评估结果利用存在重物质奖励，轻精神奖励；奖重罚轻或问而不责的现象比较普遍；政府绩效评估结果与预算安排联系还比较少等问题[71]。必须进一步加强我国政府信息资源管理绩效评估的结果利用才能有效地避免上述问题，具体方法可以借鉴美国等发达国家的评估结果利用制度，并结合我国具体实际，探索出适合我国自身的政府信息资源管理绩效评估结果利用体制。

9) 建立健全绩效评估的申诉制度

政府信息资源管理绩效评估的申诉制度是保障绩效评估工作真实有效的关键，能够规范评估主体和客体的申诉行为，及时对有误的评估结果进行修正，提高政府信息资源管理绩效评估的准确性。一般而言，政府绩效评估的申诉程序可分为四个步骤：申请，即被评估单位对评估主体的评估结果有异议，可按相关程序向该主体或其他有权管辖的部门提出申请(如评估监督机构)；受理，即有权管辖申诉的部门接受申诉方的申请，决定立案并进入审查程序的行为；审理，即要求与申诉相关的单位到场，充分陈述自己的立场和意见，以事实为依据开展论证和辩论活动；裁决，即经过充分的论证分析后，拥有申诉管辖权的组织在各方意见的基础上做出最后的裁决[72]。笔者认为上述程序也可作为政府信息资源管理绩效评估申诉的规范程序在实际评估申诉中运用。申诉制度的建立、申诉程序的规范有利于保障申诉行为的合理性和有效性，从而保障政府信息资源管理绩效评估在规范的环境中进行。

信息及其管理活动本身的效益具有相对性、隐蔽性和滞后性[65]，政府信息资源管理的绩效评估是一项具有挑战性的工作，政府信息资源管理绩效评估体系的构建有待研究者与实践者的进一步关注和重视。需要指出的是，除了构建政府信息资源管理绩效评估体系，还可以从宏观调控及实现环境等方面推动政府信息资源管理绩效评估工作的开展，如加强政府信息资源管理绩效评估的法制化进程，尽快建立国家层面的政府信息资源管理绩效评估的相关立法；建立业内标准化同盟，结合我国实际统一国内外相关标准；鼓励社会各方面力量积极参与等。

6.2 政府信息安全标准体系

政府掌握的信息往往具有较高的价值，与国家安全和社会发展密切相关，随着社会信息化程度的加深，政府信息系统中有价值的信息越来越多，而临各种人为攻击和自然灾害威胁的情况也不断增加，因此政府信息安全问题的重要性也随着社会信息化程度的不断加强而日益突出[73]。美国学者 Micheal 认为信息安全问题主要来自于两个层面：一是技术层面，包括物理层、网络层和应用层方面的安全威胁；二是管理层面，包括管理组织不合理、规范不完善等管理问题，这是整个政府信息安全问题的关键[74]。

在政府信息资源标准化管理体系中，信息安全标准体系一直是其中的重要一环。只有信息能够准确无误地传达，政府才能把政府决策切实地贯彻下去，企业和广大民众的情况才能及时地反映到政府部门。政府信息安全标准以国外信息安全标准为借鉴，以我国信息管理实践发展和相关理论研究为基础，由标准研制机构制定并由主管部门批准，以特定形式发布，可作为政府在信息安全管理活动中共同遵守的准则和依据。政府信息安全标准主要是规范政府机构信息化基础建设、信息和通信技术及信息管理各环节的准则，在信息安全保障体系建设中发挥着基础性、规范性作用。信息安全标准建设支撑着国家信息安全保障体系的建设，关系到国家信息安全，因此着手进行政府信息安全标准研究十分必要。

6.2.1 政府信息安全标准体系建设的背景和意义

目前，我国面临的政府信息安全问题主要体现在以下几方面。

一是我国政府信息系统建设存在隐患。大多政府部门在建立信息系统时，安全建设方面的投入均不足整个系统的 5%，而国外在这方面的投入一般都在 10%～15%，如果深入分析这 5%的投入，那么其中用于购买硬件设备的投资基本与发达国家持平，但购买服务和管理的投资占比极低，因此政府信息系统建设伊始便存在较大的安全隐患。

二是敌对势力和非法组织发动的网络攻击和非法侵入。这些攻击主要通过非法手段侵入政府重要信息系统，窃取或者破坏重要信息和数据，造成数据丢失和系统瘫痪，给国家带来重大政治影响。

三是我国政府信息系统和服务外包缺乏有效监控。目前，我国部分政府机构或事业单位将系统或服务外包给企业进行开发，对这些外包服务机构的现场服务或者后期运维活动并没有实行安全监管和有效督查，因此容易留下监管盲点和安全漏洞。

四是我国政府相关部门信息安全管理不当，未实现有效监督。根据统计报告，将近80%的安全问题都来自于内部人员的管理不当、部门的管理制度不科学、未建立有效的监督管理机制、工作人员尚未形成系统的安全防范意识、网络管理人员技术水平不高等，给政府信息安全管理带来了风险。

政府信息安全标准体系建设是保障政府实现信息安全管理的必由之路，只有具备系统完备的政府信息安全标准体系，才能保障政府信息的内容和传输安全、保证政务系统的安全运行，真正实现对政府信息安全工作进行全方面、多层次和高效性的指导。因此，对政府信息安全标准体系建设的研究主要具有以下理论意义和现实意义。

1. 指导政府信息安全管理工作，具有一定现实意义

保障政府信息安全是加强政府信息资源管理的重要环节。但如何实现政府信息安全、保证政府信息质量，还没有完整的标准体系来说明，因此容易造成管理的主观性和随意性。建设政府信息安全标准是实现政府数据安全和业务协作的有效途径，是保障政府信息系统安全运行的重要支撑，是实现政务信息化发展的推动力。本书将分析我国政府信息安全标准化现状中存在的问题，提出科学、完整的信息安全管理标准建议，为将来的信息安全管理标准整体规划提供依据，有利于量化政府信息安全管理工作，便于监督检查。

2. 丰富和发展政府信息安全领域的研究

目前我国对于政府信息安全的研究主要集中在介绍国内外政府信息安全法规制度、安全威胁及保障措施等方面，政府信息安全标准化的研究还仅停留在对国外政府已颁布的安全标准的介绍阶段，很少有对我国政府信息安全标准的研究，对建设我国政府信息安全标准体系的研究尚付阙如。本书在分析国外政府信息安全标准的基础上，对我国已有标准进行梳理和分类，提出我国政府信息安全标准体系建设框架，并根据我国国情提出建设性建议，这将进一步丰富和发展对政府信息安全领域的研究。

3. 作为政府信息资源管理标准化体系的重要组成部分

政府信息安全标准包括为政府信息提供安全服务所需的各类标准，是政府信息资

源管理标准的一部分。电子政务的安全是电子政务在我国成功运行的基础，信息安全标准是电子政务标准体系结构不可或缺的部分[75]；政务信息资源目录体系以政府信息资源开发和利用为目标，其总体框架由服务模式、技术架构、信息资源和管理机制四方面组成，信息安全体系是其中重要的部分[76]。因此，本书对政府信息安全标准的研究也将充实和完善政府信息资源管理标准化体系。

6.2.2 政府信息安全标准研究概况

笔者对近年来出现的政府信息安全标准建设相关专题的研究成果进行归纳总结，从而了解其总体研究状况，在前人研究成果的基础上继续深化研究。笔者以"政府信息安全""信息安全标准"两大主题，对中国知网、万方数据知识服务平台、维普中文期刊服务平台、ScienceDirect 等数据库及互联网上的相关文献进行检索。并对国内外学术的主要研究成果进行介绍。

1. 政府信息安全研究

1) 政府信息安全概念及内容

王新才认为政府信息安全是指政府信息技术体系及系统状态不受外来威胁与侵害，政府信息系统可有效运行[2]。政府信息安全从内容来看，主要包括物理安全、数据安全、运行安全和内容安全四个方面[74]。唐珂[77]提出电子政府信息安全是物理安全，网络安全，数据安全，信息内容安全，信息基础设施安全，公共、国家信息安全的综合，是一个多层次、多因素、多目标的复合系统，并强调了政府信息的内容安全和运行系统的安全。孙爱平等[78]指出，"保证网络环境下政府信息安全成了电子政务建设中的重中之重"，电子政务对政府信息安全提出信息安全、设备可靠、管理有效、网络通畅四个要求。Noel 等[79]认为政府信息安全从内容来看主要包括物理安全、数据安全、运行安全和内容安全四个方面。孙星在文献[80]介绍了澳大利亚信息安全保障体系的基本情况，主要包括相关政府职能部门与机构、国家信息安全战略及计算机应急响应中心三大内容，还对政府完善信息安全法规标准建设、加强政府部门相互协作、重视关键基础信息保护等方面提出了要求。姜志能[81]在硕士学位论文中提出电子政务信息安全是指"在接收、处理、产生、分发、存档等文件传递生命周期过程中政务数据的信息安全"，包括信息网络、信息环境和通信基础设施、数据、信息内容等方面的安全内容。

2) 政府信息安全相关政策和法律

闫晓丽在文献[82]中指出《2012 年网络安全法案》和《2013 年联邦信息安全管理修订法案》是对 2002 年出台的《联邦信息安全管理法案》(Federal Information Security

Management Act of 2002，FISMA）的修订，具体介绍了这两部新修法案在政府网络保护、信息安全研究开发、关键基础设施保护、持续监测信息系统等方面的新要求。肖志宏等[83]针对保障政府信息安全法律这个问题，重点介绍了美国联邦政府颁布的《信息自由法》《联邦信息安全管理法案》《2002 电子政务法》《计算机安全法》中有关保障政府信息安全的相关内容及适用范围。许玉娜[84]介绍了《联邦信息安全管理法案》的背景和项目实施进展，分析了风险管理框架（Risk Management Framework，RMF）的进展情况及其在保障联邦政府信息系统安全中的重要作用。徐炎等[85]由"联想安全门事件"谈到了美国政府采购信息安全问题，并详细介绍《联邦政府信息资源管理政策》《确保网络空间安全的构架战略》《联邦信息安全管理法案》等美国政府信息安全及采购信息安全的法律法规。汪鸿兴在文献[86]介绍了英国政府颁布的《电子通信法案》《数据保护法》《电子签名法》及美国联邦政府的《信息自由法》的具体内容，强调了这些法律法规在规范政府信息化建设中的作用，并提出建设我国政府信息安全法律保障体系的相关建议。陈旸[87]解读了 2013 年 2 月欧盟委员会颁布的《欧盟网络安全战略：公开、可靠和安全的网络空间》，该政策在国家层面规定了网络信息安全的最低标准，要求各成员国建立网络信息安全的相应职能部门，成立计算机紧急反应团队。

3）政府信息安全威胁及保障措施

孙爱平等[78]认为目前政府信息安全问题是包含了技术、法律和管理问题的综合体，政府可以通过完善电子政务与配套的法律法规、建立政府部门内部安全管理制度、提升技术手段等策略来保障政府信息安全。Pfleeger 等[88]表示政府信息安全威胁形式多种多样，从来源来看包括社会环境威胁、技术环境脆弱和自然环境恶化；从攻击形式来看，有对硬件实体的攻击、对政府信息内容的攻击和对软硬件系统的攻击。李明升[89]从没有有效实施访问控制、软件变更控制并非总是有效、不能实行职责划分的一致性、业务连续计划及部门级别的安全计划的不充分性这四个方面指出当下美国政务中存在安全隐患，并在此基础上提出我国可通过完善标准法规体系、加强信息安全培训和重视管理机制制度等途径来保障政府信息安全。曾伟仪[90]指出了目前电子政务建设中存在的五大安全问题，提出要从管理和技术两个层面构建电子政务安全保障体系，并具体陈述了开展风险评估、实施等级保护、加强电子政务安全的综合管理、合理配置技术和资源等途径。Smith 等[91]提出电子政务信息安全的阻碍因素：缺少安全意识、组织内缺少连续的风险管理过程、没有反面的经验教训等，而重组的资金保障、信息资产保护、完善的法律制度和安全教育等则能有效地保证电子政务的安全性。Paquette 等在文献[92]中提到了政府信息安全中的云计算安全管理的重要性，探讨了云计算安全管理风险框架和政府保障云计算安全的具体途径。Wangwe 等[93]分析了政府信息安全中存在的问题，并提出了电子政务可持续信息安全框架来解决政府信息安全问题。

Boudriga 概述了电子政务发展在安全方面所面临的技术问题和安全挑战,具体提出了用户身份认证、访问授权、业务处理保护、入侵监测等在电子政务发展中的重要性,且强调了安全事件响应组在其中的作用。

2. 信息安全标准研究

1) 信息安全标准

上官晓丽等在文献[94]中介绍了国际信息安全管理的标准化情况和发展趋势,重点介绍 ISO/IEC 27000 标准族与国际信息安全服务和控制标准,并介绍了已正式发布的七个信息安全管理国家标准。李晓玉[95]介绍了 ISO/IEC 信息安全标准和国际电信联盟标准化部门(International Telecommunication Union-T,ITU-T)在安全标准化方面的成果,并对我国信息基础标准、技术与机制标准、管理标准、测评标准等信息安全标准展开介绍,还陈述了我国通行行业信息安全标准和国家保密局规范研究动态。许玉娜在文献[96]中回顾了我国信息安全标准发展历程,介绍了我国国家信息安全标准体系框架,该标准体系从总体上可划分为七个部分:基础标准、技术与机制标准、管理标准、测评标准、密码标准、保密标准和通信安全标准。周鸣乐等[97]分析了国内外信息安全标准化体系的构成,说明了国内外信息安全标准化组织的建立、发展以及工作开展的情况,并对几个重要的信息安全标准进行了介绍。赵战生[98]总结了国内外信息安全标准建设现状,认为信息安全标准主要分为密码应用标准、保密标准、信息安全技术产品标准、信息安全评估标准、信息系统安全标准、风险管理框架相关标准、工控系统标准及信息安全管理标准这八大类别,并分析了已有的安全标准。

2) 政府信息安全标准

孙迎春[99]指出澳大利亚政府提出"国家标准框架"(National Standard Framework,NSF),以保障政府信息的安全性,提升政府治理能力。杨碧瑶[100]以《联邦信息安全管理法案》为切入点,分析了政府信息安全计划的内容,并介绍了美国国家标准与技术研究院为确保联邦机构信息安全制定的相关标准和指南。李贺娟[101]指出目前各国都在积极开展信息安全标准化工作,并介绍了美国、加拿大、英国和澳大利亚已发布的政府信息安全标准。有学者专门对美国政府的信息安全标准进行了研究。适用于美国政府的信息安全标准主要可以分为两大类。一类是国家安全系统标准,主要由国家安全局负责制定,包括三部分:①国家安全系统委员会发布的政策、指令、指南等带有标准性质的文件;②信息技术产品标准;③载体销毁标准。另一类是国家安全系统之外的联邦政府信息系统标准,主要由商务部下属的国家标准与技术研究院负责制定,为公开标准,包括联邦信息处理标准和特殊出版物(主要是非强制性的技术指南，目前共有126个）[102]。杨晨等[103]主要跟踪了美国国家标准与技术研究院的信息安全标准化工作进展，介绍了其出台的联邦信息处理标准系列、特殊出版物（Special Publication，SP）800系列、内部报告（Internal Reports，IRs）系列等为政府部门信息安全管理提供支撑的相关标准及指南。王惠莅等[104]介绍了SP 800系列指南，从访问控制、意识与培训、认证认可与安全评估、配置管理、风险评估等方面为联邦机构信息安全提供了一系列具体指南。杨晨等[105]介绍的联邦信息处理标准，是一套描述文件处理、加密算法和其他信息技术（在政府机构（非军用）和合作供应商中应用）的标准，包括计算机安全、通信安全和信息安全三大类别。Gil-García在文献[106]中通过比较美国联邦政府的IT政策和标准，总结其在政府信息管理中的成功因素，并提出政府IT政策和标准的理论框架及对政府信息安全管理工作的期望。

3) 政府信息资源管理的安全保障体系

在政府信息资源管理安全保障体系方面，目前我国使用的安全管理相关标准有《计算机信息系统安全保护等级划分准则》（GB 17895—1999），并引进了国际上著名的《信息技术 信息安全管理实施细则》（ISO/IEC 17799：2000）等。相关法律法规包括《计算机软件保护条例》《计算机病毒防治管理办法》《中华人民共和国电子签名法》等。

但是相对于世界主要发达国家，我国的信息资源管理安全保障标准化工作是相对滞后的，现行的标准难以适应网络发展的需要，信息安全标准还存在着相当多的空白。学者认为，从国家范围来看，构建政府信息安全管理体系应该从4个方面来考虑：技术保障体系、运行管理体系、基础保障体系和社会服务体系[107]。

学者也从电子政务的角度出发，来研究政府信息资源管理的安全保障体系的标准问题。张维华提出我国必须构筑一个完整的、自适应的电子政务信息资源安全保障体系。电子政务信息资源安全保障体系总体结构和系统模型应当包括安全管理体系、安全基础设施体系、安全支撑体系、安全应用支撑体系及基本安全防护体系[108]。张晓原对国内外电子政务信息安全标准体系建设经验进行案例分析对比，总结出我国电子政务信息安全管理体系建设还存在着诸多问题，如信息安全管理比较混乱，缺乏一个国家层面上的整体策略；具有我国特点的、动态的、涵盖组织机构、文件、控制措施、操作过程和程序以及相关资源等要素的信息安全管理体系还未建立；具有我国特点的信息安全风险评估标准体系还有待完善[109]等。

在此基础上，部分学者关注政府信息资源管理安全保障的实践。姜志能认为可以从完善法律保障体系、优化组织管理体系、健全预警防护体系和建立响应恢复体系等方面来保障政府信息安全[81]。他指出，ISO/IEC 17799已成为国际上各国企业或政府构建本国信息安全管理体系的指南，同时是信息安全管理系统认证方面的标准，其实际作用与我国ISO 9000十分相似，为了指导我国各级政府部门信息安全管理工作，应在结合本国具体国情的基础上制定类似标准。

国内外关于政府信息安全及信息安全标准的理论研究获得了一定的成果，通过对这些研究成果进行梳理和总结，可以看出，国内外学者对政府信息安全及信息安全标准的研究起步较早，但研究层次与深度、研究内容与方法不尽相同，不同学者也从不同角度进行了解读。

(1) 从不同角度开展了对政府信息安全的研究。对于政府信息安全这个研究主题，国内外的学者从多种视角进行了解读，对政府信息安全的概念和内容、政府信息安全相关政策和法律、政府信息安全威胁和保障措施都提出了充分而丰富的理论研究，为制定和发布政府信息安全标准提供了指导意见。

(2) 近年来我国对信息安全标准的研究逐渐增多，但多是介绍国外的相关标准的。国外在信息安全标准建设的实践中取得了较大成就，建立了成熟的信息安全标准体系，并制定发布了一系列的信息安全标准。我国学者对此有较高关注度，大量相关文献以西方国家的信息安全标准、标准制定和管理体制、相关政策法律、标准体系为主要研究对象，对开阔视野、创新理念和指导实践具有积极意义，但对如何借鉴国外经验实现我国信息安全标准建设的研究不多。

(3) 我国学者对政府信息安全标准的研究没有引起足够的重视。政府信息安全标准对保障政府信息安全具有重要意义，国外政府高度重视相关标准的建设，相比而言，我国建设现状比较落后。而着眼于此领域的研究寥寥无几，且以对美国政府信息安全标准的介绍为主，很少有对我国相关标准建设的研究，尤其以我国政府信息安全标准建设为主题的研究几乎处于空白。

由此可见，开展对我国政府信息安全标准体系的研究是十分必要的。前述相关领域的诸多研究对本研究有重要的指导意义，为研究内容提供理论支持和研究基础。从国外政府对信息安全标准建设的重视度来看，我国也将不断加强对信息安全标准建设的关注，因此政府信息安全标准体系建设亟待深入的研究。

6.2.3　国外政府信息安全标准体系建设现状

1. 美国政府信息安全标准体系建设

1) 美国政府信息安全相关政策法规

美国联邦政府高度重视信息安全，美国是世界上信息技术起步最早的国家之一，也是信息安全政策法规和标准系统最完备的国家之一，这些相对完善的电子政务政策和健全的法律法规体系为电子政务的健康发展提供支撑，也对建立完整的政府信息安全标准体系提出要求。因此，研究美国政府已有的信息安全政策法规，对构建我国政府信息安全标准体系，保障我国政府信息安全具有重要参考价值。据统计，联邦政府针对电子政务共颁布了 32 项法律法规，27 项总统令和备忘录，相关政策文件多达 30 多部，内容包括管理、安全、采购、战略等诸多方面。美国联邦政府已发布的保障政府信息安全的政策法规较多，笔者在此主要介绍一些具有代表性的政策法规。

《2002 电子政务法》(The e-Government Act of 2002) 由美国第 107 届国会通过，美国总统于 2002 年 12 月正式签署生效，该法案是自 1996 年《信息技术管理改革法》以来最重要的法规之一，几乎涉及信息技术管理和规划的方方面面，从危机管理到电子档案及查询索引都进行了规定，旨在通过构建及不断完善联邦政府信息服务框架有效地建立和推广电子政务的发展，从而更好地为公民服务。其主要内容包含成立联邦政府首席信息官、行政管理和预算局，明确各政府机构在推动电子政务方面的职责；重新授权《政府信息安全改革法》，为保障联邦政府信息安全提供管理框架，确保政府机构能够高效率、低成本地实现政府信息的安全[110]；该法案还规定，国家将在 2003～2006 年拨付 3.45 亿美元，用于支持政府机构跨部门计划。

FISMA 是美国政府信息安全领域一部重要的法案，作为《2002 电子政务法》的第三部分，规定了联邦政府信息安全计划的主要内容，主要包括：①定期实施风险评估；②制定相关政策及流程；③制定安全保障计划；④实时信息安全培训；⑤监测评估策略的有效性；⑥明确整改措施制定流程；⑦制定安全事件处理策略；⑧制定确保联邦信息系统持续运行的有关计划和流程。此外，FISMA 不仅明确了联邦机构负责人、官员以及首席信息官保障政府信息及信息系统安全的职责，还提出了包括制定相关标准指南、明确检查监督措施及设立应急响应机构的信息安全保障措施[105]。需要强调的是，FISMA 十分重视联邦政府信息安全标准的建立，授权 NIST 为联邦政府研究和制定信息安全相关标准及指南，2003 年 NIST 专门推出"FISMA 实施项目"，以推进标准体系建设，协助各级政府机构有效实施信息安全计划。

《国家网络安全综合计划》(Comprehensive National Cybersecurity Initiative, CNCI) 是 2008 年 1 月由布什总统以第 54 号国家安全总统指令和第 23 号国土安全总统指令 (NSPD-54 / NSPD-23) 的形式签署的文件。CNCI 主要目标为保障美国政府信息和公民隐私的安全性。为提升未来的网络环境的安全性，建立保障联邦政府信息安全的防御前线，CNCI 提出一系列重要的举措：由美国行政管理和预算局、国土安全部 (United States Department of Homeland Security, DHS) 主导可信网络连接倡议，对联邦政府的外部访问点进行整合，构建安全可靠的互联网连接；通过对政府网络部署系统入侵检测传感器，提高网络安全分析、态势感知和安全响应性能；通过制定保护关键信息技术供应链和政府网络反情报计划，减少和阻止可能对联邦政府信息系统造成威胁的网络情报；通过推广网络安全教育，加强与企业对关键基础设施和关键资源的共同管理行动，降低潜在的危险性[111]。

《网络空间可信身份国家战略》(National Strategy for Trusted Identities in

Cyberspace，NSTI)于2011年4月发布，美国政府专门成立主管办公室NPO(network protection office)，计划使用10年左右的时间，构建一个包括政府、个人和企业等主体在内的网络身份生态系统，有效地实施网络身份管理，当不同主体进行敏感性的在线交易时，技术、政策和标准能够进一步支撑相互的信任和安全性。NSTI提出的身份生态体系由参加者、策略、流程和相关技术构成，明确了四项任务并确定了身份生态体系实施的各方主体职责和进度计划[112]。

2016年2月9日，美国政府发布的《网络安全国家行动计划》(Cybersecurity National Action Plan，CNAP)包含了一系列以提高联邦政府机构内部乃至全国网络安全的举措，首次提出设立联邦政府首席信息安全官(Federal Chief Information Security Officer，CISO)，这是美国首次设立的专职高级政府职位，以此监督联邦政府部门是否有效地贯彻实施了联邦信息安全政策和计划[113]。CNAP针对加强政府信息安全的问题，建议联邦政府依据《网络空间安全教育国家法案》等法规，加强机构职员信息安全教育和培训，同时雇佣更多信息安全专家，以确保联邦机构信息安全；通过在2017年预算中设立高达31亿美元的信息技术现代化专项基金，保证政府机构有资金重组、维护或替代存在信息安全隐患的IT系统和网络；通过《国家网络空间安全学术卓越中心计划》来增加在政府信息安全方面的努力，为保障政府信息安全培养后备人才[114]。

2)美国政府信息安全标准化管理体制

美国的标准化管理体制具有主体多元化、高度分散、市场驱动的基本特征，私有部门和非政府组织制定的自愿性共识标准(Voluntary Consensus Standard，VOC)构成了美国信息资源管理标准体系的重要部分[115]。换言之，美国的信息安全标准制定与管理机构既有政府部门，又包括民间标准制定组织。

民间标准制定组织(SDO)是美国标准化体系不可或缺的重要组成部分，制定了大量政府部门直接采纳或者部分吸纳的标准(多为自愿性标准)。各SDO经由美国国家标准学会(ANSI)统一进行资格认证和分工协调，其制定的标准也需ANSI通过公开、透明和协商一致的原则投票选择及批准通过，从而促进自愿性标准与政府标准的结合和转化。ANSI研究、批准和采纳了大量信息安全标准，包括信息安全管理指南、信息技术设备与安全、信息交换和国家安全应急准备、医疗保健信息安全框架指南等基础类和应用于各行业的信息安全标准[116]，如《信息技术.安全技术.信息安全管理实施规范》(ANSI/INCITS/ISO/IEC 17799—2005)、《信息技术—IT安全管理指南-第5部分：网络安全管理指南》(ANSI/INCITS/ISO/IECTR 13335-5—2001)、《信息技术.安全技术-密钥管理-第3部分：使用非对称技术的机制》(ANSI/INCITS/ISO/IEC11770-3：2008[R2014])、《公共安全电信设备人员资格认证标准》(ANSI/NF PA 1061—2006)[117]等。

美国国家标准与技术研究院(NIST)隶属于美国商务部,它协助政府和产业界进行安全规划、风险管理、人员身份认证等安全技术的开发和推广,同时负责制定安全技术和安全产品的国家标准,通过对测量科学、标准和技术的研究,推动美国标准化战略的实施,提升产业创新力和国家竞争力[118]。2002 年,FISMA 正式颁布,联邦政府机构内部信息安全问题得到高度重视,2003 年推出的长达十余年的"FISMA 实施项目",旨在授权 NIST 着手开展标准指南的制定工作,NIST 下属信息技术实验室的计算机安全部(Computer Security Division,CSD)承担了研究和制定联邦政府信息安全标准的职责。CSD 的主要工作内容包括以下几点:①制定信息技术安全计划、管理和实施的相关指南;②为政府机构和相关部门提供信息安全相关的建议,研制保障信息系统安全及隐私的方案;③为政府提出标准、测试和验证的研究项目,制定政府信息提供的安全需求,以提高系统的安全可靠性;④提高政府对安全威胁、漏洞的防范意识。CSD 的主要研究内容涵盖以下四个方面:安全测试、安全管理和指南、新兴技术加密标准和应用研究[103]。

3) 美国政府信息安全标准体系

根据 FISMA 的要求,NIST 针对联邦政府信息及信息系统安全制定相关标准和指南,用以规范政府信息安全管理中的各个环节,提供保障政府信息安全的切实有效手段和支撑。NIST 公布的联邦政府信息安全标准体系由美国联邦信息处理标准(FIPS)、SP 800 电脑安全特殊出版物(special publication of computer security)和 SP 1800 网络安全实践指南特殊出版物(special publication of NIST cybersecurity practice guides)相结合而构成。FIPS 是在美国政府信息标准化计划中开发的,是一套描述文件处理、加密算法和其他信息技术(在政府机构和与这些机构合作的政府承包商及供应商中应用的标准)的强制性标准[105]。特殊出版物一般是不具备强制性的指南,主要为政府机构相关工作提供思路和参考,除了国家安全计划和系统,其他联邦各机构必须在联邦信息处理标准中遵循 NIST 的特殊出版物的要求。其中 SP 800 系列指南从访问控制、认证评估、信息系统管理、人员培训等多方面为政府信息安全管理提供指南,已经成为指导政府信息安全建设的实施标准和权威指南。

信息安全标准体系在国家信息安全管理工作中起着重要作用,没有完善的信息安全标准,就难以构建一个自主可控的国家政府信息安全保障体系。截至 2015 年底,经由 NIST 发布的政府信息安全标准体系中包括已正式发布的 FIPS 标准 15 项(包括 2015 年 10 月废止的 6 项标准),SP 800 系列指南 100 余项,其中覆盖了信息安全管理活动中的各个方面,包括访问控制、审计和问责、认证认可和安全评估、配置管理、应急计划、事件响应、维护、风险评估、系统和通信完整性、人员安全、物理环境保护等内容,也包含信息系统生命周期的不同阶段,如研发、设计、实现、实施、测评和维护等阶段。

经过多年研究,美国联邦政府信息安全标准涵盖了信息安全的各个方面,贯穿了信息系统生命周期的不同阶段，构成了完整的体系。该标准体系总体框架如图6-1所示，主要由体系框架和标准明细表两部分组成，为保障信息安全建设提供支撑。

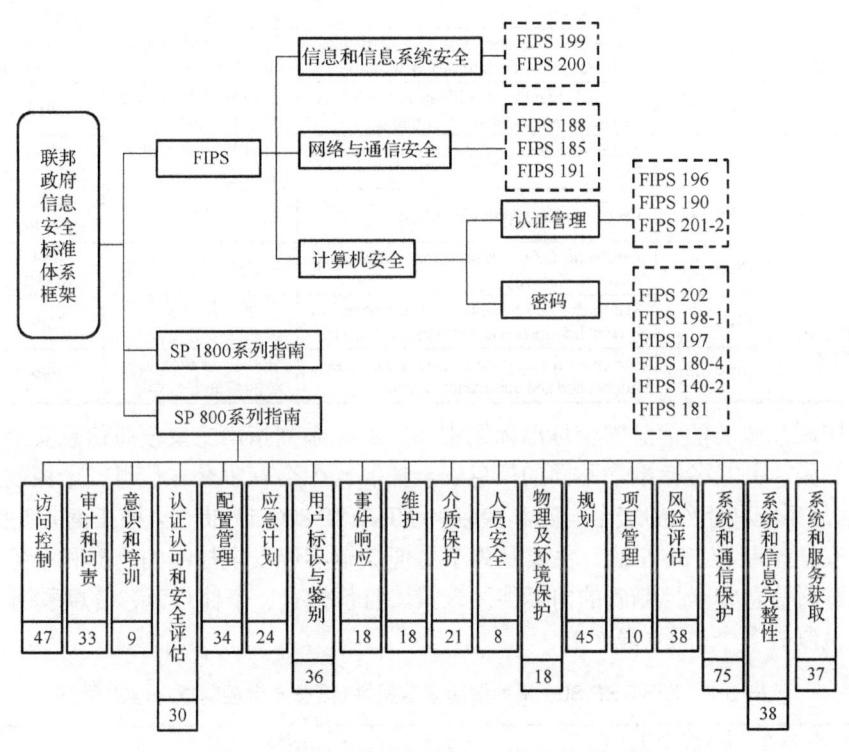

图6-1 美国联邦政府信息安全标准体系框架

NIST将FIPS按照信息安全控制属性进行分类，内容涵盖计算机安全、信息和信息系统安全、网络与通信安全三大部分，其中计算机安全包括了密码、认证管理，如表6-1所示。

表6-1 FIPS

类别		标准号	英文名称	中文名称	发布时间
计算机安全	密码	FIPS 202	SHA-3 Standard: Permutation-Based Hash and Extendable-Output Functions	SHA-3标准：基于排列的散列算法和可扩展输出功能	2015年8月
		FIPS 198-1	The Keyed-Hash Message Authentication Code (HMAC)	密钥散列消息鉴别码	2008年7月
		FIPS 197	Digital Signature Standard (DSS)	数字签名标准	2013年7月
		FIPS 180-4	Secure Hash Standard (SHS)	安全散列算法标准	2015年8月
		FIPS 140-2	Security Requirements for Cryptographic Modules	密码模块的安全要求	2001年5月
		FIPS 181	Automated Password Generator (APG)	自动密码生成器 (APG)	1993年10月 (2015年10月废止)

续表

类别		标准号	英文名称	中文名称	发布时间
计算机安全	认证管理	FIPS 196	Entity Authentication Using Public Key Cryptography	使用公钥密码的实体身份验证	1997年2月(2015年10月废止)
		FIPS 190	Guideline for the Use of Advanced Authentication Technology Alternatives	高级认证技术替代品的使用指南	1994年9月(2015年10月废止)
		FIPS 201-2	Personal Identity Verification (PIV) of Federal Employees and Contractors	联邦雇员和承包商的个人身份验证	2013年8月
网络与通信安全		FIPS 188	Standard Security Label for Information Transfer	信息传输的标准安全标签	1994年9月(2015年10月废止)
		FIPS 185	Escrowed Encryption Standard	托管加密标准	1994年2月(2015年10月废止)
		FIPS 191	Guideline for the Analysis of Local Area Network Security	局域网安全分析指南	1994年11月(2015年10月废止)
信息和信息系统安全		FIPS 199	Standards for Security Categorization of Federal Information and Information Systems	联邦信息和信息系统的安全分类标准	2004年2月
		FIPS 200	Minimum Security Requirements for Federal Information and Information Systems	联邦信息和信息系统的最低安全要求	2006年3月

美国联邦政府的信息安全标准体系中 SP 800 系列指南主要按照信息安全控制族来进行分类，并且各标准在不同的信息安全控制族中会有重叠。信息安全控制族是由《联邦信息系统和组织的安全与隐私控制》(NIST SP 800-53)提出，该指南共制定了18项信息安全控制族(表 6-2)，主要是为了更便捷地实现安全控制的选择和业务流程的规范，每项信息安全控制族的内涵涉及政策、监督检查、个体行为、信息系统/设备的自动化机制等多个方面(表 6-2)。

表 6-2 NIST SP 800 系列指南依据属性(信息安全控制族)分类[119]

信息安全控制族	数量/个	描述
访问控制	47	身份认证、密码管理、局域网络安全、虚拟化技术、系统安全和控制措施等
审计和问责	33	风险管理、日志管理、安全持续监控、检测和预防等
意识和培训	9	安全意识、培训方案及相关模型、安全管理等
认证认可和安全评估	30	测试和评估、身份认证、性能测评、安全控制措施评估等
配置管理	34	系统安全配置管理、网络安全、终端用户设备安全等
应急计划	24	系统应急计划、密码技术等
用户标识与鉴别	36	密码管理、个人身份认证(PIV)、PKI 等
事件响应	18	安全事故处理等
维护	18	专业人员安全指南、安全内容自动化协议(SCAP)等
介质保护	21	介质清理、终端设备保护、IT 安全产品选择等
人员安全	8	健康保险携带和责任法案(Health Insurance Portability and Accountability Act，HIPAA)、信息安全手册等
物理及环境保护	18	通用服务器安全、个人身份认证等
规划	45	企业密码管理、基本技术模型、工程原则等
项目管理	10	供应链风险管理、数据中心系统风险模型、联邦信息系统风险框架等
风险评估	38	风险管理、供应链风险管理、安全分类、安全控制措施评估等
系统和通信保护	75	密码算法、密钥方案、个人身份认证、网络和系统安全等
系统和信息完整性	38	保障信息完整性所需的密码、网络、服务器、系统等安全规范
系统和服务获取	37	联邦政府信息采购、获取信息服务等

资料来源：NIST SP 800

2. 澳大利亚政府信息安全标准体系建设

1) 澳大利亚政府信息安全相关政策法规

澳大利亚高度重视政府信息安全管理和信息标准化工作，为此出台了多项政策法规，这些标准法规为实现政府信息安全的良性管理提供了保障，也对政府制定相关标准进行了政策性引导，为政府信息安全标准体系建设做好铺垫，下面重点介绍以下几项具有重大意义的政策法规。

澳大利亚《2006 电子政务战略，响应型政府：一个新的服务方案》(2006 e-Government Strategy, Responsive Government: A New Service Agenda)是政府在信息和通信技术(ICT)高速发展的背景下提出的大力发展电子政务的战略，致力于"通过有效利用信息、知识和 ICT，以提高澳大利亚公共部门的效率、协作性和可访问性"。该战略阐明了政府将从以下四个领域来综合提升政府的信息管理工作：①满足用户需求，精简政府网，提高 australia.gov.au 的在线政府参与度，提供个性化和可追踪的服务方式，并尊重和保护公民隐私及信息安全；②建立联结式服务，对政府机构中冗余的业务流程进行标准化改造，通过流程再造、跨部门整合、建立互操作框架等方式，减少重复开发建设，保证电子政务的连贯性和高效性；③实现资金价值，通过对政府部门间现有投资的共享和再利用来推动资金价值的最大化；④提高公共部门能力，构建"澳大利亚政府服务能力模型"，测试政府服务能力和成熟度，通过培训和学习来提高政府工作人员的 ICT 水平，出台 ICT 采购计划以提高政府采购的战略性和针对性。

《澳大利亚网络安全战略》(Australia's Cyber Security Strategy)于 2009 年 11 月 23 日颁布，该战略旨在构建一个安全、灵活和可信的电子操作环境，以支持澳大利亚政府的经济利益最大化和国家安全。其网络安全目标包括保证政府 ICT 安全性和灵活性；提高公民意识，保障所有用户身份隐私安全；维护澳大利亚政府合作商 ICT 的安全性。该战略重点提出澳大利亚政府需要优先完成的举措：①完善互联网信息安全法律法规，建立一个关于打击网络犯罪的完备有效的法律体系；②搭建一个完备的包括检测、分析、应对复杂网络威胁的风险管理系统，以保护政府治理、关键基础设施和其他涉及国家利益的系统；③推动全球电子操作环境的安全性、灵活性和可信性，以保障澳大利亚的国家利益；④加强与商业伙伴的合作，重点提升政府网络基础设施、产品和服务的安全性和可用性；⑤对保障政府所有 ICT 系统的最佳实践进行建模，其中包括政府在线交易系统[120]。

《澳大利亚公共服务 ICT 战略 2012—2015》(Australian Public Service ICT Strategy 2012—2015)于 2012 年 10 月由澳大利亚财政部发布，是澳大利亚公共服务机构利用 ICT 的整体战略规划，其目的在于提高政府工作效率和服务水平，最终促进澳大利亚整体国力的提升。该战略总结分析了政府在 ICT 公共服务领域的成就，在结合政府数据利用、国家创新能力、云计算和可持续发展等国家重大议题的基础上，明确了三个 ICT 优先发展领域及对应战略举措：①促进 ICT 建设，提高服务水平，以"提供更优质的服务"；②鼓励政府优化投资策略，提升创新能力，以"提高政府工作效率"；③完善政府服务平台的协调沟通机制，吸引企业与公民合作，以"鼓励公众参与"[121]。

此外，2010 年 3 月发布的《澳大利亚政府数据中心战略 2010—2025》（Australian Government Data Centre Strategy 2010—2025）旨在实现政府数据中心需求的整合化和标准化，以此改善和优化政府数据中心[122]。2013 年 8 月，澳大利亚政府发布了《联合政府的电子政务及数字经济政策》（The Coalition's Policy for e-Government and The Digital Economy），提出加快政府 2.0 建设进程，应用云计算等各种技术消除数据冗余和碎片，以此实现政府机构透明化和高效化，提高政府电子政务服务水平[123]。同年 8 月，澳大利亚政府信息管理办公室（AGIMO）发布了《澳大利亚公共服务大数据战略》（The Australian Public Service Big Data Strategy），该战略提出"数据属于国有资产"，政府应当采取举措保证数据的完整性和安全性，更好地利用其数据资产，同时确保确认隐私权和信息安全[124]。

2）澳大利亚政府信息安全标准化管理体制

为了确保政府能顺利执行信息管理职能，澳大利亚构建了一个综合的信息管理体制，包括政府信息管理办公室、信息委员会办公室、总理内阁部、总检察署、国家档案馆、澳大利亚信号局（The Australian Signals Directorate，ASD）等多个机构，各信息主体职责明确，使政府信息管理具有协同性、一致性和连续性。针对政府信息安全标准的建设，澳大利亚政府建立的信息安全标准制定和管理体制则由总检察署、澳大利亚政府信息管理办公室及澳大利亚信号局构成，它们制定了覆盖政府数据安全、运行环境安全、网络安全、信息系统安全等各个方面的安全标准和指南，使整个政府从信息技术应用到信息生命周期的各个环节的安全得到保障。

总检察署（The Attorney-General's Department，AGD）主要负责制定保障澳大利亚政府安全的政策及法律法规，其在网络安全方面的主要职责包括：①颁布保护澳大利亚政府机构的安全策略和法规文件；②构建计算机应急准备小组（Computer Emergency Readiness Team，CERT），为政府和其他与国家利益相关的企业提供网络关键基础设施和信息安全指导；③以其下属机构——保护安全政策委员会（Protective Security Policy Committee，PSPC）的名义发表澳大利亚政府的保护性安全政策框架（Australian Government Protective Security Policy Framework，AGPSPF），AGPSPF 为保障政府安全管理中的人员安全、物理和信息安全、治理安全提供了政策和标准指南。

AGIMO 成立于 2004 年 4 月，接管已被撤销的国家信息经济办公室在政府 ICT 领域的部分工作，目前 AGIMO 由首席信息官（CIO）统筹管理，主要负责制定政府在采购和应用领域 ICT 的政策、战略和标准，管理澳大利亚政府的主要在线网关、australia.gov.au 及政府在线协作服务 Govdex，以提高澳大利亚政府机构在 ICT 活动中的效率和效益。2012 年 12 月，AGIMO 宣布创立一个新的职位——首席技术官(Chief Technology Officer，CTO)，以补充 CIO 的管理工作，CIO 负责整个政府 ICT 政策、战略和标准的制定，CTO 承担政府 ICT 服务采购工作[125]。

澳大利亚信号局是保障澳大利亚政府部门信息安全的情报机构，总部在堪培拉。ASD 主要承担两大使命：信号情报，收集和分析外国信号情报；信息安全，为政府部门制定信息与通信安全方面的建议及相关标准。ASD 在信息安全方面的主要功能包括对澳大利亚政府及相关部门的信息安全和完整性提供指南；协调和解决涉及国家级政府安全的极端网络事件，在保障政府信息安全的工作中具有重要地位[126]；其开发和维护的《澳大利亚政府信息安全手册》(Australian Government Information Security Manual，AGISM)是保障政府 ICT 系统安全的重要标准和指南。

3) 澳大利亚政府信息安全标准体系

AGIMO、AGD 和 ASD 都参与制定政府信息安全相关标准，AGIMO 主要负责政府 ICT 标准的研制，AGD 提出的 AGPSPF 为保障澳大利亚政府机构的治理、人员、物理和信息安全提供政策、指南和更好的实践建议，ASD 开发的 ISM 由控制、原则和执行伙伴三个补充文件组成，是保障政府 ICT 系统安全的标准，它补充了 AGPSPF。

AGIMO 制定的 ICT 标准由强制性标准和指导性指南构成，依据不同的主题进行分类，规范了认证和身份管理、大数据安全、业务连续性管理(Business Continuity Management，BCM)、云计算安全、网络安全、通用操作环境、数据中心、密码管理、移动技术和设备等涉及政府信息安全的内容，建立了多项标准框架，包括《澳大利亚政府雇员身份管理》(Identity Management for Australian Government Employees，IMAGE)[127]，该框架对员工身份验证方式、系统数据安全和保护、员工数据共享、保护员工隐私提出标准规范；国家智能卡框架，此框架的目的是成为机构引入智能卡技术的重要参考指南，有助于实现机构信息的安全性和可互操作性，作为补充，政府还发布了包括智能卡手册、实现模型和清单、框架的实施规范等一系列安全指南；国家电子认证框架，主要认证的对象是与政府有交易行为的个体和企业，以及政府网上交易的对象，该框架规范了电子商务身份认证机制和管理方法，提出网站认证机制和标准支撑，还提供了一套在线电子认证风险评估工具和电子认证服务方案；守门人的公共密钥基础设施框架，此框架规范了各种证书的形式和内容，将外部客户的证书按照安全性分为三级，并对风险控制提出要求，为实现整体政府框架提供了信息完整性、互操作性和真实性。

AGPSPF 基于机密性、完整性和可用性的原则，对政府安全管理提出强制性的要求和标准规范，它对于保障政府安全提出了包括治理、人员、信息和物理四个方面的标准规范，保障政府信息安全是其重要内容之一。AGPSPF 适用于政府机构和相关部门工作人员、第三方服务商和个人，规范了澳大利亚政府信息安全中信息访问控制、信息系统的开发和维护、信息资产分类和控制、信息安全框架、操作安全管理、信息外包服务、信息资产分类与控制等内容，例如，要求所有政府机构必须实现对所有安全机密信息（包括处理、存储、传输、运输和处置）按照《澳大利亚政府信息安全管理协议》的要求进行控制；定期按照标准对机构内所有信息系统和网络实施安全控制，并定期检测记录，以实现有效的监测和审查；对个人存储设备、移动电话、网络等ICT设备在接入政府网络或系统前进行安全风险评估并采取适当的控制措施。

ISM 的目的是协助澳大利亚政府机构规避风险，保护其信息和信息系统安全不受侵害，该手册主要由控制、原则和执行伙伴三个补充文件组成。其中控制文件提供了一套详细的安全控制指南，指导政府业务活动按照指南有序和规范地开展。控制文件中标准控制指南主要包括物理安全、人员安全、通信安全和信息技术安全等方面。对于信息安全治理，它为涉及的外包云服务、通用信息技术外包服务、系统认证、信息安全监控、网络风险等方面提供了标准指南；从设备和网络基础设施、服务器和网络设备、ICT设备和介质这三方面提出实现物理安全的控制标准；提出授权、安全许可、网络操作行为、认证认可等方面的标准规范以实现人员安全；以通信基础设施、通信系统和设备的标准来规范通信安全管理；信息技术安全的标准内容充实，包括产品安全技术、软件安全技术、邮件安全技术、访问控制、安全管理、网络安全、密码、跨域安全技术、数据传输与内容过滤及非现场工作等标准和指南。

以上三者制定的政府信息安全标准并非各自独立的，而是相互协调、互为补充地形成一个良性的系统，共同构成澳大利亚政府信息安全标准体系。

3. 国外政府信息安全标准体系建设的经验借鉴

虽然国外政府信息安全标准体系各具特色，但是从标准体系本身的结构、制定、内容和管理方式等方面来看，它们是拥有显著共性的，笔者将从以下三个方面总结国外政府信息安全标准体系建设中的共性和特点，在此基础上提炼我国可借鉴的经验，为我国政府信息安全标准体系建设提供参考。

1）标准体系结构：微观与宏观的结合

观察国外政府信息安全标准建设历程，可以发现各国标准体系结构基本呈现从零散到系统、从局部到整体、从微观到宏观的发展态势，标准内容充实有序，体系架构不断完善，逐渐形成多层次、全方位的标准体系结构。

（1）注重顶层设计，构建标准框架。美国及澳大利亚政府在制定本国政府信息安全标准时注重顶层设计，确立标准化工作的一致目标，明确标准之间的边界和联系，一方面保证各标准子域之间的松散耦合，减少不同标准间的重复和冗杂；另一方面便于从整体把握标准建设过程中的风险和复杂环境，对可能出现的现实问题和风险进行统一协调管理。美国 NIST 为保障联邦机构遵守 FISMA，针对联邦机构信息和信息系统可能存在的风险开发了一套有效的信息安全保障框架——NIST 风险管理框架。该框架基于信息生命周期理论，从分类信息系统、安全控制选择、安全控制补充、安全控制文档化、安全控制实施、安全控制评估、认可信息系统、安全控制监控八个信息系统风险管理的活动周期和步骤出发，提出对应的信息安全标准，从而构成安全有效的风险管理框架，如图 6-2 所示。为了使建立的信息安全标准更好地指导实践，澳大利亚针对涉及政府信息安全的多项内容都建立了标准框架，如《澳大利亚政府雇员身份管理》对政府内部身份认证管理设置了一整套认证机制和标准支撑，AGPSPF 从整体上对治理安排、人员安全、信息安全和物理设备安全管理进行了规范。

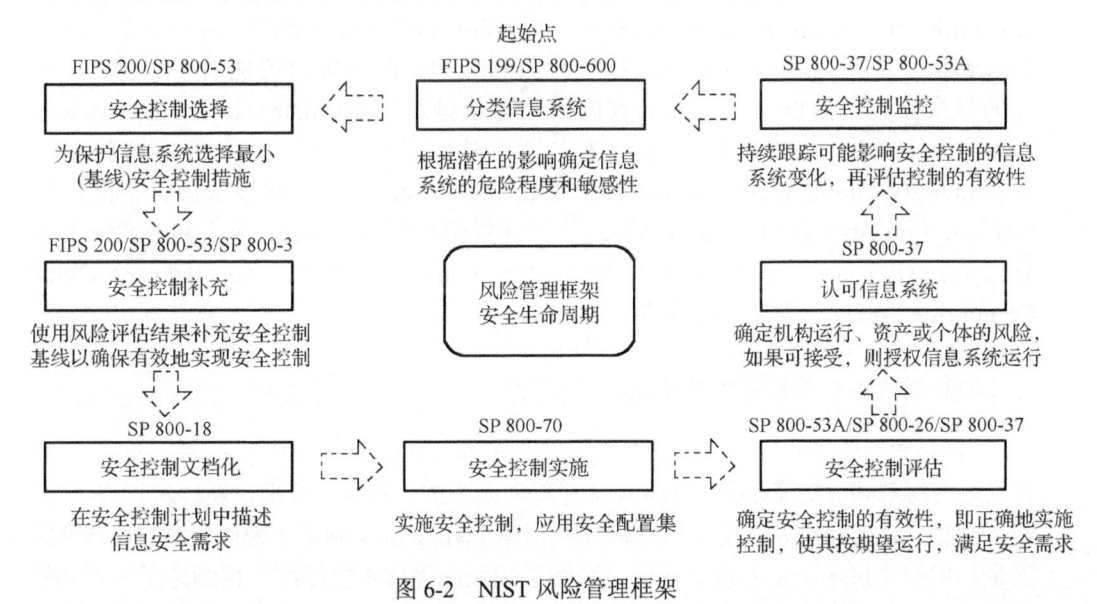

图 6-2 NIST 风险管理框架

(2) 从政府信息安全现状出发，注重建立基础标准。美国政府从现有信息安全管理活动出发，基于信息和信息系统不同阶段的安全风险制定相关基础标准，包括访问控制、审计、认证认可、配置管理、应急规划、事件响应、维护、风险评估、系统信息完整性、人员安全、物理环境保护等内容，也涵盖了信息系统生命周期的不同阶段，如研发、设计、实现、实施、测评和维护等多个环节。澳大利亚根据不同主题来建立信息安全基础标准，从认证和身份管理、大数据、云计算、业务连续性、网络安全、移动技术和设备等内容出发，建立对应性政府信息安全标准。

(3) 标准的制定以同主题法律和政策为导向。国外政府信息安全标准和指南的建立常将同主题的法律和政策作为导向和依据。政府会针对信息安全方面的政策法规的要求制定相关标准指南以支撑法律法规的顺利实施，标准和指南在政府业务活动中的实际指导意义很强，而相关主题的法律和政策则可以起到统领和指导的作用。美国 NIST 已发布的多项政府信息安全标准和指南都是依据 FISMA 的要求而制定的，2003 年《第 7 号国土安全总统令：关键基础设施的识别、优先级和保护》（Homeland Security Presidential Directive 7: Critical Infrastructure Identification, Prioritization, and Protection，HSPD-7）[128]及 2004 年《第 12 号国土安全总统令：关于联邦雇员和合同商统一身份标准的政策》（Homeland Security Presidential Directive 12: Policy for a Common Identification Standard for Federal Employees and Contractors，HSPD-12）[129]都有《FIPS 201-2 联邦雇员和承包商的个人身份验证》（FIPS 201-2 Personal Identity Verification(PIV) of Federal Employees and Contractors）[130]和《FIPS 199 联邦信息和信息系统的安全分类标准》（FIPS 199 Standards for Security Categorization of Federal Information and Information Systems）[131]等一系列标准作为支撑。澳大利亚颁布的多项政策也引导和建立了对应的标准指南，如以《澳大利亚政府云计算政策》（Australian Government Cloud Computing Policy）[132]作为导向，建立了《社区云治理——更好的实践指南》（Community Cloud Governance-Better Practice Guide）[133]、《实现云服务指南》（A Guide to Implementing Cloud Services）[134]、《资源管理指南 406：澳大利亚政府云计算政策》（Resource Management Guide No. 406: Australian Government Cloud Computing Policy）[135]等多项标准。

2）标准内容：多样性标准并施

（1）技术与管理标准并重。国外政府信息安全标准并不仅局限于技术层面的语法、语义、网络基础设施等标准，目前政府逐渐重视非技术领域的标准，还针对管理策略、业务流程、组织构建等制定了相关标准和指南。NIST 不仅制定了密码管理、局域网络安全、虚拟化技术、个人身份认证、公钥基础设施等技术性标准，也制定了一系列管理类标准，包括专业人员安全指南、安全内容自动化协议、信息安全手册、系统应急计划等。

（2）强制性标准与指导性指南并施。国外政府信息安全标准在同一类别或者主题下具有完备体系的标准，一般既有原则性的强制标准，即政府机关和相关部门强制执行的标准；又有一般性的指南，仅提供指导性的参考建议和规范，并不要求政府机关和相关部门强制执行。美国 NIST 出台的 FIPS 是强制性标准，要求大多数联邦政府机构和相关部门按照标准的规定开展工作，而 SP 800 指南是技术指南文件，对联邦政府不具有强制性，主要是为其提供参考指南。澳大利亚已公布的政府信息安全标准也可分为强制性标准和参考性指南，如《国家电子认证框架》《澳大利亚政府雇员身份管理》《国家智能卡框架》等都是参考性指南，并不强制要求执行，而澳大利亚政府云计算标准、网络安全标准等则是强制性标准，要求政府机构必须按照标准开展信息管理工作。

3)标准制定与管理：集中与分布的平衡

西方国家鼓励标准制定和管理主体的多元性和开放性，提倡自愿、开放的标准制定和采纳原则，以适应不断更新的信息技术和逐渐开放的市场竞争环境。在标准的制定与管理中，要充分发挥政府主管部门的主导作用，鼓励民间标准组织和非核心部门参与标准的制定与管理，并设立有效的标准协调机制。美国 NIST 主管政府信息安全标准的研究和制定，但也允许和吸纳民间符合要求的标准指南，ANSI 作为标准协调组织，有效地促进了民间标准和政府标准的结合与转化。澳大利亚政府信息安全标准制定和管理体制由多个主体组成，AGIMO 是制定和发布政府信息安全标准的核心部门。以 AGD 以及下属机构 PSPC 的名义制定的 AGPSPF 和 ASD 发布的《澳大利亚政府信息安全手册》(AGISM)为政府信息安全标准体系提供了补充性内容，推动了标准体系的协调发展。

6.2.4 我国政府信息安全标准体系建设现状

建立政府信息安全标准体系对解决政府信息安全隐患具有重要的技术支撑作用，这不仅关系到国家安全，也是保障国家利益的重要方式。但信息安全标准体系建设不是一蹴而就的，这是一项艰巨、长期的基础性工作。

1. 取得的成绩

我国政府信息安全标准化工作虽然起步较晚，但是近年来取得了较快发展，不仅建立了国家信息安全标准化体制，颁布和制定了一批与信息安全相关的政策法规及标准，同时高度重视政府信息安全管理工作，也制定了一系列政府信息安全标准，从整体上取得了较大的成就。

1)初步建立国家信息安全标准化管理体制

我国信息安全标准化工作最早可以追溯到 20 世纪 80 年代，1984 年 7 月我国成立了数据加密技术委员会，并在 1985 年发布了第一条信息安全方面的标准，1997 年改组成为全国信息技术标准化技术委员会的信息技术安全分技术委员会，负责制定信息安全的国家标准。2002 年 4 月，国家标准化管理委员会发文，决定在信息技术安全分技术委员会的基础上，建立全国信息安全标准化技术委员会(以下简称信安标委，编号为 TC260)[136]，信安标委主要职责包括组织开展国内安全技术、安全机制、安全服务、安全管理、安全评估等领域的标准化技术工作，向国家标准化管理委员会提出信息安全标准化工作的方针、政策等建设性建议，同时联合公安部、国家安全部、国家保密局、国家商用密码管理办公室(简称国家密码管理局)等相关部门，以公开、公正的原则建立合理化、系统性和全面性的信息安全标准化管理体制。目前信安标委下设 7 个工作组,分别是信息安全标准体系与协调工作组、涉密信息系统安全保密标准工作组、密码技术工作组、鉴别与授权工作组、信息安全评估工作组、通信安全标准工作组和信息安全管理工作组[137],如表6-3所示。

表6-3 信安标委结构表

工作组	职责
WG1 信息安全标准体系与协调工作组	研究信息安全标准体系;跟踪国际信息安全标准发展动态;研究、分析国内信息安全标准的应用需求;研究并提出新工作项目及工作建议
WG2 涉密信息系统安全保密标准工作组	研究提出涉密信息系统安全保密标准体系;制定和修订涉密信息系统安全保密标准,以保证我国涉密信息系统的安全
WG3 密码技术工作组	密码算法、密码模块,密钥管理标准的研究与制定
WG4 鉴别与授权工作组	国内外 PKI/PMI 标准的分析、研究和制定
WG5 信息安全评估工作组	调研国内外测评标准现状与发展趋势;研究提出测评标准项目和制定计划
WG6 通信安全标准工作组	调研通信安全标准现状与发展趋势,研究提出通信安全标准体系,制定和修订通信安全标准
WG7 信息安全管理工作组	信息安全管理标准体系的研究,信息安全管理标准的制定工作

2) 颁布一系列信息安全政策法规

为了保护计算机信息系统和配套设备、运行环境的安全,早在1994年国务院就颁布了《中华人民共和国计算机信息系统安全保护条例》,该条例从安全保护制度、安全监督和法律责任三方面对保障信息系统安全提出了要求,并对计算机信息系统安全专用产品的销售实行许可证制度。1998年国家保密局公布的《计算机信息系统保密管理暂行规定》明确提出涉密信息和数据必须按照保密规定进行采集、存储、处理、使用和销毁,计算机信息系统联网应当采取系统访问控制、数据安全保护和保密监控管理等技术。2005年正式实施的《中华人民共和国电子签名法》对符合法律效力的电子签名及认证方式进行了规定,随后2009年我国又发布了《电子认证服务密码管理办法》和《电子认证服务管理办法》,进一步对该电子认证服务作进行补充。2007年,公安部、国家保密局、国家密码管理局、国务院信息化工作办公室联合发布《关于印发〈信息安全等级保护管理办法〉的通知》(公通字〔2007〕43号),规定对国家涉密信息系统加强保密管理,严格进行系统测评和审批工作,定期进行风险评估,以消除泄密隐患。针对政府信息安全问题,国家先后发布《关于印发〈关于加强党政机关计算机信息系统安全和保密管理的若干规定〉的通知》(国保发〔2007〕13号)、《国务院办公厅关于进一步做好政府机关使用正版软件工作的通知》和《关于加强党政部门云计算服务网络安全管理的意见》(中网办发文〔2014〕14号)等文件,以保障党政机关计算机信息及信息系统安全,提高抵御安全风险的能力。

3) 重视政府信息安全管理工作

随着工作信息化和网络化程度的加深，如何确保信息安全已经成为政府机构健康发展所要考虑的重要问题。政府重视信息安全管理工作，主要体现在以下方面。第一，各级政府注重构建信息安全相关标准。除了国家层面的信息安全标准，各级政府也因地制宜制定了符合地方情况的政府信息安全标准，如 2011 年江苏省发布《政府信息系统安全防护基本要求》（DB32/T 1927—2011）、2013 年广西发布《政府系统电子公文传输与交换》（DB45/T 950—2013）、2014 年深圳市发布《政府采购电子监察数据交换格式规范》（SZDB/Z 106-2014）等。第二，增进企业在政府信息安全方面的合作，以提升政府网络基础设施、产品和服务的安全性及可用性。2016 年初，成都市人民政府与亚信安全签署战略合作协议，计划未来在政府网络安全、大数据、产业互联网领域开展多样合作，共同构建信息安全公共服务平台及政府云安全实验室。同年 3 月，中国电子科技集团有限公司和微软合作初步完成政府专用版 Windows 10 操作系统的第一版的开发工作，该专用版增强了系统的易管理性和安全性，满足中国政府工作的特殊需求，以期未来达到中央机关信息类产品采购要求。第三，加强对政府信息系统安全检查与检测。为应对敏感信息泄露、黑客侵扰、网络资源的非法使用等政府信息安全威胁，政府通过部署防毒墙、建立网络安全预警系统、提升密码和认证技术等手段提高重要信息系统和网站的综合防护能力。此外，各级政府及相关部门也积极开展网站和信息系统安全执法检查工作，采用本单位自查、各级检查指导、公安部远程技术检查和网络警察现场检查相结合的方式来排查安全风险及隐患。

4) 注重电子政务标准化建设

随着电子政务在国内的兴起，我国政府认识到电子政务标准化工作的重要性，提出"统一标准，保障安全"的电子政务发展原则。2002 年 1 月，国务院信息化工作办公室和国家标准化管理委员会于北京组建"电子政务标准化总体组"，制定了《电子政务系统总体设计要求》（GB/T 21064—2007）和包含六个部分的《电子政务标准化指南》。这两项标准明确了电子政务标准化的组织结构和工作思路，提出了电子政务标准项目的管理办法，标志着我国电子政务标准体系框架逐渐成熟和完备。其中《电子政务标准化指南》从总则、工程管理、网络建设、信息共享、支撑技术和信息安全 6 个方面为我国电子政务的各个业务环节提供标准化指南，指导和规范我国电子政务高效、有序和健康发展。《电子政务标准化指南 第 6 部分：信息安全》为电子政务系统规划、设计、建设、验收、测评和运行过程提供了信息安全方面采标工作的指南。该指南按照信息安全保障体系建设中所需标准，依其内在联系构成的科学有机整体提出电子政务信息安全标准体系，将电子政务信息安全标准体系从总体上划分为四大类：基础标准、技术与机制标准、管理标准和评估标准[138]。《电子政务标准化指南 第 6 部分：信息安全》中所构建的电子政务信息安全标准体系总框架如图 6-3 所示。

· 150 ·　　　　　　　　　　　政府信息资源管理标准化

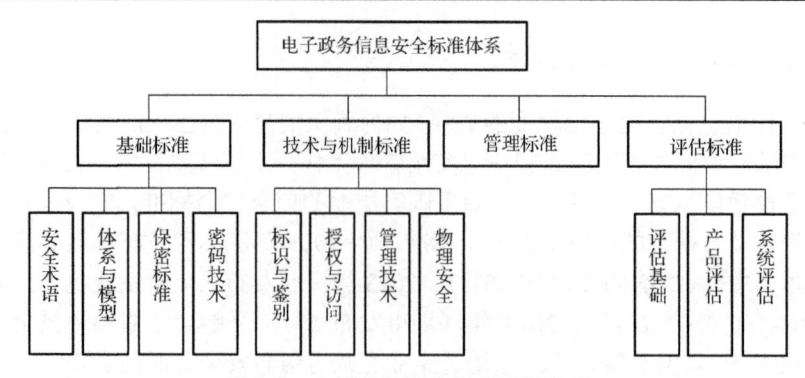

图 6-3　电子政务信息安全标准体系

资料来源：国家电子政务标准化项目工作组：《电子政务标准化指南 第 6 部分：信息安全》

5) 制定和引进一批信息安全标准

从 1995～2002 年，我国共制定了 19 项国家信息安全标准，这些标准都由国际信息安全标准直接转化而来，主要涉及密码和评估标准，信安标委于 2004 年，先后对其中 12 项进行了修订。我国自 2002 年信安标委成立以来制定了多项信息安全方面的基础、管理和技术标准，截至目前，正式发布了 170 项信息安全国家标准。这些信息安全国家标准成为我国信息安全保障体系建设的重要支撑，为我国信息安全风险评估、信息安全产品认证、信息系统安全等级保护等都提供了保障。信安标委对我国已有信息安全标准进行了归类和整理，并基于对国际信息安全标准发展动态和国内信息安全标准需求的长期跟踪与分析，提出了我国信息安全标准体系框架（图 6-4）。该标准体系从整体上将信息安全标准分为 7 大类，主要包括基础标准、技术与机制标准、管理标准、测评标准、密码标准、保密标准和通信安全标准[136]。

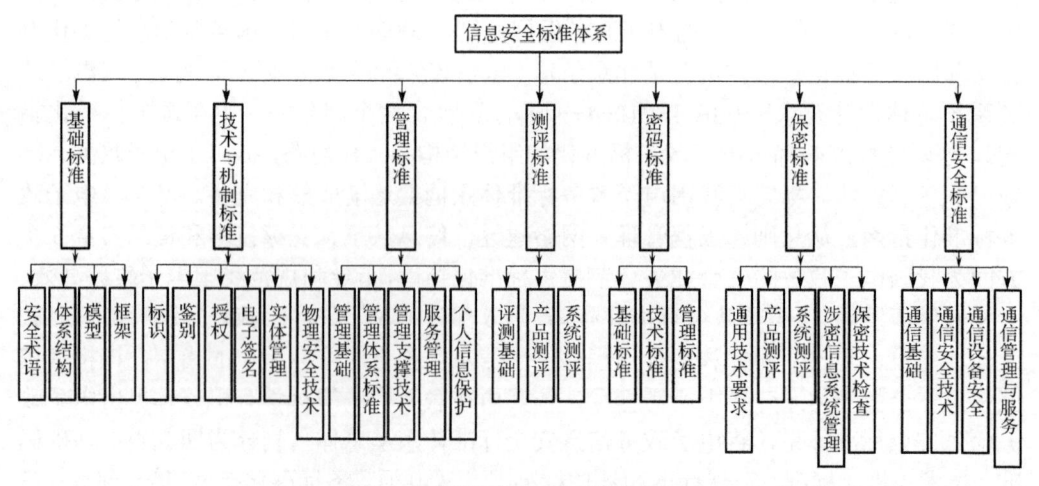

图 6-4　我国信息安全标准体系框架

资料来源：国家信息安全标准化委员会，信息安全标准体系框架

2. 存在的问题

信息安全标准化是实现信息安全建设和系统运行的基础保障,目前我国政府在电子政务标准及信息安全标准体系建设方面有一定成效,但政府信息安全领域的标准化程度还较低,因此容易导致信息系统管理、认证评估、安全采购等涉及政府信息安全的环节因缺乏标准的规范控制而出现安全威胁,严重影响政府工作的顺利开展。纵观我国政府信息安全标准建设现状,仍然存在许多不容忽视的问题。

1) 未专设机构主导政府信息安全标准研制

目前信安标委主要负责我国信息安全标准的制定,同时公安部、国家安全部、国家保密局和国家密码管理局也制定了一批信息安全的行业标准,它们共同构成了我国信息安全标准化体制。然而尚未有明确的政府机构或部门主导政府信息安全标准的建设,我国也未在信安标委专设部门进行以政府信息安全标准为对象的研究和制定工作,这与国外政府信息安全标准化管理体制形成鲜明对比。美国高度重视联邦政府内部信息安全的问题,NIST 专门授权下属 CSD 承担研究和制定联邦政府信息安全标准的职责。澳大利亚政府为确保政府能够顺利执行信息管理职能,构建包括 AGIMO、信息委员会办公室、总检察署、国家档案馆在内的综合信息管理体制,其中 AGIMO 主要负责整个政府 ICT 标准的研制。政府信息安全标准能有效指导政府部门的信息管理工作,而只有设立专门的信息安全标准研制机构,拥有合理的政府信息安全标准化管理体制,才能全面指导标准的立项、研究、制定等工作,才能真正建立科学、合理、系统、适用的标准体系。

2) 国际信息安全标准采标率低

在我国已制定的 170 项信息安全国家标准中,以"等同采用"方式采用的国际信息安全标准共 40 项,以"修改采用"方式采用的国际信息安全标准共 3 项,而针对我国政府信息安全标准领域的 5 项国家标准都没有采用国际标准形式[139]。相对于我国信息安全国家标准的总量而言,国际标准采标率是比较低的。

3) 政府信息安全标准研制力度不足

虽然我国在信息安全标准化建设方面发展较快,转化了一批国际信息安全标准,制定了一系列符合我国国情的信息安全标准,已经初步形成信息安全标准体系,但是针对政府信息安全的标准却为数不多,如表 6-4 和表 6-5 所示,截至目前,我国已发布的政府信息安全国家标准只有《信息安全技术 政府部门信息安全管理基本要求》(GB/T 29245—2012)、《信息安全技术 政务计算机终端核心配置规范》(GB/T 30278—2013)、《信息安全技术 政府门户网站系统安全技术指南》(GB/T 31506—2015)、《信息安全技术 基于互联网电子政务信息安全实施指南 第 2 部分：接入控制与安全交换》（GB/Z 24294.2—2017）和《信息安全技术 基于互联网电子政务信息安全实施指南 第 1 部分：总则》（GB/Z 24294.1—2018）这 5 项，此外信安标委还制定/研究了多项政府信息安全标准，如表 6-5 所示，为实现政府信息标准化管理提供重要依据。对比于国外政府信息安全标准，我国相关标准数量仍不够，还存在数量少、内容单一和国家层面标准比例低等问题。

表 6-4 已发布的政府信息安全国家标准

国标号	标准名称	发布时间	实施时间
GB/T 29245—2012	信息安全技术 政府部门信息安全管理基本要求	2012-12-31	2013-06-01
GB/T 30278—2013	信息安全技术 政务计算机终端核心配置规范	2013-12-31	2014-07-15
GB/T 31506—2015	信息安全技术 政府门户网站系统安全技术指南	2015-05-15	2016-01-01
GB/Z 24294.2—2017	信息安全技术 基于互联网电子政务信息安全实施指南 第 2 部分：接入控制与安全交换	2017-05-31	2017-12-01
GB/Z 24294.1—2018	信息安全技术 基于互联网电子政务信息安全实施指南 第 1 部分：总则	2018-03-15	2018-10-01

表 6-5 信安标委制定/研究的政府信息安全标准

制定/研究年份	发布年份	标准名称	类型	所属工作组
2012	未发布	信息安全技术 政府信息系统安全评估指标体系	研究	WG5 信息安全评估工作组
2013	未发布	信息安全技术 政府部门互联网安全接入技术规范	制定	WG5 信息安全评估工作组
2013	2016	信息安全技术 政府联网计算机终端安全管理基本要求	制定	WG5 信息安全评估工作组
2013	2017	信息安全技术 基于互联网电子政务信息安全实施指南 第 3 部分：身份认证与授权管理	制定	WG7 信息安全管理工作组
2013	2016	信息安全技术 政府部门信息技术服务外包信息安全管理规范	制定	WG7 信息安全管理工作组
2013	未发布	《信息安全技术 政府部门信息安全管理基本要求》补篇：信息安全管理制度参考模板	制定	WG7 信息安全管理工作组
2014	2017	信息安全技术 电子政务移动办公系统安全技术规范	制定	WG5 信息安全评估工作组
2014	未发布	政府部门智能电视信息安全管理基本要求	研究	WG7 信息安全管理工作组
2014	未发布	电子政务系统安全保障评估准则	研究	WG1 下属可信计算小组
2014	2018	信息安全技术 政务和公益机构域名命名规范	制定	WG7 信息安全管理工作组
2014	未发布	信息安全管理体系标准的实施与应用研究——信息安全管理体系标准在电子政务中的实施与应用研究	研究	WG7 信息安全管理工作组
2016	未发布	政务安全邮件实施指南及技术要求	研究	WG5 信息安全评估工作组
2012	2014	信息安全技术 政府网站云计算服务安全指南	制定	SWG-BDS 大数据安全标准特别工作组
2018	未发布	电子政务认证技术体系研究	研究	WG3 密码技术工作组

4)尚未形成政府信息安全标准体系框架

信息安全标准化工作对于政府信息安全保障体系建设具有基础性的关键作用，可指导政府有效地开展信息安全建设。完善的信息安全标准体系应当包括信息安全管理活动中的各个方面以及信息系统生命周期的不同阶段，通过各项标准指导各阶段、各方面的政府信息安全工作。对比政府信息安全标准体系已经成熟的美国和澳大利亚，我国已制定的政府信息安全标准较少，也尚未对政府信息安全标准体系进行顶层设计，没有一个宏观、整体的标准体系框架。没有科学合理的标准体系，就难以从整体上把握社会和技术环境的复杂特征，不能对现存问题和可能存在的风险进行统一管理，无法真正指导我国政府信息安全的建设。

6.2.5 我国政府信息安全标准体系的构建

1. 政府信息安全标准体系设计原则

只有建立我国政府信息安全标准体系，才能全面推动政府信息安全标准化建设，为我国政府信息化进程中的信息安全问题提供技术依据。科学合理的政府信息安全标准体系可以使众多标准在此标准体系下协调一致，充分发挥标准的功能，获得良好的系统效应。建立我国政府信息安全标准体系，除了应遵循协商一致、公开透明、广泛参与、执行统一、程序严格等标准制定原则，本书认为还应当遵循以下四条设计原则，才能确保最终建立的政府信息安全标准体系是合理和有效的。

1)科学性、合理性

科学性、合理性是标准体系建立的最根本原则，是保障采用标准的系统安全、可靠、稳定运行的重要因素。政府信息安全标准要充分依据政府信息安全管理的实际情况制定，覆盖安全领域的各方面，贯穿信息系统整个生命周期，同时还要根据政府信息安全管理未来规划来合理制定标准，注意保持与政府信息安全发展阶段的同步性和兼容性。

2)全面灵活性

政府信息安全标准体系应当将政府信息安全管理中涉及的所有标准分类纳入对应的子体系中，充分实现各项标准的交互融通，达到协调一致，保证标准的通用性，最终构成一个全面完整的标准体系。此外，在标准建设过程中还需适当保持一定的灵活性，在考虑制定具体信息安全标准的同时，可以在标准体系中预留合适的空间和位置，这样有利于未来体系结构的调整，确保适应标准体系的发展[140]。

3) 系统整体性

政府信息安全标准体系作为一个系统，在体系构建之时应将相关标准恰当地安排在体系的不同层次上，使体系中不同标准之间的内部联系和区别得到充分体现，达到标准结构层次清晰、相互联系协调的目标。作为一个整体，标准体系的横向联系应该分类合理，纵向结构应该完整、系统，避免标准之间的交叉和重复。

4) 适用性和先进性

政府信息安全标准体系制定时首先要注意标准的适用范围，不能放大标准所涵盖的领域，使标准不具备实际指导意义，也不能缩小标准的内涵，造成对标准的肢解，使所制定的标准不能满足现实要求。此外，建立标准体系不能闭门造车，需要在结合我国国情的基础上积极采用国际标准和国外先进标准，加快和国际接轨的步伐，充分借鉴国外成熟的标准体系，以研制出更完备和具有指导意义的标准体系。

2. 政府信息安全标准体系的目标与功能

1) 政府信息安全标准体系的目标

我国政府信息安全标准化旨在有计划、有目的、按步骤地建立相互协调、层次分明、结构合理、相互支持、满足需求的政府信息安全标准体系，并贯彻实施。只有建立科学合理的安全标准体系，才能更好地通过统一的技术要求、业务要求和管理要求等标准化的手段，使得政府信息安全管理有章可循，从而规范和促进政府信息安全管理工作有序、高效和健康地开展。归根结底，建立政府信息安全标准体系的主要目标是满足政府信息安全需求：真实、可用、可控、保密、完整[141]。

(1) 信息系统的安全可靠性。信息系统不存在外在侵扰和威胁造成拒绝服务或者内容被窃取的风险，信息系统具有最低安全要求，不同层级的系统具有不同安全分类标准。

(2) 信息内容的真实性和保密性。确保信息在存储和传输的过程中不会受到外界的恶意篡改和破坏，信息内容不存在窃取和外泄的风险，不向非授权个人或者组织泄露隐私或者保密信息，保障信息隐私安全和内容的真实一致性。

(3) 操作行为的有效记录性和规范性。加强计算机日志的有效管理，对操作行为实行安全持续监控，确保在所有业务处理过程中，操作主体的行为都具有规范性和不可抵赖性，其对信息所进行的任何操作都能承担责任。

(4) 操作主体的认证和授权。对包括政府工作人员、第三方服务提供商等主体实施身份验证，通过指南规范不同主体的职责和活动，按照要求对不同主体实行分级授权，从而更好地监管操作主体的行为。

(5) 外部环境可信性和安全性。政府对网络安全有足够的控制和管理能力，网络没有明显漏洞，不易遭受外界攻击。计算机设施、移动设备等基础设施质量安全可靠，具有对应的安全防护措施。

2）政府信息安全标准体系的功能

一个科学合理的政府信息安全标准体系应该是层次分明、结构合理、相互协调、满足需求的标准体系，它是制定标准、指导实践的重要依据，是促进各项标准科学分类和组合的合理手段，是真实反映标准现状、进行标准规划的蓝图。它反映和总结了政府信息安全管理活动的规律，能够有效提升政府信息安全管理的整体水平，能够全面指导标准化工作的有序开展，从该标准体系的功能可见，建立良好的标准体系能够引导政府信息安全管理工作走向科学发展的轨道。

（1）节约资源，避免重复建设。政府信息安全标准化工作不是一蹴而就的，需要持续关注、多方力量合力才能完成，建立标准体系便于统筹安排资源，节约开发成本，提高信息资源利用率和业务协作能力，避免重复开发和标准间的冲突，从而促进标准化工作高质高效地顺利完成。

（2）解决标准分散、协调性差的问题。构建政府信息安全标准体系有利于明确政府信息安全标准制定工作的轻重缓急，改变原来各自为政，以具体问题带动单项标准的制定，缺乏统一规划和持续开发动力的现象，实现标准制定工作由零散化、碎片化管理向全面规划、系统管理的转变。

（3）指导标准管理活动走上科学发展轨道。构建政府信息安全标准体系能够从宏观和整体上把握标准管理工作，站在更高的层面系统地指导标准的研究和制定，使标准管理工作按照标准体系安排的标准化路径有序开展，不同标准之间的关系更加清晰和富有逻辑性，最终促进政府信息安全标准化的科学合理发展。

3. 政府信息安全标准体系的主体

1）标准体系制定主体

目前信安标委负责我国信息安全标准的制定，但尚未设立单独的机构研制和管理政府信息安全标准，基于此情况可以参考国外的做法，如美国 NIST 在其下属机构中专门设立 CSD 承担联邦政府信息安全标准的研究和制定工作，澳大利亚已建立的政府综合信息管理体制中，AGIMO 主要负责整个政府 ICT 标准的研制，因此，信安标委可以酌情设立相关工作组负责政府信息安全标准体系的研究和制定工作。

2）标准体系适用主体

政府信息安全标准主要为政府信息安全管理提供信息安全方面的采标工作的指导，标准体系适用于涉及政府信息安全管理各业务环节的各项主体，包括提供信息服务的第三方服务商和个人、开发信息安全技术的个人和企业、进行政府信息安全管理的政府工作人员、获取信息服务的个人和组织等。

4. 我国政府信息安全标准体系框架

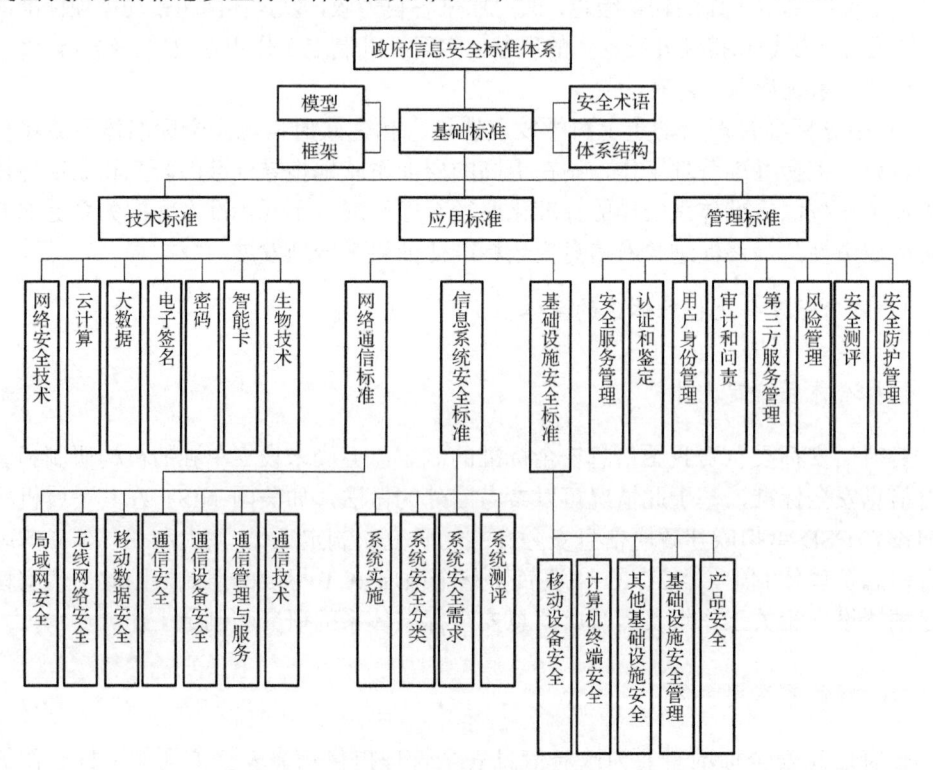

我国政府信息安全标准体系框架的建立可以综合考虑国外政府信息安全标准体系与我国信息安全标准体系的内容和结构，采取各标准体系的优势和特点，以构建科学、合理、适用的标准体系。国外政府的标准大多依据相关法规政策而制定，在同一主题或属性的法规政策下集合了一系列的标准指南，因此，国外标准体系中的各项标准强调以主题/项目、属性进行分类，不同类别下的标准指南有重叠，此分类方法可方便用户对相同属性或者主题的标准进行查找。我国信息安全标准体系目前尚未达成统一意见，一般按照标准内容划分：有七分说，基础标准、技术与机制标准、管理标准、测评标准、密码标准、保密标准和通信安全标准；六分说，基础安全标准、环境条件与平台安全、风险分析与管理、信息安全管理标准、信息安全测评认证标准、实用信息安全产品标准；五分说，基础类标准、技术标准、应用标准、服务标准和管理标准等多种分类形式。笔者分析和比较了不同标准体系，并结合我国实际政府信息安全管理工作的特点，尝试性地提出我国政府信息安全标准体系框架（图6-5）。

图6-5 我国政府信息安全标准体系框架

我国政府信息安全标准体系从总体上可以划分为四大类：基础标准、技术标准、应用标准和管理标准，其中应用标准又可以分为网络通信标准、信息系统安全标准和基础设施安全标准。在每个标准大类的基础上，又按照标准所涉及的内容进行细分，每个标准大类包含但不限于框架中所提及的内容，此外，其中不同类别下同属于一个交叉主题的标准可能出现重叠。同时，标准体系中的各项标准应当既包含强制性标准（此类标准必须在政府机关中强制推行）又包括对政府机构和相关部门不具备强制性的非强制性标准（主要指提供一种供参考的方法或者经验的标准指南）。

目前我国已建立了内容翔实、层次分明的信息安全标准体系，制定了丰富的信息安全标准，可以将这些信息安全标准中符合政府信息安全需求的标准纳入政府信息安全标准体系，一方面节约开发成本，合理地利用相关标准充实标准体系，可以减少政府重复投资研制相关标准；另一方面加快标准体系建设进程，促使标准体系能够尽快应用到实际工作中，指导政府信息安全管理工作，为政府信息安全保障体系建设提供指南规范。

1) 基础标准

基础标准主要包括政府信息安全标准体系的安全术语、模型、体系结构、框架等内容。这些标准作为整个标准体系的基础，为政府信息安全标准提供了整体架构、相关模型，界定了通用的术语。目前我国尚无以政府信息安全为对象的基础标准，可酌情开展制定此类标准。已有的典型标准为《信息技术 安全技术 信息安全管理体系 概述和词汇》（GB/T 29246—2017）和《信息安全技术 术语》（GB/T 25069—2010）。

2) 技术标准

技术标准主要是对标准化领域中需要统一协调的技术事项所指定的标准，主要包括密码、网络安全技术、电子签名、大数据、云计算、生物技术、产品技术等方面的标准。技术标准主要对政府信息安全中技术方面的问题进行规范，确保相关技术符合规定的要求。已有的典型标准如下。

(1) 云计算：政府部门云计算安全要求。包括《信息安全技术 云计算服务安全指南》（GB/T 31167—2014）和《信息安全技术 云计算服务安全能力要求》（GB/T 31168—2014）。

(2) 电子签名：《信息安全技术 公钥基础设施 电子签名格式规范》（GB/T 25064—2010）和《信息安全技术 公钥基础设施 基于数字证书的可靠电子签名生成及验证技术要求》（GB/T 35285—2017）。

(3) 密码：《信息安全技术 分组密码算法的工作模式》（GB/T 17964—2008）和《信息安全技术 PCI密码卡技术规范》。

(4) 生物技术：《信息安全技术 虹膜识别系统技术要求》（GB/T 20979—2007）。

(5) 网络安全技术：《信息安全技术 政府门户网站系统安全技术指南》（GB/T 31506—

2015)和《信息安全技术 防火墙安全技术要求和测试评价方法》(GB/T 20281—2015)。

(6)产品技术标准:《信息安全技术 网站数据恢复产品技术要求与测试评价方法》(GB/T 29766—2013)。

(7)大数据:《信息安全技术 大数据服务安全能力要求》(GB/T 35274—2017)。

3)应用标准

应用标准主要对网络通信安全、信息系统安全和基础设施安全问题进行规范,为政府信息管理活动构建安全、无风险的外部环境。应用标准包括网络通信标准、信息系统安全标准和基础设施安全标准三个方面,网络通信标准对局域网安全、无线网络安全、移动数据安全、通信安全、通信设备安全、通信管理与服务以及通信技术提供规范,信息系统安全标准涉及系统安全需求、系统安全分类、系统实施和系统测评等方面,基础设施安全标准包括移动设备安全、计算机终端安全、基础设施安全管理、产品安全及其他基础设施安全等内容。已有的典型标准如下。

(1)网络通信标准:《信息安全技术 网络安全监测基本要求与实施指南》(GB/T 36635—2018)和《信息技术安全技术 IT 网络安全 第 1 部分:网络安全管理》(GB/T 25068.1—2012)。

(2)信息系统安全标准:《信息安全技术 信息系统安全等级保护测评要求》(GB/T 28448—2012)和《信息安全技术 信息系统保护轮廓和信息系统安全目标产生指南》(GB/Z 30286—2013)。

(3)基础设施安全标准:《信息安全技术 移动通信智能终端操作系统安全技术要求(EAL2 级)》(GB/T 30284—2013)、《信息安全技术 存储介质数据恢复服务要求》(GB/T 31500—2015)和《信息安全技术 政务计算机终端核心配置规范》(GB/T 30278—2013)。

4)管理标准

管理标准是针对政府信息安全管理主体、管理活动、业务安全方面的规范和指南,主要应用于组织层面,用来规范组织的治理机制和治理结构,指导组织的信息安全管理制度规范化,保证信息安全战略与组织信息安全管理目标达到一致。管理标准主要包括安全服务管理、认证和鉴定、用户身份管理、审计和问责、第三方服务管理、风险管理、安全测评、安全防护管理等。已有的典型标准如下。

(1)安全服务管理:《信息安全技术 信息安全服务能力评估准则》(GB/T 30271—2013)和《信息安全技术 信息安全服务 分类》(GB/T 30283—2013)。

(2)认证和鉴定:《信息安全技术 鉴别与授权 数字身份信息服务框架规范》(GB/T 31504—2015)和《信息安全技术 鉴别与授权 基于角色的访问控制模型与管理规范》(GB/T 25062—2010)。

(3) 用户身份管理：《信息安全技术 公共及商用服务信息系统个人信息保护指南》(GB/Z 28828—2012)。

(4) 审计和问责：《信息安全技术 信息系统安全审计产品技术要求和测试评价方法》(GB/T 20945—2013)。

(5) 第三方服务管理：《信息安全技术 政府部门信息技术服务外包信息安全管理规范》。

(6) 风险管理：《信息安全技术 信息安全风险评估实施指南》(GB/T 31509—2015)和《信息安全技术 信息安全风险处理实施指南》(GB/T 33132—2016)。

(7) 安全测评：《信息安全技术 服务器安全测评要求》(GB/T 25063—2010)。

(8) 安全防护管理：《信息安全技术 政府部门信息安全管理基本要求》(GB/T 29245—2012)和《信息安全技术 信息安全管理体系审核指南》(GB/T 28450—2012)。

5. 政府信息安全标准体系建设策略

1) 发布相关政策法规，引导标准制定

一般而言，标准、规范和指南的制定往往会以同主题的政策法规为导向，同一主题的政策法规能起到统筹和指导的作用，可以为标准的制定提供铺垫，能有效引导政府投入资源进行相关标准的研究、制定和发布等工作。在我国政府信息安全标准建设尚未受到重视的背景下，相关部门可以从目前政府信息安全管理现状出发，一方面提出保障政府信息安全的方针和政策，形成总体政策大纲和管理框架，使政府信息安全标准体系的建设更具有宏观性和整体性；另一方面制定相关法律对信息安全管理活动的具体问题进行法律规范和约束，可以指导政府信息安全标准从实际出发，对政府信息安全管理所涉及的各流程、活动、环节进行明确的规范，制定统一标准。因此，重视制定和发布政府信息安全相关政策法规，可以合理地加快我国政府信息安全标准制定进程，从而将政府信息安全管理纳入制度化运行轨道的理性管理之中。

2) 注重顶层设计，重视微观信息标准化

建立健全标准体系需要进行科学合理的顶层设计，确立标准体系的总体框架和一致目标，明确不同标准的联系和边界。只有进行整体性规划之后，才能保障体系内各标准相互协调统一、层次分明和衔接配套，不同标准不出现重复、对立、脱节等问题。同时要注重从微观上实现政府信息安全标准化，一方面信息系统安全管理、网络环境维护、访问控制、身份认证、风险控制等信息安全管理工作内容对相关标准制定提出要求；另一方面大数据、云计算、智能卡、人工智能、移动互联网等新兴技术、新应用的迅速发展，对政府信息安全标准提出了更高的要求，因此需要政府标准制定和管理部门从微观着手，针对实际情况制定相对应的信息安全标准，确保标准能够覆盖已有信息安全需求，还应当随着安全管理内容的不断丰富、技术的不断发展，及时对已有标准进行更新和完善，提高标准质量，最终构建一个科学实用、结构合理的政府信息安全标准体系。

3）借鉴国外经验，采用国外先进标准

目前国外政府信息标准建设有较大成就，美国、澳大利亚等国家先后建立了比较系统和成熟的政府信息安全标准体系，这对我国推动政府信息安全标准建设工作具有极为重要的借鉴意义。信息安全领域的国际标准大多产自于西方国家的国家标准，反映了当前标准建设工作的先进水平，因此国外成功经验对我国标准建设有很好的指导作用。虽然我国目前已经开展了政府信息安全标准方面的建设工作，但是标准数量远远不及国外，标准制定工作呈现零散化和碎片化，尚未建立协调的标准体系，与国外差距较大。我国要学习国外政府信息安全标准制定、管理的先进经验，对于符合我国情况的标准直接采纳或者吸收转化，以不断充实我国相关标准内容，完善标准体系建设。但是在借鉴国外经验时，要有选择性地参考，不要一味照搬照抄，在关键安全技术、安全实现的技术路线和管理体系等方面保持独立。

4）深入实践分析，制定符合实际的标准

我国现在已发布 5 项政府信息安全国家标准，包括计算机配置、系统安全技术指南、安全管理基本要求和实施指南（1、2 部分）等方面，每项标准各有针对性，但毕竟数量有限，仍没有对我国信息安全管理现状中的许多问题进行有效的规范。因此，政府标准制定和管理组织要积极开展采标工作，从我国实际情况出发，深入实地调研政府信息安全管理中存在的问题和发展状况，认真研究目前信息和信息系统中存在的安全风险及威胁，切实开展对一线工作人员和技术工作者的采访和调研工作，在此基础上，全面和系统地研究问题的解决措施与方案，提高相关标准的针对性、适用性和有效性，使研究和制定出来的标准能够有效保障我国政府信息安全。

参 考 文 献

[1] 罗昊. 两种政府信息资源元数据的分析与比较及其对我国的启示[J]. 新世纪图书馆, 2003(2): 17-20.

[2] 王新才. 政府信息资源管理[M]. 北京: 科学出版社, 2011.

[3] Schooley B L, Horan T A. Towards end-to-end government performance management: Case study of interorganizational information integration in emergency medical services (EMS)[J]. Government Information Quarterly, 2007, 24(4): 755-784.

[4] Salampasis M, Tait J, Bloor C. Evaluation of information-seeking performance in hypermedia digital libraries [J]. Interacting with Computers, 1998, 10(3): 269-284.

[5] Gupta M P, Jana D.E-government evaluation: A framework and case study[J]. Government Information Quarterly, 2003, 20(4): 365-387.

[6] Zhao J J, Zhao S Y. Opportunities and threats: A security assessment of state e-government websites [J]. Government Information Quarterly, 2010, 27(1): 49-56.

[7] Charalabidis Y, Loukis E, Alexopoulos C. Evaluating second generation open government data infrastructures using value models[C]//Proceedings of the 2014 47th Hawaii International Conference on System Sciences, Hawaii, 2014: 2114-2126.

[8] Middleton M R. Approaches to evaluation of websites for public sector services [C]// Proceedings of the IADIS International Conference, Lisbon, 2007: 279-284.

[9] Kaylor C, Deshazo R, Eck D V. Gauging e-government: A report on implementing services among American cities[J]. Government Information Quarterly, 2002, 18(4): 293-307.

[10] Carbo T, Williams J G. Models and metrics for evaluating local electronic government systems and services[J]. Electronic Journal of E-Government, 2004, 2(2): 95-104.

[11] Panopoulou E, Tambouris E, Tarabanis K. A framework for evaluating web sites of public authorities[J]. Aslib Proceedings, 2008, 60(5): 517-546.

[12] Johnson K L, Misic M M. Benchmarking: A tool for web site evaluation and improvement[J]. Internet Research, 1999, 9(5): 383-392.

[13] Yuan L, Xi C, Wang X. Evaluating the readiness of government portal websites in China to adopt contemporary public administration principles[J]. Government Information Quarterly, 2012, 29(3): 403-412.

[14] Luna D E, Gil-Garcia J R, Luna-Reyes L F, et al. Using data envelopment analysis (DEA) to assess government web portals performance[C]//Proceedings of the 13th Annual International Conference on Digital Government Research, College Park, 2012: 107-115.

[15] Kaylor C, Deshazo R, van Eck D. Gauging e-government: A report on implementing services among American cities [J]. Government Information Quarterly, 2002, 18(4): 293-307.

[16] Wang H, Yin Q. The evaluation and empirical research on government website station based on information architecture[M]//Mastorakis N, Mladenov V. Future Control and Automation. Berlin: Springer, 2012: 417-425.

[17] Golubeva A A. Evaluation of regional government portals on the basis of public value concept: Case study from Russian federation[C]//Proceedings of the 1st International Conference on Theory and Practice of Electronic Governance, Macao SAR, China, 2007: 394-397.

[18] Smith A G. Applying evaluation criteria to New Zealand government websites [J]. International Journal of Information Management, 2001, 21(2): 137-149.

[19] Torres L, Pina V, Acerete B. E-government developments on delivering public services among EU cities [J]. Government Information Quarterly, 2005, 22(2): 217-238.

[20] Wang S, Zhang J, Yang F, et al. A method of e-government website services quality evaluation based

on web log analysis [C]//Proceedings of the 3rd International Conference on Logistics, Informatics and Service Science, Berlin, 2015: 1157-1162.

[21] 张晓娟,杨文绮. 试论我国政府信息资源管理绩效评估体系的构建[J]. 情报理论与实践, 2014(8): 95-99.

[22] 王新才,吕元智,袁文清. 政府信息资源管理绩效审计、背景、内涵与意义[J]. 档案学通讯, 2009(3): 19-23.

[23] 王新才,吕元智. 国内外政府信息资源管理绩效评估研究现状及其发展趋势[J]. 图书情报知识, 2009(2): 40-48.

[24] 王协舟,陈艳红. 电子政务信息资源建设绩效评估研究——体系构想与保障机制维度[J]. 档案学研究, 2004(6): 33-38.

[25] 褚峻. 关于电子政务评价标准化问题的探讨[J]. 电子政务, 2008(6): 69-74.

[26] 唐重振. 试论电子政务信息服务绩效评估的价值取向[J]. 现代情报, 2007(4): 11-13.

[27] 周伟,韩家勤. 政府信息服务绩效测评的深层结构——测评价值取向的内涵、功能及定位探索[J]. 情报杂志, 2008(12): 20-22.

[28] 彭海艳,王协舟. 政府信息资源公共获取绩效评估研究、研究意义与基本思路[J]. 现代情报, 2010(10): 5-8, 24.

[29] 杨畅,黄菊. 电子公务信息资源共建与共享绩效评估[J]. 中国行政管理, 2008(S1): 86-88.

[30] 周亮. 中国政府网站绩效评估模式探讨及发展情况[J]. 电子政务, 2010(2): 35-40.

[31] 王欢喜. 基于利益相关者理论的政府信息公开绩效评价模式研究[J]. 情报科学, 2013(5): 46-50.

[32] 王协舟,彭海艳. 政府信息公共获取绩效评估主体多元化研究[J]. 档案学研究, 2011(4): 59-62.

[33] 王新才,吕元智. 政府信息资源管理效益审计标准研究[J]. 图书情报工作, 2009(11): 127-130.

[34] 唐重振. 试论电子政务信息服务绩效评估体系构建[J]. 情报杂志, 2007(7): 77-80.

[35] 张研,何振. 电子政务信息服务绩效评价指标体系的构建[J]. 图书馆理论与实践, 2010(2): 46-49.

[36] 周伟,叶常林,韩家勤. 政府信息服务绩效评估指标体系的科学构建[J]. 图书情报工作, 2009(13): 139-142.

[37] 周伟,李卫华. 应用于政府信息服务绩效测评的平衡记分卡模型分析[J]. 图书情报工作, 2009, 53(3): 119-122.

[38] 郑方辉,卢扬帆. 《政府信息公开条例》绩效评价体系及其实证研究[J]. 北京行政学院学报, 2014(6): 20-25.

[39] 刘磊,邵伟波. 公众参与视角下基于模糊层次分析法的政府信息公开绩效评估研究[J]. 情报理论与实践, 2014(3): 73-78.

[40] 刘强,甘仞初. 政府信息资源开发利用的综合评价模型与实证[J]. 北京理工大学学报, 2005(11): 87-91.

[41] 宋航,曾军平. 重构政府信息技术管理绩效评估指标体系的思考[J]. 财政研究, 2013(8): 25-28.

[42] 寿志勤,郭亚光,代倩,等. 安徽省各级政府网站绩效评估与分析[J]. 电子政务, 2010(Z1): 138-153.

[43] 杨国栋, 张锐昕. 基于职能的政府网站绩效评估实证研究[J]. 电子政务, 2012 (12): 59-68.
[44] 欧阳峰, 欧阳仲航, 颜海. 政府机构网站信息公开实施情况的评估与分析——以广东省为例[J]. 情报杂志, 2015(4): 126, 139-144.
[45] 蔡晶波. 政府网站的服务性评估指标体系研究[D]. 长春: 吉林大学, 2013.
[46] 寿志勤, 曾攀攀, 张定明, 等. 政府门户网站"在线办事"绩效评估指标体系构造研究[J]. 电子政务, 2010, 31(3): 61-68.
[47] 王靓靓, 石磊, 张望. "以用户为中心"政府网站绩效评估指标体系研究——以郑州市政府网站为例[J]. 中国管理信息化, 2013, 11: 76-80.
[48] 王璟璇, 杨道玲. 基于用户体验的政府网站绩效评估、探索与实践[J]. 电子政务, 2014(5): 35-41.
[49] 龙怡. 中美省、州级政府门户网站绩效水平对比研究——基于改进的成本效益分析法[J]. 电子政务, 2012, 56(1): 130-135.
[50] 王芳, 王向女, 周平平. 地方政府网站信息公开能力评价指标体系的构建与应用[J]. 情报科学, 2011(3): 406-411.
[51] 张垚垚, 周俊杰. 国土资源政务信息网上公开指标体系研究[J]. 国土资源信息化, 2013(3): 19-22.
[52] 周鑫. 网络计量学视角下省级政府网站绩效评估的实证研究[J]. 情报探索, 2015(9): 134-139.
[53] 李海涛, 宋琳琳. 基于科学知识图谱的政府门户网站绩效评价研究[J]. 情报杂志, 2012(8): 138-145.
[54] 徐恩元, 李澜楠. 政府门户网站绩效评估研究综述[J]. 图书馆论坛, 2008, 28(26): 206-212.
[55] 陈艳红. 绩效评估之于电子政务信息资源建设——必要性、可行性以及基本构想[J]. 档案学通讯, 2004(3): 27-29.
[56] 倪星, 李晓庆. 试论政府绩效评估的价值标准与指标体系[J]. 科技进步与对策, 2004(9): 7-9.
[57] 周凯. 美国政府绩效评估制度研究[D]. 北京: 中共中央党校, 2006.
[58] 马费成, 宋恩梅. 信息资源管理[M]. 武汉: 武汉大学出版社, 2012.
[59] 蔡立辉. 政府绩效评估[M]. 北京: 中国人民大学出版社, 2012.
[60] 李成智, 周华. 美国电子政务绩效评估对我国的启示[J]. 电子政务, 2006(12): 68-73.
[61] 吕元智. 基于结果导向的政府信息资源管理效益审计模式分析[J]. 档案学通讯, 2009(2): 69-73.
[62] 沈颖. 政府绩效评估与绩效审计[J]. 中共四川省委党校学报, 2010(6): 43-45.
[63] 彭国甫. 地方政府绩效评估程序的制度安排[J]. 求索, 2004(10): 63-65.
[64] 范柏乃. 政府绩效管理[M]. 上海: 复旦大学出版社, 2012.
[65] 薛云海. 英国的政府绩效评估及其对我国的启示[D]. 济南: 山东大学, 2008.
[66] 盛明科. 政府绩效评估主体体系构建的问题和对策[J]. 吉首大学学报(社会科学版), 2009(3): 68-72.
[67] 周毅. 政府信息开放的标准研究[J]. 中国图书馆学报, 2005(5): 29-33.
[68] 桂晓玲. 政府信息开放的标准探析[J]. 科技情报开发与经济, 2006(4): 111-112.
[69] 肖卫兵. 论衡量政府信息公开的标准[J]. 情报理论与实践, 2005(4): 359-361.

[70] 王爱冬. 政府绩效评估概论[M]. 北京: 高等教育出版社, 2010.

[71] 薛刚, 薄贵利, 刘小康, 等. 服务型政府绩效评估结果运用研究: 现状、问题与对策[J]. 国家行政学院学报, 2013(2): 16-19.

[72] 李春, 刘期达. 论政府绩效评估中申诉机制的构建[J]. 湘潭大学学报(哲学社会科学版), 2005(5): 82-84.

[73] 王新才. 政府信息资源管理[M]. 北京: 科学出版社, 2011: 144.

[74] Micheal E W. Enemy at the gate: Threats to information security [J]. Communication of the ACM, 2003, 46 (8): 1-8.

[75] 胡涵景. 我国电子政务标准体系结构的研究[J]. 中国标准化, 2003(4): 21-23.

[76] 马殿富, 章晓杭. 政务信息资源目录体系和交换体系总体框架探讨[J]. 信息技术与标准化, 2005(11): 14-18.

[77] 唐珂. 电子政府信息服务的安全保障[J]. 档案学通讯, 2005(2): 62-64.

[78] 孙爱平, 王新才. 基于电子政务要求的政府信息安全分析[J]. 湖北档案, 2007(4): 12-15.

[79] Noel S, Jajodia S. Managing attack graph complexity through visual hierarchical aggregation[C]// ACM Workshop on Visualization and Data Mining for Computer Security, Washington D C, 2004: 109-118.

[80] 孙星. 澳大利亚信息安全保障体系建设及对我国的启示[J]. 信息安全与技术, 2011(9): 8-11.

[81] 姜志能. 基于电子政务发展要求的政府信息安全问题研究[D]. 南昌: 江西财经大学, 2012.

[82] 闫晓丽. 美国《联邦信息安全管理法》修订思路及启示[J]. 保密科学与技术, 2014(2): 46-49.

[83] 肖志宏, 赵冬. 美国保障信息安全的法律制度及借鉴[J]. 中国人民公安大学学报 (社会科学版), 2007(5): 54-63.

[84] 许玉娜. 联邦信息安全管理法案实施项目进展情况[J]. 信息技术与标准化, 2011(10): 34-39.

[85] 徐炎, 丰诗朵. 美国政府采购信息安全法律制度及其借鉴[J]. 法商研究, 2013(5): 136-143.

[86] 汪鸿兴. 英国信息安全法律保障体系及其启示[J]. 保密工作, 2013(7): 50-51.

[87] 陈旸. 欧盟网络安全战略解读[J]. 国际研究参考, 2013(5): 32-36.

[88] Pfleeger C P, Pfleeger S L. Security in Computing[M]. 3rd ed. Upper Saddle River: Prentice Hall, 2003: 5-8.

[89] 李明升. 解读美国政府信息安全报告及相关经验借鉴[J]. 信息网络安全, 2006(6): 58-59.

[90] 曾伟仪. 加强电子政务安全保障体系建设[J]. 电子政务, 2008(3): 84-88.

[91] Smith S, Jamieson R. Determining key factors in e-government information system security[J]. Information Systems Management, 2006, 23(2): 23-32.

[92] Paquette S, Jaeger P T, Wilson S C. Identifying the security risks associated with governmental use of cloud computing[J]. Government Information Quarterly, 2010, 27(3): 245-253.

[93] Wangwe C K, Eloff M M, Venter L. A sustainable information security framework for e-government-case of Tanzania[J]. Technological and Economic Development of Economy, 2012, 18(1):117-131.

[94] 上官晓丽，许玉娜. 国内外信息安全管理标准研究[J]. 信息技术与标准化, 2008(5): 12-16.
[95] 李晓玉. 国内外信息安全标准研究现状综述[J]. 信息安全与通信保密, 2009(8): 164-168.
[96] 许玉娜. 我国信息安全标准体系解析[J]. 保密科学技术, 2014(1): 17-20.
[97] 周鸣乐，董火民，李刚. 信息安全标准体系研究与分析[J]. 信息技术与标准化, 2008(4): 12-17.
[98] 赵战生. 国内外信息安全标准化建设现状与发展趋势[J]. 中国信息安全, 2012(5): 78-84.
[99] 孙迎春. 澳大利亚整体政府信息化治理[J]. 中国行政管理, 2014(9): 112-118.
[100] 杨碧瑶. 从"联邦信息安全管理法案"看美国信息安全管理[J]. 保密科学技术, 2012(8): 37-39.
[101] 李贺娟. 国外政府信息资源管理的标准建设及经验[J]. 档案建设, 2012(2): 18-21.
[102] 王鹏. 美国政府信息安全标准及其启示[J]. 保密工作, 2013(11): 37-39.
[103] 杨晨，杨建军，王惠莅. 美国国家标准和技术研究院标准化系列研究(一): NIST 信息安全标准化研究[J]. 信息技术与标准化研究, 2011(3): 48-51.
[104] 王惠莅，杨晨，张明天，等. 美国国家标准和技术研究院信息安全标准化系列研究(三): SP 800 系列信息安全标准研究[J]. 信息技术与标准化, 2011(5): 65-69.
[105] 杨晨，王惠莅，张明天. 美国国家标准和技术研究院标准化系列研究(二): FIPS 信息安全标准研究[J]. 信息技术与标准化研究, 2011(4): 40-44.
[106] Gil-García J R. Information technology policies and standards: A comparative review of the states[J]. Journal of Government Information, 2004(6): 548-560.
[107] 程万高. 政府信息资源开发利用[M]. 北京: 科学出版社, 2009.
[108] 张维华. 我国电子政务信息资源安全保障体系研究[J]. 图书情报工作, 2007, 51(12): 77-80, 94.
[109] 张晓原. 中外电子政务信息安全管理对比研究[D]. 成都: 西南交通大学, 2012.
[110] 孙立立. 美国信息安全战略综述[J]. 信息网络安全, 2009(8): 7-10.
[111] The White House. The comprehensive national cybersecurity initiative [EB/OL]. [2018-11-20]. https://obamawhitehouse.archives.gov/issues/foreign-policy/cybersecurity/national-initiative.
[112] 旷野，闫晓丽. 美国网络空间可信身份战略的真实意图[J]. 信息安全与技术, 2012, 3(11): 3-6.
[113] 中国信息通信研究院. 美国白宫《网络安全国家行动计划》(2016 年 2 月)[EB/OL]. [2016-03-18]. http://www.cctime.com/html/2016-2-18/1138804.htm.
[114] National Institute of Standards and Technology. National centers of academic excellence in cybersecurity[EB/OL]. [2018-11-20]. https://www.nist.gov/sites/default/files/documents/2018/11/14/nice_cae_print_11_6_2017.pdf.
[115] 张晓娟，张梦田. 西方国家政府信息资源互操作性标准体系研究[J]. 情报资料工作, 2015(3): 42-48.
[116] 国家信息技术安全研究中心. 美国信息安全标准化组织体制研究[J]. 网络信息安全, 2009(8): 16-19.
[117] American National Standards Institute. ANSI web store: Government information security standards [EB/OL]. [2018-08-20]. https://webstore.ansi.org/Search/Find?in=1&st=+information++security.

[118] NIST Office of the Director. NIST information quality standards [EB/OL]. [2018-08-20]. http://www.nist.gov/director/quality_standards.cfm.

[119] National Institude of Standards and Technology. NIST SP 800 [EB/OL]. [2018-08-20]. https://csrc.nist.gov/publications/sp800.

[120] Australian Government. Australia's cyber security strategy [EB/OL]. [2018-08-20]. https://www.pmc.gov.au/sites/default/files/publications/australias-cyber-security-strategy.pdf.

[121] The Department of Finance. Australian public service ICT strategy 2012-2015 [EB/OL]. [2016-03-18]. https://www.finance.gov.au/archive/policy-guides-procurement/ict_strategy_2012_2015/.

[122] Department of Finance and Deregulation (Australia).Australian government data centre strategy 2010-2025 [EB/OL]. [2016-03-18].https://apo.org.au/node/20772.

[123] Australian Government.The coalition's policy for e-government and the digital economy [EB/OL]. [2018-10-20]. https://lpaweb-static.s3.amazonaws.com/Coalition%27s%20Policy%20for%20E-Government%20and%20the%20Digital%20Economy.pdf.

[124] CIO Australia Group. AGIMO releases big data strategy [EB/OL]. [2018-10-20].https://www.cio.com.au/article/522788/agimo_releases_big_data_strategy/.

[125] Wikipedia. Australian Government Information Management Office [EB/OL]. [2018-10-20]. https://en.wikipedia.org/wiki/Australian_Government_Information_Management_Office.

[126] Australian Signals Directorate. About Australian Cyber Security Centre(ACSC)[EB/OL]. [2018-10-20]. https://www.cyber.gov.au/about.

[127] The Department of Finance. Identity management for Australian government employees (IMAGE) [EB/OL]. [2018-10-20]. https://www.finance.gov.au/archive/policy-guides-procurement/ authentication-and-identity-management/image-framework/.

[128] Official Website of the Department of Homeland Security. Homeland security presidential directive 7: Critical infrastructure identification, prioritization, and protection [EB/OL]. [2018-01-20]. https://www.dhs.gov/homeland-security-presidential-directive-7.

[129] Official Website of the Department of Homeland Security. Homeland security presidential directive 12: Policy for a common identification standard for federal employees and contractors[EB/OL]. [2018-01-20]. https://www.dhs.gov/homeland-security-presidential-directive-12.

[130] National Institute of Standards and Technology. FIPS 201-2 personal identity verification(PIV) of federal employees and contractors [EB/OL].[2018-08-20]. https://csrc.nist.gov/publications/detail/fips/201/2/final.

[131] National Institute of Standards and Technology. FIPS 199 standards for security categorization of federal information and information systems [EB/OL].[2018-10-20]. https://csrc.nist.gov/publications/detail/fips/199/final.

[132] Australian Government. Australian government cloud computing policy [EB/OL].[2018-03-18]. https://www.finance.gov.au/sites/default/files/australian-government-cloud-computing-policy- 3.pdf.

[133] Australian Government. Community cloud governance-better practice guide [EB/OL]. [2016-03-18]. https://www.finance.gov.au/blog/2012/08/01/final-release-community-cloud-governance-better-practice-guide/.
[134] Australian Government. A guide to implementing cloud services [EB/OL].[2016-03-18]. https://www.finance.gov.au/files/2012/09/a-guide-to-implementing-cloud-services.pdf.
[135] Australian Government. Resource management guide No. 406: Australian government cloud computing policy[EB/OL].[2018-10-20].https://www.finance.gov.au/sites/default/files/Resource%20Management%20Guide%20406%20Australian%20Government%20Cloud%20Computing%20Policy_0.pdf.
[136] 许玉娜, 罗锋盈. 我国信息安全标准体系解析[J]. 保密科学技术, 2014(1): 17-20.
[137] 全国信息安全标准化技术委员会. 全国信息安全标准化技术委员会机构设置[EB/OL]. [2018-10-16]. https://www.tc260.org.cn/front/tiaozhuan.html?page=/front/gywm/jgsz_Detail.
[138] 国家电子政务标准化项目工作组. 电子政务标准化指南 第 6 部分: 信息安全[EB/OL]. [2018-10-16]. https://wenku.baidu.com/view/a05dc948e518964bcf847cc0.html.
[139] 全国信息安全标准化技术委员会. 标准查询[EB/OL]. [2018-10-16].https://www.tc260.org.cn/front/bzcx/zhcx.html.
[140] 周晓平. 我国电子政务标准研究[J]. 电子政务, 2010(9): 73-78.
[141] 王霄. 安全电子政务的构建及其安全策略的博弈分析[D]. 上海: 上海交通大学, 2008.

第 7 章 数据开放背景下的政府信息资源管理标准化

政府数据开放已在世界范围内广泛开展，各国政府在数据开放模式、路径、法规政策等方面各具特色。本章分析基于国际评估体系的各国政府数据开放的模式与路径选择，重点研究提升我国政府数据开放的路径；并基于流量与链接特征对国际政府开放数据网站的影响力进行分析。

7.1 基于国际评估体系的政府数据开放模式与路径分析

自 2009 年奥巴马签署《开放透明政府备忘录》(*Memorandum on Transparency and Open Government*) 以来，世界范围内掀起了一股开放政府数据的热潮。在 2011 年 9 月的联合国大会上，菲律宾、南非、英国、美国等八个国家签署了《开放政府宣言》(*Open Government Declaration*)，成立了开放政府联盟 (Open Government Partnership，OGP)[1]，标志着开放政府数据活动进入新的阶段。到目前为止，OGP 已拥有 99 个成员国，其分布在地理位置上以欧洲、美洲、大洋洲最为密集，在经济发展水平上以发达国家为主，包含许多发展中国家[2]。

与开放政府数据活动相对应，对开放政府数据的评估工作也在近几年陆续展开。影响力较大的评估项目包括全球开放数据指数、开放数据晴雨表、联合国的电子政务发展调查等，而随着评估结果的公布，我国政府数据开放的成就、问题及其在国际上所处的地位也逐渐呈现出来。在此背景下，如何提升我国政府数据开放的水平，其开放模式和提升路径如何选择，也成了具有较强现实意义的课题。

7.1.1 全球政府数据开放发展的现状与特征

1. 国际开放数据评估体系指标分析

根据开放知识基金会的定义，开放政府数据是指由政府、政府委托或控制的实体产生的能被任何人自由地利用、再利用和再分配的数据[3]。数据的"真正开放"的特征主要包括[4]：①在线获取，以适应更广的用户范围和更多的利用方式；②开放许可，以使任何人均可利用与再利用数据；③可机读，以使数据可以以更高效的方式被分析和利用；④量级获取，以使数据可以以一个集合被下载和更简便地被机器分析；⑤免费获得，以使数据更广泛地被利用。

目前在全球范围内有众多组织对开放政府数据进行了评估或对评估方法进行了讨论，包括世界银行、联合国、开放知识基金会、万维网基金会等。表 7-1 对这些组织及其评估项目进行了总结。

表 7-1　世界范围内的开放政府数据评估组织及其评估项目总结

评估主体	评估项目	评估开始时间/年	已评估次数/次	评估频率	备注
世界银行	开放数据准备度评估	2013	—	—	该评估是其开放政府数据工具的一个组成部分
联合国	开放政府数据调查	2014	2	两年一次	该调查属于联合国电子政务调查报告的一部分
开放知识基金会	全球开放数据指数	2013	4	一年一次	针对数据集的评估
万维网基金会	开放数据晴雨表	2013	5	一年一次	包含准备度、执行度和影响力三个方面

1) 开放数据准备度评估

世界银行的开放数据准备度评估是世界银行开放政府数据工具 (open government data toolkit) 中的一部分，目的是使政府或单个机构能够对其开放数据评估、设计和实施行动准备度进行一个以行动为导向的评估。由于采用的是申请评估的方式，评估项目并没有全球范围内的评估结果数据。

2) 开放政府数据调查

联合国开放政府数据调查是其每两年发布的《联合国电子政务发展报告》的一部分，自 2014 年开始，已进行了两次。在开放政府数据调查中，并没有完全精确的数值计算，而是对各国的信息法律制度、技术水平以及公民社会的响应等不同维度开展的实证调查[5]。

3) 全球开放数据指数

开放知识基金会的全球开放数据指数主要是针对数据集的调查，从 2013 年开始，目前共发布了四次评估结果。2013 年和 2014 年的评估数据集是相同的，包括国家统计数据、政府预算、法律、选举结果、国家地图、污染物排放、地理位置数据、政府开支、公司注册、公共交通时间表。2015 年虽然收集了公共交通时间表数据集的数据，但未做最终评估，并增加了采购招标、天气预测、水质、土地所有权四个数据集。2016 年法律数据集变更为国家法律，同时增加了起草法案数据集，采购招标数据集改为采购数据集，此外，不再对污染物排放进行评估，而增加了行政边界和空气质量数据集，共15个数据集。表7-2显示了全球开放数据指数四次调查所包含的数据集。

表7-2　2013~2016年全球开放数据指数评估数据集

2013年	2014年	2015年	2016年
国家统计数据	●	●	●
政府预算	●	●	●
法律	●	●	国家法律
选举结果	●	●	●
国家地图	●	●	●
污染物排放	●	●	行政边界
地理位置数据	●	●	●
政府开支	●	●	●
公司注册	●	●	●
公共交通时间表	●	采购招标	采购
		天气预测	●
		水质	●
		土地所有权	●
			起草法案
			空气质量

注：●表示评估的数据集与上一年相同

对于数据集的评价维度，全球开放数据指数在前三年内保持一致，均从数据集是否存在、开放许可、可机读、免费获取、量级获取、更新、在线获取、数字格式、公共获取九个方面进行评价。2016年的计分评估问题取消了数据集是否存在、量级获取、在线获取和数字格式，增加了即时下载，最终共六个评估问题。

4) 开放数据晴雨表

开放数据晴雨表是万维网基金会的一个开放政府数据评估项目。截至2018年，开放数据晴雨表一共发布了五个版本的报告，前四版为《全球开放数据晴雨表报告》，覆盖国家从2013年的70个增加到2016年的115个。2018年发布的领导型报告是针对30个政府数据开放领导型国家的报告，不包含全球范围的评估结果。

针对前四版《全球开放数据晴雨表报告》，开放数据晴雨表对于开放政府数据的评估主要包括三个方面：准备度、执行度和影响力。其中，准备度反映了政府对开放数据行动的准备程度如何，制定了哪些政策；执行度反映了政府是否将其承诺兑现；影响力反映了政府开放数据是否以能够带来现实利益的方式被使用。表7-3展示了2013~2016年开放数据晴雨表的评估指标变化，2016年的指标与2015年相比没有变更。在具体的评估指标上，2015 年起，准备度包括政府行动、政府政策、公司和企业、公民和社会团体四个方面，共 14 个评估问题。执行度即对数据集的评估，开放数据晴雨表评估了三类数据集，创新型数据集包括地图数据、公共交通时间表、犯罪统计、国际贸易数据、公共合同，社会政策数据集包括健康部门表现、中小学教育表现数据、国家环境数据、国家统计，问责型数据集包括土地所有权数据(2014 年归类到问责型数据集)、法律、国家选举结果、政府细节预算、政府开支细节数据、公司注册，共计 15 个数据集。在影响力方面，包括政治影响、经济影响和社会影响三个方面，共 6 个评估问题。

表 7-3　2013~2016 年开放数据晴雨表评估指标变化

指标	子指标	评估问题/评估数据集			
		2013 年	2014 年	2015 年	2016 年
准备度	政府*	国家政府行动计划(INIT)	●	●	●
		地方开放政府数据行动(CITY)	●	●	●
		在线服务指数(OSI)	●	●	●
	公民和社会团体	信息权利(RTI)	●	●	●
		个人数据保护框架(DPL)	●	●	●
		政治与公民自由(FH)	●	●	●
		技术智力支持(CSOC)	●	●	●
	公司和企业	教育培训(TRAIN)	●	●	●
		政府支持(SUPIN)	●	●	●
		百人互联网用户数(NETUSERS)	●	●	●
		企业技术吸收水平(GCI)	●	●	●
	政府政策	政府政策(POLI)			●
		政府管理(MANAG)			●
		ICT 重视程度(GITR)			●
执行度	创新型数据集	地图数据	●	●	●
		公共交通时间表	●	●	●
		犯罪统计数据	●	●	●
		国际贸易数据	●	●	●
		公共合同		●	
	社会政策数据集	健康部门表现	●	●	●
		中小学教育表现数据	●	●	●
		国家环境数据	●	●	●
		人口普查细节数据	●	国家统计(人口、失业率、GDP 等)	
		土地所有权数据	●		
	问责型数据集	土地所有权数据		●	●
		法律	●	●	●
		国家选举结果	●	●	●

续表

指标	子指标	评估问题/评估数据集			
		2013 年	2014 年	2015 年	2016 年
执行度	问责型数据集	政府细节预算	●	●	●
		政府开支细节数据	●	●	●
		公司注册	●	●	●
影响力	政治	政府效率效能(GOV)	●	●	●
		政府透明度(ACCOUNT)	●	●	●
		环境可持续(ENV)	●	●	●
	社会	边缘人群的政策制定与政府服务(INC)	●	●	●
		经济影响(ECON)	●	●	●
	经济	企业利用(ENTR)	●	●	●

注：●表示评估的数据集与上一年相同；*表示 2013 年和 2014 年的"政府"子指标在 2015 年改为"政府行动"子指标

2013~2016 年，开放数据晴雨表的评估指标相对稳定。考虑到透明的合同数据能在公共招投标中产生更具竞争力的环境的潜力[6]，2014 年在执行度中增加了公共合同数据集。为了评估政府对《国际开放数据宪章》原则的执行情况，2015 年新增了一项"政府政策"指标，包含政策、管理与 ICT 重视程度三个方面。

与全球开放数据指数一样，开放数据晴雨表同样采用问题的方式进行数据集的评估，主要考察数据是否存在、在线获取、机读格式、量级获取、免费获取、开放许可、更新、数据集报告连续性、数据集信息获取简易性、数据关键元素的链接提供十个方面，2016 年量级获取被替换为整体利用，用来考察可机读格式数据和可重复利用数据是否可以被整体利用。

根据全球开放数据指数和开放数据晴雨表的评估指标可以看出，数据集评估是开放政府数据评估的重点内容。全球开放数据指数的评估内容与开放数据晴雨表中执行度的评估内容在本质上是相同的，这也间接说明了数据集评估在开放政府数据评估中的重要地位。从被评估的数据集内容来看，其基本都以政府、企业和社会的利用以及增加政府透明度为导向。全球开放数据指数和开放数据晴雨表进行评估的数据集(以 2016 年为例) 均包括了政府预算、公司注册、国家地图数据、选举结果、国家环境数据(污染物排放、空气质量、水质)、国家法律、土地所有权、政府开支数据等。从数据集被评估的维度来看，其重点是确保数据的"真正开放"，这与开放知识基金会给出的开放政府数据定义相契合，四年来两个评估项目均评估过数据集是否存在、在线获取、机读格式、量级获取、免费获取、开放许可、更新这几个维度。

开放政府数据评估体系的发展整体以利用和增加政府透明度为导向，呈现出精细化和扩展化的趋势。在宏观层面，开放政府数据的评估不仅局限于现有的数据集状态，还向前延伸到对准备度的评估，向后延伸到对影响力的评估。准备度、执行度和影响力三者在逻辑上具有较强的关联性，也可以从评估的具体结果中反映出来。在微观层面，两个评估项目的指标均随时间变化不断增加。随着社会的不断发展，对政府数据需求的不断提升，开放政府数据评估更加细化到经济社会生活的各个方面，也更加注重从公众利用角度选择评估范围。

2. 全球政府数据开放的现状

目前全球政府数据开放活动正在不断扩展，在国际评估体系中表现为国家样本量的增加和覆盖区域的拓展。2013～2015 年全球开放数据指数和开放数据晴雨表评估的国家及地区均不断增加，2015 年全球开放数据指数评估了 122 个国家及地区，开放数据晴雨表评估了 92 个国家及地区。但 2016 年全球开放数据指数的评估国家及地区骤减至 94 个，包括我国在内的很多国家不再参与评估，而开放数据晴雨表则继续增长至 115 个国家，覆盖的区域也不断拓展，包含了欧洲、北美洲、东亚及太平洋地区等 7 个区域。

各国政府都在积极开展政府数据开放，但目前全球的总体水平较低。通过 2013～2016 年全球开放数据指数和开放数据晴雨表平均值的变化，可以考察全球政府数据开放的总体发展水平(图 7-1)。

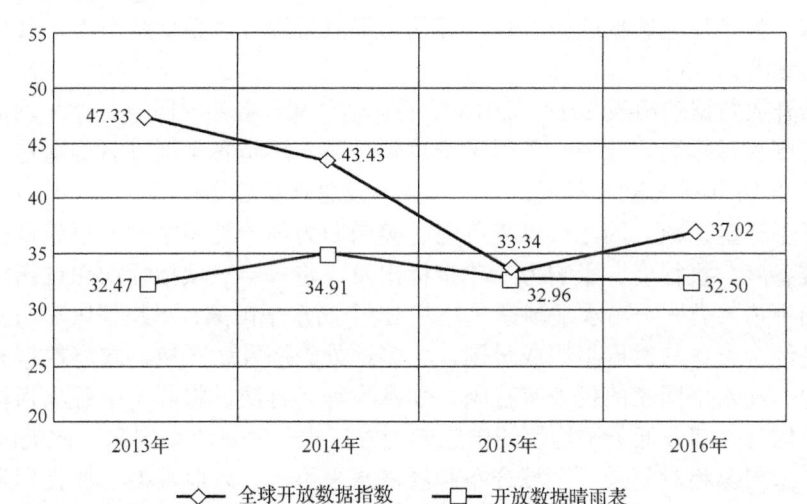

图 7-1　2013～2016 年全球开放数据指数与开放数据晴雨表全球平均水平统计图
全球开放数据指数平均值的单位为百分比

2013 年以来，两个国际评估体系中的全球平均值都比较低，反映出全球政府数据开放的总体水平不高。全球开放数据指数的平均值前三年不断下降，这与国家样本量的快速增长有关。近年来不少国家开始进行政府数据开放工作，全球开放数据指数评估的国家也大幅增多，但很多国家还处于起步阶段，数据集开放程度不高，导致全球开放数据指数平均值下降。2016 年全球开放数据指数的评估样本量大幅减少，很多低水平国家不再参与评估，均值也相应提高。相对而言，开放数据晴雨表的评估国家数稳步增长，平均值变化也比较稳定，均值一直在 33 分左右。此外，两个评估体系近年来都进行了指标调整，评估指标的增加和细化对全球数据开放提出了更高的要求。

国际评估体系中的全球平均值受到诸多因素的综合影响，国家样本量的变化、指标的调整都会造成平均值的变化，所以全球平均值的下降并不能准确代表全球政府数据开放水平的降低。但可以确定的是，全球政府数据开放的总体水平还比较低，低水平国家较多，无法在受外界因素影响的同时带动全球平均水平快速增长。同时，开放的数据集还存在开放程度不够高的问题，2016 年全球开放数据指数显示评估国家及地区的数据集开放程度达 12%，而开放数据晴雨表的评估结果显示仅有 7% 的数据集是"真正开放"的，大部分开放数据集还不符合开放数据的定义，还没有达到国际开放数据评估体系的要求。

虽然全球政府数据开放的总体水平不高，但已经有部分区域和国家取得了不错的成果，尤其是在欧洲、北美地区，不少国家都形成了良好的政府数据开放实践。通过分层聚类分析，可以依据开放数据晴雨表 2013~2016 年四次评估的评估结果将参评的 115 个国家分为四类：①卓越型国家；②高水平国家；③进步型国家；④低水平国家。为了保证数据的一致性，评估结果只采用开放数据晴雨表，其他评估体系仅作为参考。

根据开放数据晴雨表 2013~2016 年的评估结果，将各国四年总体平均成绩进行排序，得到总体排名。首先，英国无论总体排名，还是各年度排名均遥遥领先，而美国除了 2016 年排名略有降低，前三年排名及总体排名均位居第二，并且与第三名之间拉开了一定差距，因此可以将英国、美国归为第一类国家——卓越型国家。其次，从准备度、执行度、影响力三项指标出发，将每年三项指标均超过指标平均值的国家归为第二类——高水平国家，共有 18 个高水平国家，卓越型国家与高水平国家全部是经济合作与发展组织成员国，大多地处经济发达区域，政府数据开放发展均衡稳定。高水平国家的代表有法国、加拿大等。再次，将四年中各项指标成绩部分超过平均值、部分低于平均值的国家归为第三类——进步型国家，此类国家有 53 个。进步型国家相对复杂，区域分布和经济水平不一，政府数据开放指标发展不均衡、动态发展不稳定，代表国家有肯尼亚等。最后一组是四年来每项指标均低于平均值、发展相对落后的国家——低水平国家，此类国家有 42 个，低水平国家大多仍处于起步阶段，代表国家有哈萨克斯坦等。

开放数据晴雨表在 2014 年根据准备度和影响力两项指标，也将当年参评的 86 个国家分为四类：①高能力国家；②新兴与进步国家；③能力受限的国家；④单方面举措的国家[5]。对比两组国家分类发现，上面分类的卓越型国家与高水平国家和开放数据晴雨表的高能力国家基本吻合，表明这部分国家在全球政府数据开放中处于明显的领先地位。

3. 全球政府数据开放发展的特征

1) 全球政府数据开放的指标关联性

世界银行的开放数据准备度评估仅针对准备度，全球开放数据指数仅针对执行度，而开放数据晴雨表的评估指标包括准备度、执行度和影响力，包含的内容最为广泛，涉及数据开放的各个阶段。笔者经研究发现，准备度、执行度、影响力三个指标之间存在着相互促进、相互影响的关联性，反映了全球政府数据开放指标均衡性的要求。

开放数据晴雨表的指标关联性主要体现在充分的准备度能为执行度的实施奠定良好的基础，执行度中数据集的开放程度越高，则影响力越早显现，而高影响力又能促进准备度和执行度的提高，形成一个良性循环。目前国际上大部分国家仍处于数据开放起步阶段，没有形成成熟的阶段循环，所以指标的关联性主要体现在卓越型国家和高水平国家当中。这部分国家一般三项指标发展均衡，尤其是影响力已经脱离普遍低分的现状，影响力的反馈作用促进前两个指标的继续发展，从而使综合实力在国际上保持优势。

(1) 准备度与执行度之间的高度关联性。综合 2013~2016 年的评估结果，笔者发现开放数据晴雨表的指标评估结果中，准备度平均水平好于执行度平均水平，也好于影响力的平均水平，而且影响力水平目前普遍较低。因此，准备度与执行度的关联性最为明显，图 7-2 为 2016 年准备度与执行度评估结果散点图。

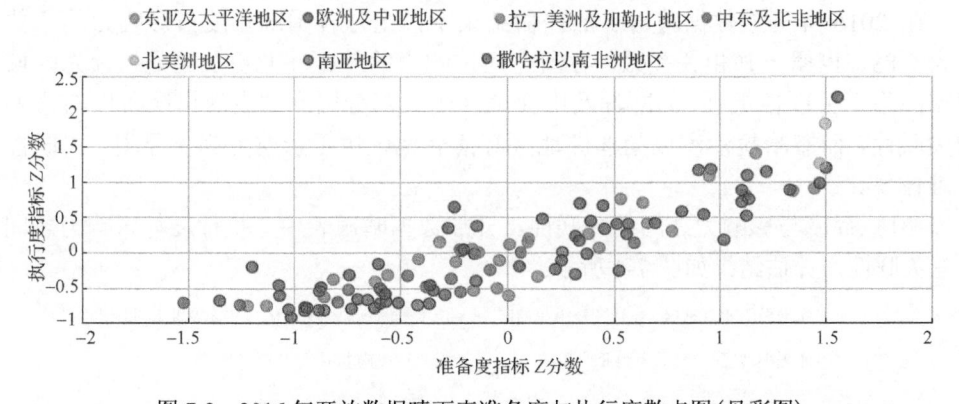

图 7-2　2016 年开放数据晴雨表准备度与执行度散点图（见彩图）

笔者根据开放数据晴雨表的数据处理方法，对各项子指标得分进行 Z 分数转换，得到三项指标的标准化数据。由图 7-2 可见，2016 年全球各国的准备度与执行度之间存在明显的正相关关系，相关系数为 0.86，属于强相关关系。2013~2016 年的评估结果中，准备度与执行度的相关系数一直是最高的，2015 年相关系数达到 0.92，可以说明准备度与执行度两项指标之间存在高度关联性。图 7-2 按颜色区分全球各个区域，总体水平较高的欧洲及中亚地区、北美洲地区等区域的国家起步较早，在准备度和执行度中有一定表现，因此指标关联性更加明显。

(2)准备度与影响力之间的关联性。虽然目前全球政府数据开放的影响力普遍偏低，但是指标之间的关联性仍然存在，准备度和执行度都与影响力存在关联性。根据2014年《全球开放数据晴雨表报告》，开放数据的影响力不仅来源于数据集的开放，更多地依赖于构成政府数据开放计划的国家整体实践。2014年的评估结果显示，准备度与影响力的相关系数为0.86，执行度与影响力的相关系数为0.76。也就是说，相较于执行度而言，影响力与前期的准备度之间存在更强的关联性。2016年准备度与影响力的评估结果如图7-3所示。

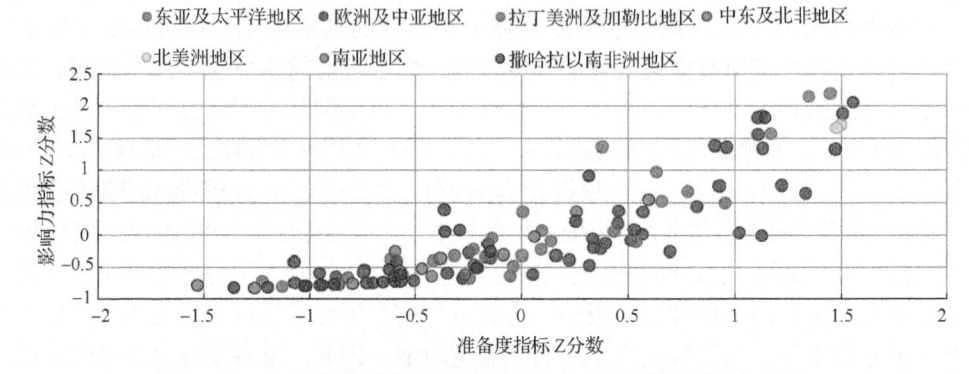

图7-3　2016年开放数据晴雨表准备度与影响力散点图（见彩图）

在2016年开放数据晴雨表的评估结果中，全球各国准备度与影响力的相关系数为0.83，也属于强相关关系。各国之间影响力的差距在此更加明显，领先区域和国家的指标关联性更强，如欧洲及中亚地区的大部分国家都表现出准备度与影响力的关联性，而撒哈拉沙漠以南非洲地区等落后地区由于影响力尚未显现，关联性则很难体现。

(3)执行度与影响力之间的关联性。开放数据晴雨表中，执行度与影响力之间也存在关联性，评估结果如图7-4所示。

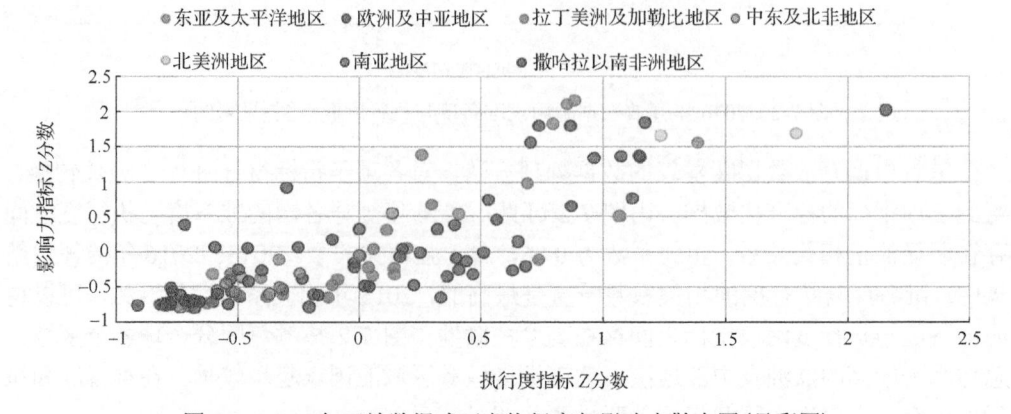

图7-4　2016年开放数据晴雨表执行度与影响力散点图（见彩图）

2016 年全球各国执行度与影响力指标得分的相关系数为 0.79,弱于准备度与影响力之间的相关度,与 2014 年报告中的结论仍然一致,执行度与影响力的关联性弱于准备度与影响力的关联性。不仅执行度与准备度高度关联,影响力也更多地取决于准备度,可见准备度是政府数据开放的基础,提高准备度有利于国家政府数据开放的总体进步。

开放数据晴雨表的指标存在关联性,尤其是准备度与执行度之间关联性最高。准备度、执行度和影响力的关联性反映出对指标均衡发展的要求,通过指标间的相互促进可以帮助政府数据开放进入良性循环,保持政府数据开放的持续进步。

2) 全球政府数据开放的区域不平衡性

目前各国政府数据开放发展差距很大,区域不平衡性是全球政府数据开放的重要特征。卓越型国家与高水平国家多来自欧洲、北美地区,在国际开放政府数据评估的排名中,前十名几乎都是欧洲和北美地区的国家,其中,开放数据晴雨表前十名均为经济合作与发展组织成员国,但同时中亚、非洲地区的部分国家仍未起步,区域发展存在不平衡性。

从图 7-5 可以发现两个评估体系的全球成绩方差总体均呈现上升趋势,开放数据晴雨表的方差比较稳定,前三年有持续的小幅上升,全球开放数据指数则在 2016 年出现较大变化。这说明全球评估成绩的离散程度不断扩大,各国政府数据开放发展水平的差距正在不断拉大。从对数据集的评估来看,开放数据晴雨表 2015 年的《全球开放数据晴雨表报告》曾指出,46%的开放数据集来自排名前十的国家,为经济合作与发展组织成员国,其他国家的开放数据集很难符合"真正开放"的定义,开放程度还远远不够。

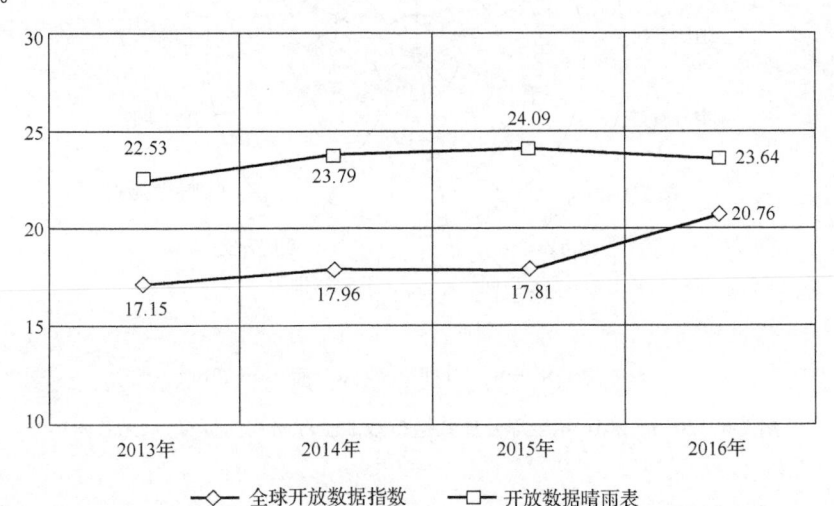

图 7-5 2013~2016 年全球开放数据指数和开放数据晴雨表全球成绩方差统计图

区域不平衡性是当前全球政府数据开放的显著特征。卓越型国家与高水平国家起步较早,很多国家已经步入三项指标均衡发展的良性循环;而包括中国在内的多数国家起步较晚,指标发展不均衡,在国际开放政府数据评估中相对落后。

3)全球政府数据开放的指标不均衡性

除了区域发展的不平衡性,各评估体系的评估指标也存在发展不均衡的现象。相较于开放数据晴雨表中指标的关联性,指标的不均衡性则更为普遍,在多个评估体系中均有体现。

全球开放数据指数针对国家级门户网站的开放数据集进行评估,各项数据集开放程度的不同显示出指标的不均衡性(图 7-6)。从评估结果看,开放程度较高的数据集有国家统计数据、政府预算、法律和选举结果,而政府开支、土地所有权和水质的开放程度较低,其中政府开支数据集作为四年都有评估的数据集,开放程度逐年降低。

开放数据晴雨表的指标体系变化不大,相对稳定,但也存在不均衡性,由于开放数据晴雨表的指标是按照政府数据开放的发展阶段制定的,从动态发展趋势上整体呈现出指标的不均衡性(图 7-7)。

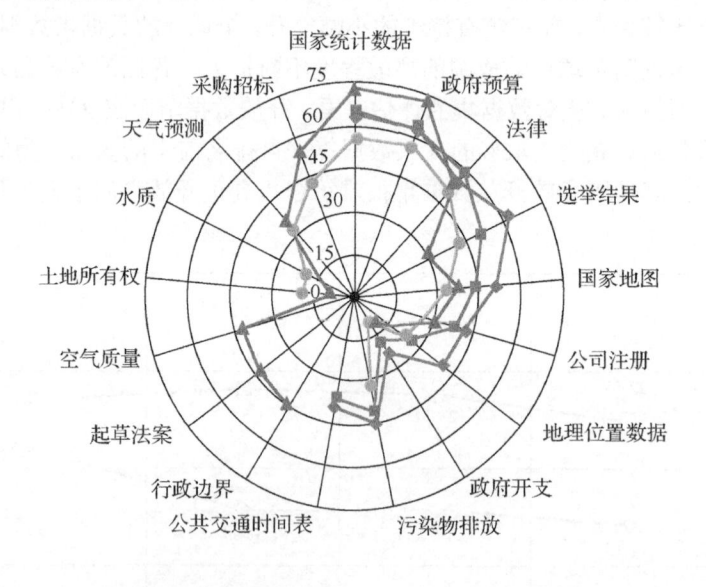

图 7-6 2013~2016 年全球开放数据指数的全球平均指标得分(见彩图)

第7章 数据开放背景下的政府信息资源管理标准化

图 7-7 2013～2016 年开放数据晴雨表全球平均指标得分及方差

从指标角度看，全球范围内准备度平均水平好于执行度和影响力。由于开放数据晴雨表的指标存在阶段特性，各国发展阶段不同，指标总体发展不均衡。从时间角度看，2015 年起很多指标有所下降，其中准备度下降幅度较大。2015 年开放数据晴雨表新增了一项准备度子指标"政府政策"，导致准备度的下降。这再次证明指标的细化是国际开放政府数据评估的趋势，对全球各国政府数据开放提出了更高的要求。

此外，本书还统计了 2013～2016 年开放数据晴雨表的指标得分方差，与区域发展不均衡性不同，指标发展的方差四年来不断下降，这说明指标间的离散程度在降低，指标发展越来越均衡。2016 年虽然准备度和执行度仍有小幅下降，但影响力已经开始回升，与前两者的差距正在逐渐缩小。随着时间的推移，更多国家不再局限于制定政策，反而是执行度得到更好的落实，影响力开始逐渐显现。可以预见，按此趋势发展，除了卓越型国家与高水平国家，世界范围内会有更多国家形成准备度、执行度和影响力三者之间的良性循环，开放数据的发展将不断深化。

4. 我国政府数据开放的现状

我国目前在全球开放数据指数和开放数据晴雨表中的排名均比较靠后，在国家类别中，我国属于进步型国家，因为我国在 2014 年和 2016 年开放数据晴雨表评估中准备度超过了全球平均水平。具体得分及排名情况见表 7-4 和表 7-5。

表 7-4 2013～2016 年我国在开放数据晴雨表中排名情况

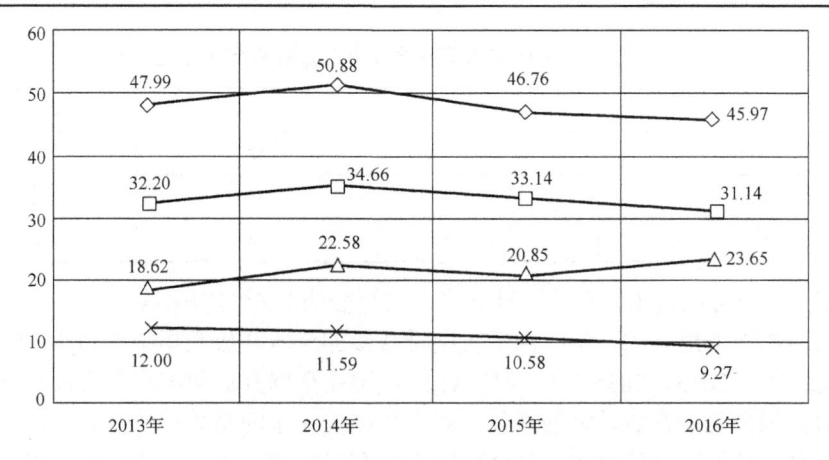

年份	排名	分数/分	准备度	执行度	影响力	排名变化
2013	61	11.82	42	9	0	—
2014	46	28.12	52	24	19	↑15
2015	55	21.16	45	15	8	↓9
2016	71	20.00	46	10	11	↓16

表 7-5　2013~2015 年我国在全球开放数据指数中排名情况

年份	排名	占比/%	排名变化
2013	38	42	—
2014	58	37	↓20
2015	93	18	↓35

从表 7-4 中可以看出，无论从准备度、执行度还是影响力来看，2014 年都是我国政府数据开放水平最高的一年；由于我国没有参加全球开放数据指数 2016 年的评估，表 7-5 仅统计了 2013~2015 年的评估结果，我国在全球开放数据指数方面呈现逐年下降的趋势。综合两个开放数据的评估体系中我国近几年的总体情况来看，我国政府数据开放的水平是呈下降趋势的，具体原因主要有三方面。第一，评估体系指标的细化与扩展。指标的细化与扩展对全球政府数据开放提出了更高的要求。2015 年开放数据晴雨表新增政府政策子指标，包含政府政策和政府管理两项评估问题，而我国在这两项的得分仅为 0 和 1（满分为 10），这是 2015 年我国准备度总体得分下降的主要原因。2015 年的全球开放数据指数评估体系新增了采购招标、土地所有权、水质及天气预测四个数据集，我国除采购招标这一数据集开放程度相对较高达到 45% 以外，其余三项得分分别为 5%、0%、0%，很大程度上拉低了我国政府数据开放的整体水平。第二，数据集开放程度下降。除了前面提到的新增数据集开放程度不高的问题，我国还存在着部分已有数据集开放程度下滑的问题。例如，在 2015 年的开放数据晴雨表中，健康部门表现、国家选举结果和国家环境数据三项数据集的开放程度均有所下降，其中健康部门表现和国家环境数据不再提供可机读格式、免费获取、按时更新等，而国家选举结果这一数据集在 2015 年不再开放。在全球开放数据指数的评估中也存在同样的问题，我国的地理位置数据和国家统计数据两项数据集在 2015 年不再开放。以上这些数据集开放程度下滑的问题都导致了我国政府数据开放总体水平的下降。第三，相对水平降低。无论在全球开放数据指数还是开放数据晴雨表中，其他国家政府数据开放水平迅速提高，其发展速度超过我国，也导致了我国排名的下降。而这一下降代表的是我国在全球范围内相对水平的降低，并不是绝对意义上的政府数据开放水平下降。举例来看，在全球开放数据指数中，我国的政府预算这一数据集在 2014 年、2015 年的得分均为 55%，但是排名从 43 跌至 49，原因就是 2014 年排名在我国之后的菲律宾、冰岛、斯洛伐克、阿曼等国家在 2015 年时这一数据集的开放程度超过了 55%，所以我国排名下滑。

对比可见，开放数据晴雨表的评估结果更新更及时，指标也更加全面，虽然作为评估政府数据开放的一项工具，其并不能完全准确地反映我国政府数据开放水平，但总体上仍具有参考意义，从表 7-4 可以看出我国在开放数据晴雨表的评估中排名相对落后。在评估指标中，三项指标只有准备度在 2014 年和 2016 年的评估中达到了全球平均水平，执行度和影响力指标则一直处于全球平均水平之下。开放数据晴雨表通过对具体问题打分进行评估，下面将根据 2016 年开放数据晴雨表的评估结果，分析我国在三项指标中得分较高与得分较低的子指标，同时参照前三次的评估数据，总结我国政府数据开放的已有成果和具体问题。

1) 我国政府数据开放的准备度现状

2013～2014 年开放数据晴雨表的准备度指标包括三项子指标，即政府、公民和社会团体、公司和企业，2015 年起政府子指标改为政府行动，并新增了政府政策子指标。准备度各项子指标的得分通过 14 个评估问题得出，对所有评估问题得分进行 Z 分数转换并求其均值即可得到准备度的总体得分。

从评估指标角度看，2016 年我国政府数据开放准备度中只有政府行动子指标超过亚太地区平均值，其余三项准备度子指标均落后于亚太地区均值，其中政府政策落后最多。这说明我国政府行动先于政府政策，在国家政府尚未正式出台政府数据开放的相关政策法规时，部分地方政府已经开始了政府数据开放工作。

从评估问题角度看，准备度评估的 14 项问题得分的排名区间如图 7-8 所示，黑色为我国在 115 个评估国家中所处的排名区间。其中我国得分较高、排名在前 20% 的有 3 项，包括 CSOC、CITY 和 GITR；得分较低、排名在 80% 之后的也有 3 项，包括 POLI、DPL 和 FH（中英文对照见表 7-3）。

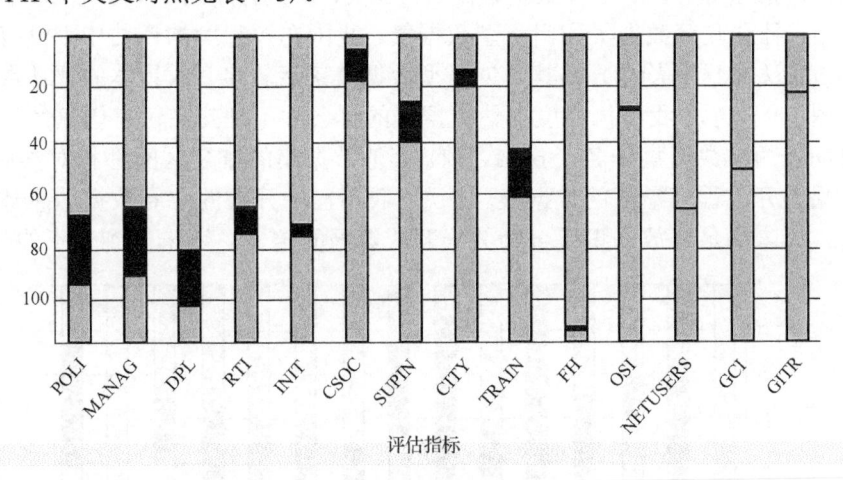

图 7-8　2016 年我国准备度评估问题排名区间图

在得分较高的评估问题中，CSOC 代表技术智力支持，是指"民间社会和信息技术专业人员在多大程度上参与到政府数据开放中？"总分为 10 分，我国得分为 8 分，排名在 4%～15%。CITY 代表地方开放政府数据行动，是指"城市、区域和地方政府在多大程度上开展自己的政府数据开放行动计划？"总分为 10 分，我国得分为 7 分，排名在 11%～17%。GITR 代表 ICT 重视程度，是指"信息通信技术对政府未来愿景的重要性",总分为10分,我国得分为4.69分,排名在18%~19%。可见我国社会公众或信息技术人员的参与程度较高,地方政府数据开放工作已有一定基础,政府对ICT也较为重视。在得分较低的评估问题中,POLI代表政府政策,是指"国家在多大程度上有明确的开放数据政策或战略?"总分为10分,我国得分为1分,即我国尚未在国家层面上提出明确的开放数据政策或战略;DPL代表个人数据保护框架,是指"在多大程度上有一个强有力的法律或监管框架来保护该国的个人数据?"总分为10分,我国得分为2分,可见我国在政府数据开放过程中对个人数据的保护还不够重视;最后FH代表政治与公民自由,是指"国家能在多大程度上保证政治自由与公民自由",总分100分,我国得分为16分,是排名最为落后的一项评估问题。

2) 我国政府数据开放的执行度现状

2013年开放数据晴雨表对世界各国15个数据集的开放程度进行评估(其中包括了"政府服务目录",但此数据集自2014年起,不再列为评估项),2014年起新增了"公共合同"数据集,并一直沿用。2016年增加"公职人员信息",但此前的2013年、2014年和2015年,这一数据集均未被列为评估项。因此,本节采用较通用的15个数据集来考察我国政府数据开放的执行度现状。

从评估指标角度看,15个数据集概括为3类,即执行度的3个子指标,包括创新型数据集、社会政策数据集和问责型数据集。我国在执行度的评估中,没有一项子指标超过亚太地区平均值,尤其是创新型数据集落后较多。从具体的评估数据集来看,如图7-9所示,我国执行度评估数据集的排名并不理想,仅有国家统计和公共交通时间表两项数据集排名在60%之前。其他数据集的排名区间都相对落后,国家选举结果是开放程度最低的数据集。这说明我国已经开放的政府数据的总体开放程度不高,尚未满足开放知识基金会关于开放数据的定义,还未做到真正的开放。

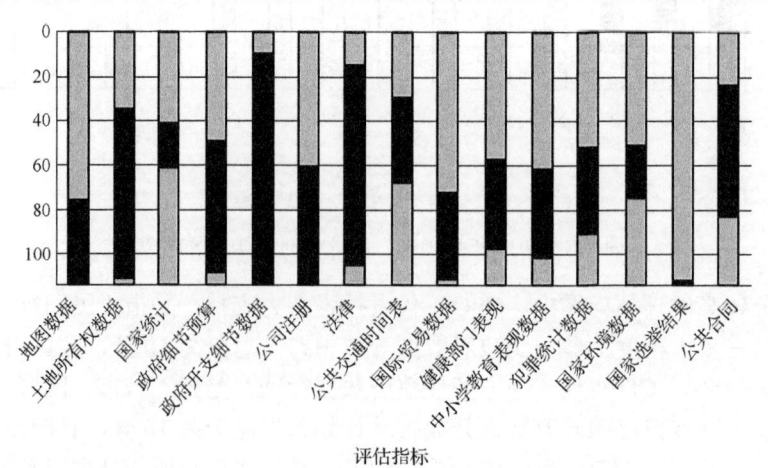

图7-9 2016年我国执行度数据集评估排名区间图

第 7 章　数据开放背景下的政府信息资源管理标准化

从评估问题角度看，我国开放的大部分数据集只解决数据集存在和可在线获取两个评估问题，并且所有数据集均不满足整体可用，不满足开放许可，也没有提供数据关键元素链接。如图 7-10 所示，除了国家统计，其他数据集的开放程度都不高。公共交通时间表虽然排名区间在 25%～59%，但得分不高，与高分国家差距较大，可见，不能仅通过数据集的排名情况理解我国的数据集开放程度，而是应该通过评估问题的通过与否来理解。

得分/分	地图数据	土地所有权数据	国家统计	政府细节预算	政府开支细节数据	公司注册	法律	公共交通时间表	国际贸易数据	健康部门表现	中小学教育表现数据	犯罪统计结果	国家环境数据	国家选举结果	公共合同
	5	5	65	15	5	5	15	15	15	15	15	15	15	0	15
数据集是否存在	■	■	■	■	■	■	■	■	■	■	■	■	■	■	■
在线获取	●	●	■	●	●	●	●	●	●	●	●	●	●	●	●
可机读格式	●	●	●	●	●	●	●	●	●	●	●	●	●	●	●
数据整体可用	●	●	●	●	●	●	●	●	●	●	●	●	●	●	●
免费获取	●	●	●	●	●	●	●	●	●	●	●	●	●	●	●
开放许可	●	●	●	●	●	●	●	●	●	●	●	●	●	●	●
是否更新	▲	▲	●	▲	●	▲	▲	▲	▲	▲	▲	▲	▲	●	▲
数据集报告连续性	●	●	■	●	●	●	●	●	●	●	●	●	●	●	●
数据集信息获取简易性	●	●	■	●	●	●	●	●	●	●	●	●	●	●	●
数据关键元素链接的提供	●	●	●	●	●	●	●	●	●	●	●	●	●	●	●

图 7-10　2016 年我国政府数据开放执行度评估结果
■ 代表"是"，● 代表"否"，▲ 代表"数据集更新不完整"

3）我国政府数据开放的影响力现状

开放数据晴雨表的影响力指标相对稳定，评估指标没有出现更新，主要从政治、经济和社会三个方面进行影响力的评估。

从评估指标看，我国政治、经济、社会影响力均未达到亚太地区平均值，其中经济影响力最低，这说明我国政府数据开放对经济发展产生的积极影响很小，企业也很难利用开放数据。从评估问题看，开放数据晴雨表的影响力评估包含 6 个评估问题，全球影响力总体水平较低，很多国家都存在多项评估问题 0 分的情况，因此虽然我国得分不高，但排名落差不是很大，排名区间如图 7-11 所示。

影响力评估问题的总分均为 10 分，2016 年我国的影响力评估问题中，ENTR 得分为 2 分，GOV、ENV 得分均为 1 分，ACCOUNT、INC、ECON 得分均为 0 分。在我国得分最低的三项评估问题中，INC、ECON 两项评估问题超过半数国家得分为 0 分，ACCOUNT 也有 39%的国家得分为 0 分，可见影响力低下不是我国独有的问题，而是全球普遍存在的问题。

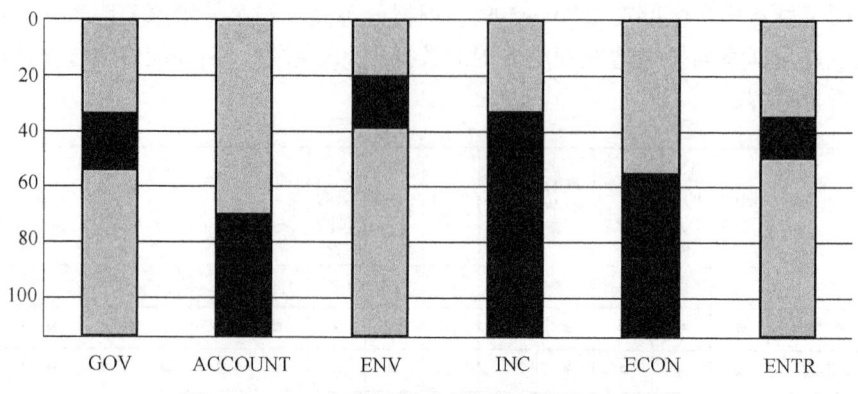

图 7-11　2016 年我国影响力评估问题排名区间图

综上，根据开放数据晴雨表的评估结果，目前我国政府数据开放的准备度尚可，执行度较低，影响力甚微。准备度是我国最为领先的指标，尤其是地方政府的积极参与，带动了我国政府数据开放准备度的发展。执行度和影响力目前还相对落后，在各项指标中有具体的突出问题，如果针对这些具体问题加以改善，并结合我国国情思考对策，则相信我国政府数据开放将会得到更好的发展。

7.1.2　政府数据开放的模式分析与选择

1. 政府数据开放的模式分析

全球政府数据开放的不同国家类别中，卓越型国家与高水平国家制定了相对完备的数据开放政策，开放政府数据已经推广到政府各个部门，并且有越来越多的地方政府参与进来。这些国家对数据的开放定义的认知比较一致，认同数据"真正开放"的五大特征（在线获取、开放许可、可机读、量级获取和免费获得），并从政府、社会团体和公众多方面协同促进数据开放的发展。卓越型国家与高水平国家的起步不同，发展水平也有差异，存在不同的政府数据开放模式，主要是社会需求驱动模式和政府主导模式两种模式。

在 2016 年开放数据晴雨表中，卓越型和高水平代表性国家的指标得分情况如图 7-12 所示。其中，卓越型国家英国、美国起步早，指标发展均衡稳定，综合成绩在开放数据晴雨表评估中全面领先，其政府数据开放模式为社会需求驱动模式。高水平国家指标发展比较均衡，仅在影响力指标中有局部不均衡的现象，其政府数据开放模式为政府主导模式。

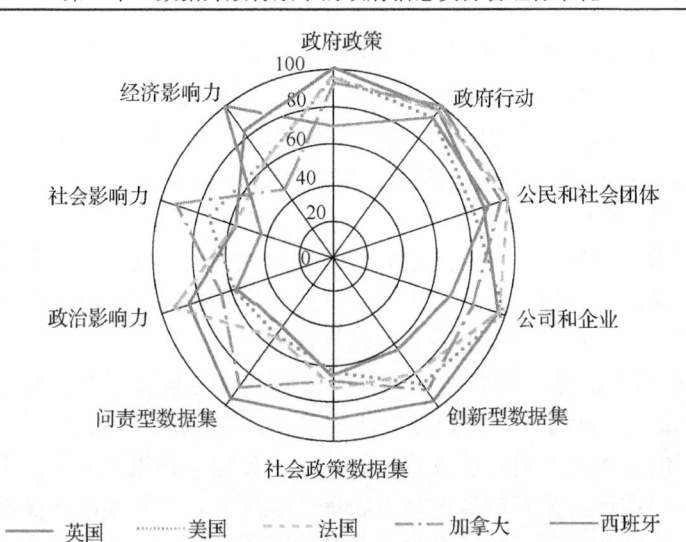

图 7-12　2016 年开放数据晴雨表各国指标得分雷达图（见彩图）

1）社会需求驱动模式

英国、美国作为卓越型国家，在政府数据开放中处于领先地位，尤其是英国，在多个国际开放政府数据评估体系中多次位列第一。2009 年英国、美国就开始了政府数据开放活动，是全球政府数据开放起步最早的两个国家。两国既是经济合作与发展组织成员国，也都是开放政府联盟成立最初的成员国，在数据开放进程中较早确立了强有力的政府承诺，两国的政府数据开放模式是社会需求驱动模式。

（1）自下而上推动数据开放的实施。数据开放运动起源于美国民间，2007 年 12 月，30 位开放政府倡导者在美国商讨制定发布了开放公共数据的 8 项原则，推动政府开放公共数据[7]。英国、美国经济发展水平较高，社会公众对政府的监督意识更强，对数据利用的需求更多，形成了自下而上推动政府实施数据开放的社会需求驱动模式。在开放数据晴雨表的准备度评估中，"公民和社会团体"子指标有专门考察的一项"信息权利"，要求各国以法律形式明确公众的信息权利。2007 年，英国内阁办公室（Cabinet Office）发布了《信息权利评估》（Power of Information Review）报告，并成立了信息权利特别工作组（Power of Information Task Force），以探讨公众的信息需求[8]。美国在 1996 年颁布实施的《1996 电子信息自由法修正案》（Electronic Freedom of Information Act Amendments of 1996），正式将政府电子信息纳入信息公开范围，以保障公民的知情权。2006 年《联邦资金责任透明法案》规定联邦政府相关部门向公众开放包括政府和私营机构的购买合同、贷款、直接支付以及公共项目投资明细等所有与公共财政支出有关的原始政府数据。2009 年美国联邦政府推出《开放透明政府备忘录》与《信息自由法案备忘录》（The Freedom of Information Act Memorandum）以提高公民的参与、协作和政府透明度，《信息自由法案备忘录》指出，一个民主的政府需要行政问责制，问责制需要提高公开性和透明度[9]。2013年12月美国又发布了《开放政府合作伙伴——美国第二次开放政府国家行动方案》，该行动方案明确提出要让公众以更加方便的方式获取更多有用的政府数据，并进一步改进了美国政府数据开放平台Data.gov门户网站[10]。

在社会需求驱动模式下，两国政府对社会公众的信息需求十分重视，率先实施政府数据开放以满足公众的需要，事实证明开放政府数据在促进政府决策、经济增长等方面都有积极作用，也进一步促进了国家的发展。

(2) 充分的政府政策与政府行动支持。政府政策与政府行动是准备度指标的两项子指标，政府政策包括对政府数据开放计划的支持性政策、开放数据管理和出版方法；政府行动包括国家和地方的开放政府数据行动，如建立各级开放数据平台。

英国和美国常年占据开放数据晴雨表评估前两名，与其高准备度密不可分。在政府政策方面，2009年英国开始了数据开放的政策准备工作，并将政府数据开放放在了很高的政策地位。2010年英国政府通过成立数据开放研究所等一系列措施支持和扩充政府数据开放计划，并得到了国家首相卡梅伦的高度支持，政策准备开始得到落实和实施。2013年英国内阁办公室发布的《2013—2015年英国开放政府伙伴关系行动计划》对开放数据、诚信缺失、财政透明度、公民赋权、自然资源的透明度五个方面做出了详细规划[11]。在政府行动方面，2009年5月，在美国CIO昆德拉的推动下，美国国家级数据开放平台Data.gov发布上线，Data.gov是美国政府数据的中心站点，也是美国建设开放政府的重要组成部分[12]。截至2019年4月，Data.gov共开放了243666个数据集，相比英国2010年上线的Data.gov.uk只开放了52218个数据集[13]，美国的开放数量远超过英国，但从开放数据晴雨表执行度指标和全球开放数据指数的评估结果看，美国数据集的开放程度还不及英国高，不少部门尚未做到"真正开放"。此外，美国已经有43个州、47个县、市推出了地方级数据开放门户网站，政府数据开放活动已经深入各级政府。

充分的政策支持与政府行动使英美两国数据开放得以顺利实施。准备度是政府数据开放的基础，根据开放数据晴雨表指标关联性分析，准备度可以带动执行度和影响力，尤其是影响力的进步。高准备度是英美两国的重要优势，为其在国际评估中取得全面领先奠定了坚实基础。

(3) 全方位的数据开放影响力。影响力是很多国家的薄弱点，目前国际上大部分国家的影响力指标还十分落后，但英国、美国是由社会需求驱动形成的数据开放模式，公众参与度很高，因此社会公众对数据开放的响应积极，能及时产生相应的影响力。英美两国均在影响力指标中连续两年位于全球第一。

两国影响力指标发展均衡，英国的优势在其政治影响力，美国的优势则是经济影响力。英国利用开放数据提升政府透明度，开放数据对提高政府运作效率产生了明显的改进作用。而美国的经济影响力多次排名世界第一，公司和企业利用开放数据创造新的价值，开放数据在推动国家经济增长和经济可持续发展中都起到了良好的促进作用。

2) 政府主导模式

除了传统的政府数据开放强国(英国和美国)，高水平国家也都紧随其后开始开放政府数据，并推动了全球政府数据开放运动。高水平国家每年每项指标均超过全球平均值，指标发展均衡，动态发展稳定，包括法国、加拿大等国在内的高水平国家实施的是政府主导的政府数据开放模式。

(1) 自上而下推动数据开放的实施。采用政府主导模式的国家并不是开放数据的率先倡导者，但起步较早、发展很快，在国际开放数据评估体系中排名较为领先。在2009年英美实施开放政府数据之后，很多其他高水平国家迅速加入。尤其是在2013年八国集团(Group 8, G8)峰会上八国签署了《开放数据宪章》之后，各国被要求在规定时间内制订政府数据开放行动计划，实施数据开放。此外，开放政府联盟也对其成员国提出了相应要求，截至目前，已经有15个高水平国家加入开放政府联盟，并给出了政府承诺。在全球数据开放的趋势下，以法国、加拿大为代表的高水平国家开始了以政府为主导的数据开放工作。

法国加入开放政府联盟后，承诺与社会公众协同制定一项政府数据开放行动计划。2015年7月法国政府将政府数据开放行动计划返回开放政府联盟，该行动计划包含了2015~2017年法国政府数据开放发展规划，2018年，开放政府联盟独立报告机构(IRM)发布了法国第一个行动计划的期末报告。IRM研究员在报告中总结了法国在2015年7月~2017年10月行动计划的实施[14]。而加拿大自2012年加入开放政府联盟以来，已经发布了3次两年计划，最新一版的行动计划包含了加拿大2016~2018年的政府数据开放规划。在开放政府联盟等组织的指导监督下，高水平国家有序开展数据开放活动，为社会公众开放高价值的数据。

(2) 高效统一的政府规划。政府主导的数据开放模式具有高效统一的特点，政府从国家层面对数据开放进行统一规划，逐步推进数据开放进程。政府对开放数据的定义有准确的认识，能针对公众需求开放多领域的数据，提高数据集的开放程度，满足公众的利用需求。

2011年，加拿大联邦政府将开放数据正式纳入开放政府的建设进程，开放数据门户网站也作为试点项目上线推出[15]。2012年加入开放政府联盟后，加拿大联邦政府每两年更新一次政府数据开放行动计划，确保数据开放的有效实施。2014年，加拿大联邦政府发布了遵照G8《开放数据宪章》的政府行动计划，并在开放政府试点项目的基础上推广下一代开放数据平台data.gc.ca。截至目前，加拿大开放数据平台data.gc.ca开放了企业、纳税、环境与自然资源等19个领域的数据集[16]，为近年来加拿大在开放数据评估中影响力的提升创造了良好条件。得益于政府主导模式高效统一的规划与执行，经过近几年的稳步发展，加拿大政府数据开发已经趋于成熟，各项指标发展较为均衡，在开放数据晴雨表评估排名中不断上升。

(3) 提升影响力的不同导向。政府主导模式下准备度和执行度均稳定发展，但在影响力方面各国目标导向不同，因此表现出不同的影响力优势。

由图 7-12 可知，高水平国家的准备度和执行度得分都比较接近，只有影响力存在差异。政府主导模式的国家中，不同国家对影响力指标的要求不同，根据各国的目标导向产生了不同的影响力提升方向。例如，法国注重其政治影响力，指标表现为政治影响力很高，社会影响力和经济影响力则不明显；加拿大非常注重社会服务，在政府开放的 19 个领域的数据集中，包含了就业、健康、交通等众多关乎国计民生的数据集，因此社会影响力很突出；西班牙是经济影响力十分领先，西班牙在数据开放平台中提供了数据再利用的企业案例，帮助其他企业了解如何利用政府数据促进企业的发展和经济增长[17]。

政府主导模式下，各国对影响力提升有不同的目标导向，对影响力的三项子指标有不同侧重，造成了高水平国家影响力局部不均衡的现象，也形成了各国政府数据开放的国家特色。各国可以相互借鉴，在维持影响力优势项的同时提升其他子指标，促进政治、经济、社会影响力的均衡呈现。

2. 我国政府数据开放的模式选择

在政府数据开放方面，国外领先国家的实践经验给了我国诸多启示。首先，政府数据开放需要确立强有力的政府承诺，给予充分的政策法规支持；其次，需要稳步规范地实施政府数据开放，确保开放的数据符合公众利用需求；最后，在不同开放模式下既可以依赖公众的需求驱动，全面提升政府数据开放影响力，也可以结合政府目标导向有针对性地提升某一方面的影响力，为开放数据的进一步发展提供有利条件。

在两种政府数据开放模式中，政府主导的数据开放模式应是符合我国国情和数据开放现状的选择。一方面我国人口基数大，并且公民对政府工作的参与和监督意识还相对薄弱，难以有效地参与到政府数据开放的活动中，而政府主导模式能更高效地快速推进数据开放工作；另一方面我国各级地方政府已经意识到数据开放的重要性并付出行动，但由于缺乏统一规划和规范，各地数据的开放程度有很大差异，政府主导模式能够在现有基础上从国家层面规范开放政府数据的实施，充分发挥现有优势，推动全国政府数据开放进程。

毋庸讳言，自下而上的社会需求驱动模式能够使得开放数据活动获得更为全面的发展，但在公民的参与意识尚未完全培育起来的情况下，通过政府自上而下的推动，也能为政府开放数据活动提供动力，从而带动整个开放数据链条的良性循环发展。

对照领先国家的经验，并结合我国政府数据开放现状，我国采取政府主导模式的实现途径如下：首先，在准备度方面我国需要制订国家级的政府数据开放计划，从国家层面统一规划我国的政府数据开放工作，在此基础上完善相关政策法规，为政府数据开放的实施奠定基础；其次，整合目前已有的地方政府行动，总结经验和问题，依据行动计划的指导规范实施政府数据开放，并逐步推广到政府各个部门和各级地方政府；最后，在政府主导模式中政府需要注重影响力的提升导向，根据目标导向有侧重地选择影响力提升方向。

开放政府数据已形成国际化趋势，相应的国际评估体系迅速建立，并提出了有针对性的指标体系，对于发展全球范围内"真正意义"上的政府数据开放起着参考和导向的作用。在通过数据分析、了解国际评估及其发展趋势的基础上，笔者立足于我国政府数据开放的现状和问题，从政府数据开放的对比研究中剖析了先进国家的指标表现和支撑机制，并建议我国采取政府主导的数据开放模式，建立起准备度、执行度和影响力之间的良性循环，最终达到通过政府数据开放促进国家政治、经济和文化发展的目的。

7.1.3 我国政府数据开放的提升路径分析与选择

从以上我国政府数据开放现状分析可知，我国政府数据开放的准备度还可以，执行度较低，影响力很小，三项指标的提升均有各自需要解决的问题。结合开放数据晴雨表的指标关联性，可以通过加强某一指标带动其他指标的方式提升我国政府数据开放的总体水平。影响力的提升虽然能促进准备度和执行度的提升，但在具体实践中影响力的提升是通过准备度和执行度的改进措施得以间接提升的，无法量化分析，因此这里主要探讨准备度和执行度的直接提升路径以及所能带来的预期结果。

1. 我国政府数据开放提升路径之一：准备度的视角

1）我国政府数据开放准备度提升的措施

准备度是开放数据晴雨表三项指标中的基础性指标，不仅与执行度高度关联，也更有可能决定影响力的高低，加强准备度是提升我国政府数据开放的重要途径。针对我国政府数据开放准备度中存在的不足，主要是POLI、DPL和FH方面的落后问题，参照先进国家实践，总结我国政府数据开放准备度的提升措施如下。

（1）明确政府数据开放战略、政策和指导。我国在2015年新增指标POLI中评估问题得分仅有1分，其原因是我国虽然已经有全国范围的政府数据开放活动，但还没有任何官方网站或政府文件指导全国数据开放的实践，也尚未形成正式的数据开放战略和政策。根据开放数据晴雨表，若要在POLI中获得5分以上，需要有明确的国家数据开放政策或战略，阐明流程、责任、时间表和资源，并由具体的国家机构或部门负责执行；需要制订一般性指导文件和标准以针对不同领域的数据开放，如特定的数据集，进行指导开放。在该项评估中获得最高分9分的英国早在2009年就公布了一系列政策提倡开放数据和公共信息，如英国国家档案馆发布的《信息权利小组报告》、英国财政部发布的《放在前线第一位：聪明政府》。2010年英国国家档案馆发布《对公共部门信息的开放政府许可》，用于指导公共部门数据集的开放[11]。

（2）制订国家层面的政府数据开放行动计划。政府数据开放行动计划属于政府行动子指标中的评估问题INIT，在这项评估问题中我国的得分为3分，排名区间在62%～66%，也是亟待解决的问题之一。我国政府行动子指标的得分主要依赖于评估问题CITY，即地方开放政府数据行动，因此会容易忽视国家层面缺乏行动计划的问题。目前我国还没有国家层面的政府数据开放行动计划，各级地方政府的政府行动都是自发形成的，容易出现数据集开放不规范、不统一，公众利用不便等问题。在该项评估中获得最高分9分的法国自加入开放政府联盟后，每两年需要向其提交一份政府数据开放行动计划，计划包含两年内法国政府数据开放的发展规划。

目前全球已有99个国家加入开放政府联盟，我国不在其中，但我国可以向成员国借鉴经验，制订国家层面的政府数据开放行动计划，并定时更新，以保证全国数据开放工作的稳步发展。

(3) 建立保障个人数据的法律或监管框架。DPL属于公民和社会团体子指标，考察政府数据开放中对个人数据的司法保护，我国在该项评估中排名落后，是由于我国尚未建立专门针对政府数据开放的法律政策，无法保护个人数据。近几年我国虽然针对互联网环境下的个人信息保护制定了《全国人民代表大会常务委员会关于加强网络信息保护的决定》、《电信和互联网用户个人信息保护规定》和《中华人民共和国消费者权益保护法》等法律文件，但是缺乏专门的个人信息保护基本法[9]，使得个人数据在数据开放进程中无法得以保障。因此，尽早建立保障个人数据的法律或监管框架显得尤为重要，通过政府数据开放保障公民知情权，通过个人数据保护保障公民个人隐私，是对我国政府数据开放的双重要求。

2) 我国政府数据开放准备度提升的预期结果

2016年我国在开放数据晴雨表的评估结果中，对各项评估问题得分进行Z分数标准化，我国准备度的标准化分数为0，执行度为-0.60，影响力为-0.37。按照上述措施仅提升我国准备度部分指标，假设三项评估问题每项提高5分，标准化处理后我国准备度分数将上升到0.38，排名第37位，上升16个位次，全球排名区间如图7-13所示，蓝色为提升前我国所在区间，黄色为提升后我国所在区间。

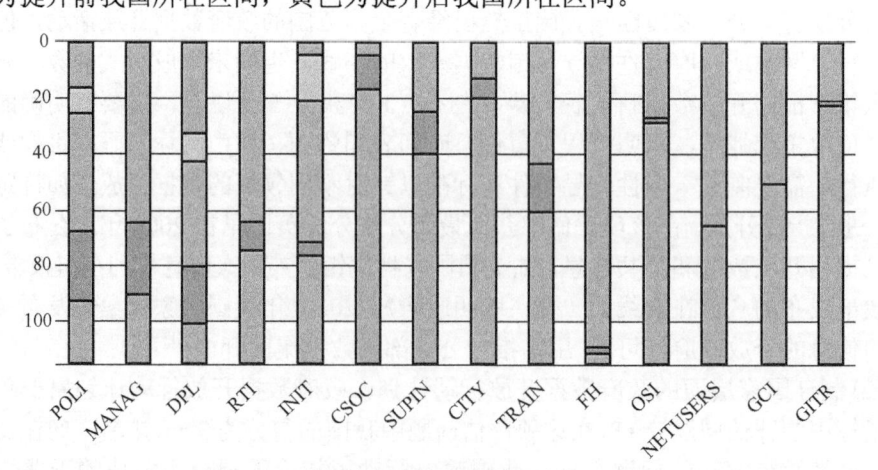

图7-13 我国准备度提升的预期结果(见彩图)

再根据指标关联性对执行度和影响力进行数据处理，准备度执行度相关系数为 0.86，准备度影响力相关系数为 0.83，因此，标准化处理后我国执行度预期可达到 –0.27，影响力可达 –0.05，分别上升 25 个和 24 个名次，总排名将上升到第 47 名。

如图 7-14 所示，在指标关联性的作用下，仅提高 3 项准备度评估问题的得分就可以促进执行度和影响力的大幅提高，从而使我国在开放数据晴雨表中的排名上升 24 个名次，在全球范围内达到平均水平。

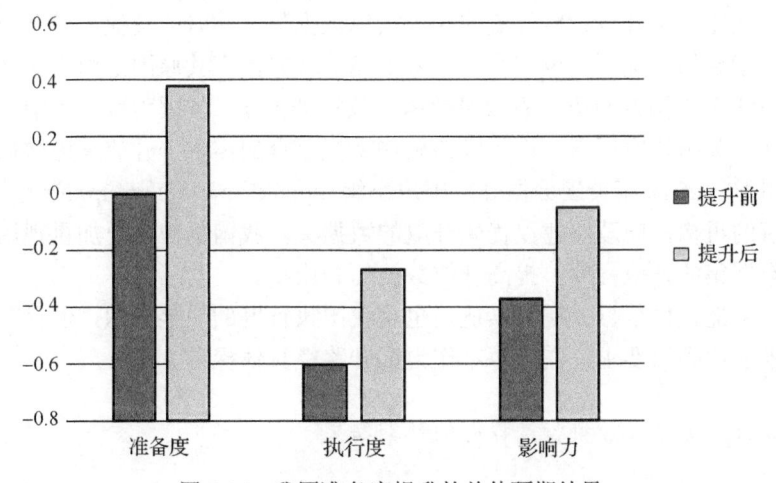

图 7-14 我国准备度提升的总体预期结果

2. 我国政府数据开放提升路径之二：执行度的视角

1）我国政府数据开放执行度提升的措施

执行度考察数据集的开放程度，与影响力存在一定关联性，因此，通过提高数据集的开放程度也能提高我国政府数据开放的总体水平。针对我国在开放数据晴雨表评估中执行度存在的不足，提升路径如下。

（1）加强对数据开放的许可授权。如果开放数据集没有提供明确的使用许可，则用户无法确定是否可以使用开放的数据，要改善开放数据集的使用就必须加强对数据开放的许可授权。这一点在准备度中也有体现，政府应该制订明确的政策规范数据开放许可授权，使更多可开放的数据得以开放使用。对于已经开放的数据集，应列出公众拥有的权限，如是否可以批量获取、是否可以在线试用，需要有明确的授权声明。

（2）提高开放数据的可机读比例。目前我国开放的数据集中可机读比例很低，15 个评估数据集中只有 1 个数据集提供可机读格式，大部分政府部门开放的数据集均不能满足机读格式要求，并且所有数据集并不满足可机读格式数据和可重复利用数据的整体可用。在开放数据晴雨表评估中，巴西是执行度单项指标领先的国家，虽然巴西的准备度和影响力不突出，但其数据集开放程度很高，曾在2015年执行度指标排名中排全球第3位。巴西15个评估数据集中有11个数据集是可机读格式，对比来看我国与其差距还很大。

(3) 开放关键数据集。我国政府数据开放没有政策战略或行动计划指导，国家选举结果数据集尚未开放，地图数据、土地所有权数据、政府细节预算和公司注册数据集不能在线获取，是开放程度最低的5项指标数据集。同时，其他已经开放的数据集在没有统一指导的情况下，也存在利用率不高的现象，究其原因是由于关键数据集没有开放。2011年英国发布第一版政府数据开放行动方案，但因为过于集中于开放数据而受到批评，英国政府逐渐意识到应该更加重视公众的需求，开放关键数据集，方便公众的利用[18]。2012年英国数据开放用户小组（open data users group）成立，作为连接公众和政府的机构，向政府建议优先开放的数据集。我国也应该更加重视用户需求，加大关键数据集的开放程度，提高开放数据的利用率。

此外，未能提供数据关键元素链接也是我国执行度的明显问题，但目前全球大部分国家均未能达到该要求，在此暂不作为提升路径具体探讨。

2) 我国政府数据开放执行度提升的预期结果

执行度指标数据集的评估有10个评估问题，总分100分，按照上述执行度提升措施，提升开放许可与可机读格式两项评估问题的得分。假设按每个数据集每项评估问题提高5分进行计算，已经达到要求的数据不作加分，标准化处理数据后我国的执行度分数为-0.25，执行度单项指标排名上升25个名次，全球排名区间如图7-15所示，蓝色为提升前我国所在区间，黄色为提升后我国所在区间，绿色为我国提升前后的重叠区间。

提升两项评估问题的得分后，我国各项数据集的评估区间均有所提升，15个数据集中，有10个数据集提升后的区间与提升前的区间完全重叠，这些数据集虽然在排名上没有超过领先国家，但已基本改变了大幅落后的局面，也是很大的进步。

再根据指标关联性，执行度可以影响后期影响力，执行度影响力指标相关系数为0.79，关联提升后影响力为-0.09，排名上升23位，在准备度不变的情况下总体排名上升到第55位。

利用指标关联性可以推测提升某一指标对总体水平的影响，为了量化分析，只考虑前期阶段对后期阶段的影响，不考虑执行度对准备度、影响力对准备度与执行度的反馈作用。如图7-16所示，当执行度指标数据集在开放许可与可机读格式两项评估问题中有所提升时，将同时带动影响力的提升，使得总体水平得以进步。

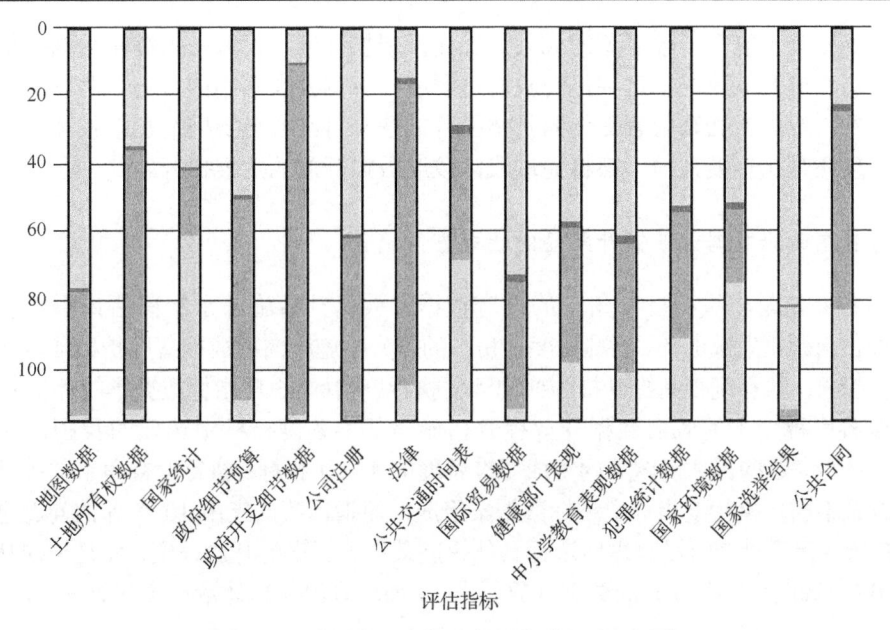

图 7-15 我国执行度提升的预期结果(见彩图)

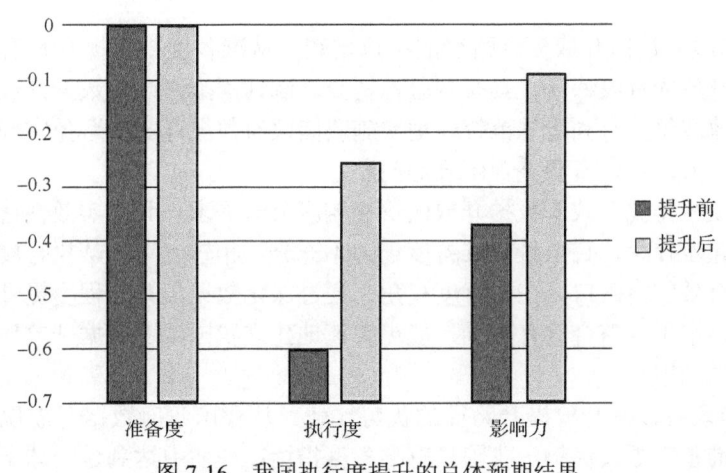

图 7-16 我国执行度提升的总体预期结果

3. 我国政府数据开放提升路径的选择

前面总结了两种政府数据开放提升路径,包括准备度视角与执行度视角,经分析可知,两种提升路径的预期排名提升相差不大,准备度提升的预期结果略高一些。按照传统数据开放强国英国、美国的实践思路,优先发展准备度,可以奠定扎实的准备度基础,为后续的数据开放工作提供有利条件。然而注重准备度不是唯一的提升路径,巴西等执行度领先的国家也没有制定国家级数据开放战略,准备度尚不充分,但通过执行度的提升也取得了较显著的成果。优先发展执行度，可以大大缩短数据开放的准备周期，快速开放数据，达到提高政府透明度、方便公众利用的目的。两种路径各有优势，参考开放数据晴雨表提供的具体提升方法，可结合自身国情加以权衡，无论选取准备度还是执行度视角，都将促进我国政府数据开放的发展提升。

1) 我国政府数据开放提升路径的选取方向比较

准备度视角与执行度视角下的政府数据开放提升措施都是从评估体系中层级最小的评估问题出发选取的，但准备度视角下的提升措施纵向组成准备度指标4项子指标的评估问题，执行度视角提升措施横向评估执行度指标15项指标数据集的评估问题。

准备度视角下的政府数据开放提升措施是从准备度指标中选取的我国问题突出的评估问题，这些评估问题共同组成了准备度的4项子指标。执行度视角下的提升路径选取方式不同，执行度指标由指标数据集组成，而指标数据集由10个评估问题进行评估，在选取提升措施时没有纵向选择具体提高某项数据集的开放程度，而是横向从评估问题出发，选取更需要提升的数据开放要求，从而达到深化总体数据集开放程度的目标。

2) 我国政府数据开放提升路径的特点与优势比较

（1）我国政府数据开放提升路径的特点比较。从准备度视角提升政府数据开放符合政府数据开放的阶段特征，具有规范性特点。制订国家级政府数据开放行动计划，明确相关法律政策，有利于规范统一地实施我国政府数据开放，避免实施后期出现开放数据利用率低、数据资源整合困难等问题。

从执行度视角提升政府数据开放能快速响应公众需求，具有实效性特点。我国政府数据开放起步较晚，直至目前准备度仍远不充分，相较之下，从执行度的角度进行提升是快速有效的突破口。在执行度视角下通过深化数据集开放程度提升我国政府数据开放的总体水平，整合已有基础，能更快速地建立我国政府数据开放体系，为公众提供开放数据利用。

（2）我国政府数据开放提升路径的优势比较。从我国政府数据开放现状看，相较于执行度，准备度更具优势，我国只有准备度指标在评估中达到过全球平均水平，四次评估结果中准备度均高于执行度。从指标关联性的应用情况看，准备度视角下的提升路径可以带动执行度和影响力共同提升，而执行度只能带动影响力，且准备度影响力的关联性强于执行度影响力的关联性，因此提升准备度的优势更大。

但从我国已有实践来看，执行度的提升路径更具优势。我国地方政府已经付诸实践，建立了46个地方性政府数据开放平台[19]，数据开放实践在各级地方政府快速推进，虽然地方政府的实践不计入开放数据晴雨表执行度的评估，但是执行度的提升路径同样适用于地方政府的实践。在已经开通的政府数据开放平台中，加强对数据开放的许可授权、提高开放数据的可机读比例、对照地方公众的需求开放关键数据集,将为今后建立的国家级政府统一数据开放平台提供可行的实践经验。

综上,从开放数据晴雨表的评估结果可见,总体而言,我国只有准备度稍具基础,执行度和影响力还相对落后。准备度方面的明显问题是尚未明确国家层面的政府领导和政策支持,尚未建成国家级政府数据开放平台,也还未形成国家级政府开放行动计划,地方政府行动缺乏统一领导;执行度方面的明显问题是多项开放要求尚不满足,数据集开放程度低,不符合开放定义,不利于公众利用。

基于评估结果中显现的问题,本书从准备度与执行度两个视角出发,探讨我国政府数据开放的提升路径。遵循准备度和执行度的提升路径,两者虽然在预期结果的排名提升上相差并不显著,两种提升路径也各有优势,但从长远角度看,我国更需要从准备度视角进行提升。目前在我国政府数据开放工作中,地方政府行动先于国家政府政策,各级地方政府积极开放政府数据,但缺乏统一的规划和管理。若优先发展执行度,只加强数据集的开放程度,各级地方政府数据集开放的差异性会逐渐增大,转优势为劣势,不利于我国政府数据开放的长期发展。因此,优先发展准备度,切实做好政府数据开放的准备工作,将是我国更需要关注的提升视角。明确国家层面的政府领导和政策支持,建设国家级政府数据开放平台,制订政府开放行动计划,都是政府数据开放中不可或缺的环节,也是我国政府数据开放工作下一步亟待解决的问题。

7.2 基于流量与链接特征的国际政府开放数据网站影响力评估

随着开放政府数据活动的不断发展,政府数据开放网站成为政府开放数据行动与公众进行交互最为重要的平台之一。2009年5月,美国政府数据网站Data.gov正式上线;2010年1月,英国政府数据网站Data.gov.uk正式上线,对世界各国的数据开放运动起到了示范作用。2015年8月,我国发布了《促进大数据发展行动纲要》,明确提出,要建成国家政府数据统一开放平台,在地方层面,我国多个地方政府的政府开放数据平台已经建成并投入运行。

开放数据网站建设是开放数据活动的重要内容,只有开放数据网站发挥其应有的影响力,开放数据活动才能够在社会范围内起到更大作用。但目前政府开放数据网站并没有在提升政府透明度方面产生广泛的公众影响力[20]。因此,本节选取国际范围内的代表性国家作为样本,基于网络信息计量的相关原理和方法,对其政府开放数据网站影响力进行相关研究,一方面能够展示目前全球范围内开放政府数据的进展状况;另一方面期望为开放数据网站建设提供建议,引发对政府与公民之间互动行为的新的思考。

7.2.1 流量分析与链接分析方法的应用

我国第十五届中国政府网站绩效评估中包含政府门户网站内容传播力这一指标,

网站内容传播力指"政府网站内容在外部搜索、主流搜索引擎内容收录、'两微一端'内容融合以及网站内容分享方面的传播情况"[21]。可以看到，在网站影响力评价方面，"外部搜索、主流搜索引擎内容收录"是重要的评估指标，而网络计量在此方面具有十分广泛的应用。

网络计量学是采用数学、统计学等定量方法，对网上信息的组织、存储、分布、传递、相互印证和开发利用等进行定量描述和统计分析，以揭示其数量特征和内在规律的学科，从网络计量的角度对网站影响力进行定量评价，目前主要从链接分析、流量分析、搜索引擎可见性三个方面对网站影响力进行评价[22]。

链接分析用一个网站被链接和引用的数量与水平来评价其影响力及质量。1998年，Ingwersen借由期刊影响因子提出了网络影响因子的概念，通过某网站的链接数量与该网站内部页面数的比值对网站的影响力进行评价[23]。概念提出后，链接分析在网络链接与传统引证的关系、网络结构、网站影响力等方面引发了学者的广泛探讨[24]，这些探讨多使用实证研究，将链接分析应用到具体的网站与搜索引擎的分析中。经过不断发展与修正，尽管网络影响因子这一概念始终存在较多争议，但链接分析方法在全球范围内获得了认可[25-27]。在我国，链接分析方法更是在网站影响力评价方面得到了广泛应用，包括政府门户网站、大学网站、门户资源网站、优秀企业网站等[28]。有学者指出，在网络环境中，链接分析实际上是信息排序的重要方法，链接数量、链接质量对于网站排序有着重要作用[29,30]。这些研究显示了链接分析方法在网站影响力评价中的广泛应用。

本节主要采用的数据获取工具为 Google 搜索引擎和 SEMrush。流量分析主要考察网站的用户数、页面访问量、点击率、页面访问时间等信息，评价网站在用户层面上的应用水平和辐射能力[31]。由于各个国家使用不同的语言进行网站建设，若统一使用英语在搜索引擎中进行搜索，对以非英语为主要语言的国家而言，搜索结果与真实情况之间可能存在较大差异，因此，搜索引擎可见性未被列入本书的考察范围。本节主要从链接分析和流量分析两个方面对国际政府开放数据网站影响力进行研究。

1. 指标选取

1) 链接特征指标

网页总数 W(web pages)，指的是网站被搜索引擎索引的网页总数，由于本节使用 Google 搜索引擎获得数据，这里特指网站被 Google 搜索引擎索引的网页数量。

入链网站数 D(domain)，指为网站提供链接的域的数量。入链网站数反映了网站链接的广泛性。

外部入链数 B(backlinks)，指外部网站链接到本网站的数量。外部入链数是网页排名的重要指标，反映了网站的外部影响力。

2) 流量指标

在 Alexa 网站提供的流量指标中，能够运用到本书中的：流量排名 TR(traffic rank)，相对于其他网站，该网站的流量在全球范围内的排名；蹦失率 BR(bounce rate)，进入站点后选择离开而非继续浏览其他网页的用户比例。

2. 数据采集工具与方法

由于之前被广泛使用的 AlltheWeb、AltVista 服务关闭，本书链接特征指标的采集主要通过 Google 搜索引擎实现，尤其是其高级检索功能获得。利用 Google 高级检索界面，可以自动生成相应的检索式，本书主要通过 Google 获得网站网页数量，检索式为"site：URL"。

入链网站数与入链数主要通过搜索引擎优化(Search Engine Optimization，SEO)工具 SEMrush 获得，通过输入网站统一资源定位(Uniform Resource Locater，URL)地址，SEMrush 可以直接获得指向目标网站根域的入链数以及入链网站数。

流量指标的采集则直接通过 Alexa 网站实现。

本书的数据获取时间为 2017 年 11 月 1 日。

3. 样本选取

本节的研究样本选取主要依据为《全球开放数据晴雨表报告》（第四版）(以下简称《报告》)[32]，《报告》调查了全球 115 个国家的开放数据情况，经过调查，本书选取了其中拥有国家级开放数据平台的 64 个国家作为研究样本。各个国家的政府开放数据平台链接均从网站 https://www.opendatasoft.com[33]获得，并进行了访问验证。

7.2.2 描述统计结果、指标相关分析及综合评测

1. 描述统计结果

本书中链接特征指标数据之间相互关联，因此不能对三者单独进行异常值处理。在考察网站影响力时，入链数和入链网站数是十分重要的指标，然而客观存在的情况是，个别网站的入链网站拥有过多的平均入链数，导致网站的入链数过高，从而不能真实反映该网站的影响力。基于此，本节引入新的参数：入链网站平均入链数 L，计算方法为 $L=B/D$，该参数用来发现入链数异常的国家，其不参与国家开放数据网站影响力的评估。

利用图凯检验法(Turkey's Test)识别异常值，取 k 值为 3。入链网站平均入链数 L 的三个四分位数分别为 $Q_1=15.20$、$Q_2=64.88$、$Q_3=291.63$，估计最大值为 $Q_3+3\times(Q_3-Q_1)=1120.92$，即 L 值超过 1120.92 的值应为异常值。L 值为异常值的国家

包括摩洛哥、新加坡、意大利、哥伦比亚四个国家。因此这四个国家未参与到指标评估中。

网站网页总数 W、入链数 B、入链网站数 D 的描述统计状况见表 7-6。部分国家开放数据网站的链接特征、流量特征指标详细数据参见附录 A。由于流量排名这一指标的属性较为特殊，未在表 7-6 中列出。

表 7-6　链接特征指标描述统计数据

指标	网页总数 W	入链数 B	入链网站数 D	蹦失率/%
N	60	60	60	46
平均数	148780.20	163626.67	724.37	48.68
中位数	31350.00	8422.50	138.50	48.15
标准差	465621.34	504404.72	2161.861	13.150
偏斜度	5.389	4.908	5.446	0.295
峰度	30.827	27.366	32.837	0.350
极差	3099991	3323713	14860	54.9

表 7-6 中偏斜度与峰度是衡量数据分布状态的指标，可以看到，三个链接特征指标的偏斜度与峰度均显著大于 0，表明这 3 个链接特征指标的数据均呈现正偏态、高峰度的特点，其分布模式如图 7-17 所示。而流量特征指标蹦失率的表现则较为均衡，基本呈现正态分布，表明用户在访问开放数据平台时的"进入即离开"行为更多地受到其他因素的影响，如误点击、内容与期望不符等。从开放数据网站的全球流量排名来看，分布呈正偏态，排名前 50 万的平台数量占比为 32.1%，前 120 万的平台数量占比为 50%，仅有 10% 的平台排名在 1000 万以后。相对来看，大部分平台的排名集中在靠前位置，少部分位置靠后；绝对来看，排名前 10 万的平台不足 15%，表明在流量方面，开放数据平台表现有待提升。

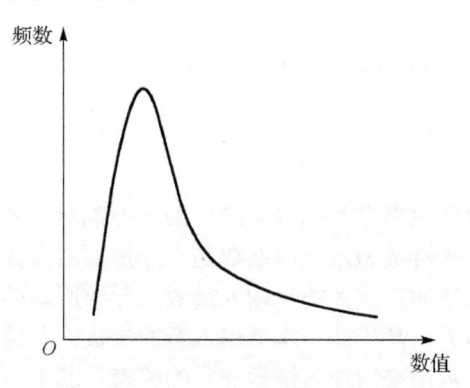

图 7-17　链接特征指标数据分布模式

从表 7-6 各项指标的标准差、极差以及图 7-17 的分布模式来看，目前全球范围内，政府开放数据网站影响力存在极端不均衡的情况，少数国家突出的表现使得整个模式呈现出正偏态的特点。图 7-18 为链接特征指标数据的气泡图，横坐标为网页总数，纵坐标为入链数，气泡的大小展现了入链网站数量的多少，气泡越大，表明入链网站数量越多。可以看到，英国在各项指标上表现得都十分突出，美国、加拿大、俄罗斯、法国、巴西等国家在某一个或两个指标上也有不俗的表现。但总体来看，大部分国家在各项指标上的表现都集中于坐标原点处，且气泡面积很小，在网页总数、入链数量和入链网站数量上的表现不尽如人意。

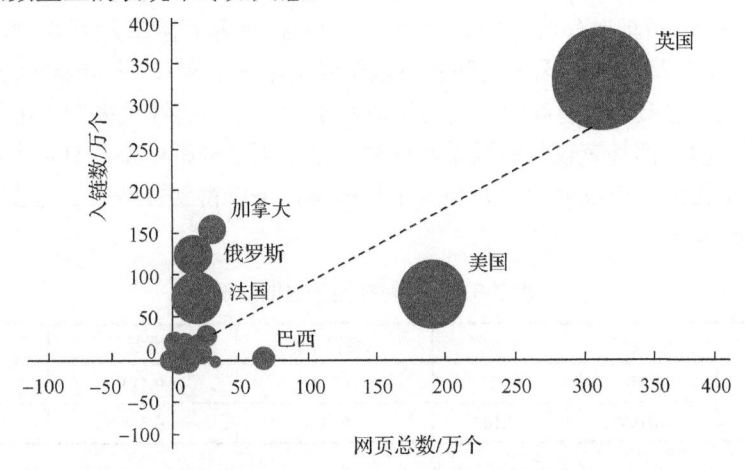

图 7-18　国家政府开放数据平台链接特征指标数据气泡图

2. 指标的相关分析及综合评测

由于蹦失率与全球流量排名为负概念，为了便于分析和理解，本书将其转换为正概念之后进行分析。

表 7-7 是通过 SPSS 软件对各项链接指标进行 Pearson 相关分析后的结果，可以发现，网页总数、入链数以及入链网站数两两相关，尤其是网页总数与入链网站数之间呈高度相关，相关系数达 0.948。但流量排名与蹦失率两个指标之间以及与其他指标之间都不存在显著相关关系。这表明，大部分用户对于政府数据开放网站的访问并非通过网站的入链，而是通过搜索引擎等其他方式进入网站。

表 7-7　链接特征指标的 Pearson 相关系数

	网页总数	入链数	入链网站数	流量排名	蹦失率
网页总数	1				
入链数	0.819**	1			
入链网站数	0.948**	0.897**	1		
流量排名	0.253	0.285	0.286	1	
蹦失率	−0.020	0.072	−0.045	0.253	1

** $p<0.01$，双尾。

由于网络影响因子的概念在研究与实践中暴露出种种不足，有研究指出，网络影响因子的三大缺陷使得其在评价网站影响力方面效用有限[34]。基于此，本节从数据出发，结合体现网站影响力的三大链接特征指标和两大流量特征指标，通过因子分析及其结果对国际政府开放数据网站进行综合评价。

通过对五项指标数据进行 KMO 检验和 Bartlett 的球形度检验，KMO 检验值为 0.672，Bartlett 检验值为 175.804，$p<0.0001$，表明相关矩阵可以采用因子分析，使用因子分析法可得到 2 个因子，贡献率分别为 57.843%和 24.235%，累积贡献率为 82.078%。

表 7-8 中，指标与某一因子的联系系数绝对值越大，该因子与指标的联系越紧密，因此可以将网页总数、入链数和入链网站数归于因子 F_1，将蹦失率归于因子 F_2，而流量排名与两个因子都具有较强的联系。这样，基于因子分析结果，对每个样本网站生成相应的因子得分，通过因子得分和因子贡献率，可以得到网站关于链接特征的综合评分 S，见附录 B。

表 7-8 流量特征因子提取结果

指标	网页总数	入链数	入链网站数	流量排名	蹦失率
F_1	0.946	0.933	0.978	0.413	−0.013
F_2	−0.084	−0.102	−0.091	0.668	0.860

图 7-19 展示了国家开放数据平台综合评分的分布情况。可以看到，英国的 3.06 分和美国的 1.40 分远远高于整体的平均值，总体来看，大部分国家的评分都在平均值左右，较为集中。

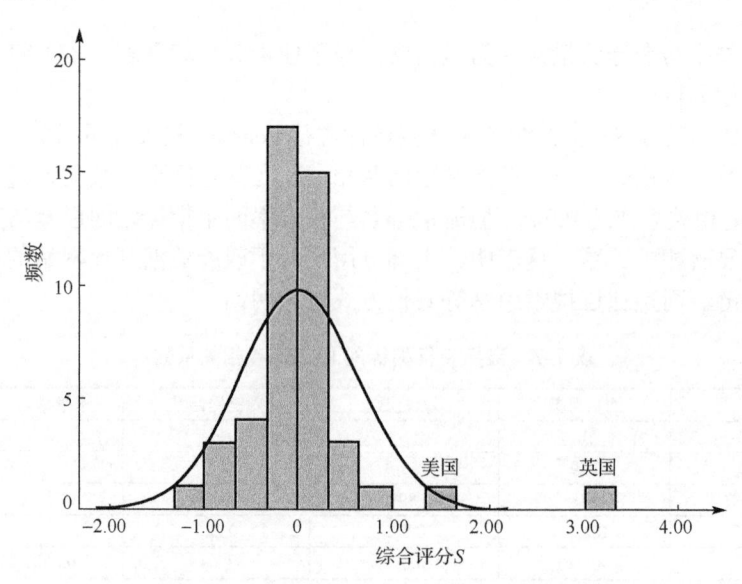

图 7-19 开放数据平台综合评分分布直方图

7.2.3 国际政府开放数据网站影响力评估

1. 国际政府开放数据网站影响力整体水平较低

目前，国际范围内政府开放数据网站的影响力依旧有限。尽管开放数据运动已经在全球范围内展开，参与的国家也越来越多，但从本书得出的数据结果来看，数据开放运动的网络显示度依旧不足。在总共参与调查的 115 个国家中，仅有 64 个国家拥有国家级的政府开放数据网站，占 55.7%，而在这 64 个国家中，由于存在异常数据、数据不全等情况，仅有 46 个国家的开放数据网站得到了最终的综合得分，且大部分网站的得分都处于较低水平，同时从各项指标的绝对数值来看，各个网站的整体表现也呈现出"集中于低水平，平均值依靠极端值拉高"的情况，整个分布呈现严重的偏态。可见，目前国际范围内对开放数据网站的建设还没有真正纳入发展规划之中，且对于已有的开放数据网站推广存在诸多问题。

《报告》指出，政府正在放缓进行它们对于开放数据的承诺，在某些情况下，甚至并没有做出任何举措[32]；开放政府联盟的发展也出现了阻碍，一些国家已经退出开放政府联盟，如匈牙利、坦桑尼亚、土耳其等[35]。全球范围内的开放数据运动正呈现出放缓的趋势，这是开放数据网站影响力整体水平不高的重要原因之一。此外，由于开放数据运动兴起的时间有限，部分网站的运行时间较晚，这可能也是其影响力较低的原因。

2. 极少数国家表现卓越，与其他国家差异巨大

从数据结果来看，英国在开放数据网站影响力上占据了绝对优势地位，其得分超出平均值将近 5 个标准差，毫无疑问成为第一梯队；美国、加拿大紧随其后，为第二梯队；第三梯队则包括法国、韩国、荷兰、俄罗斯等国家。但即使是在梯队内部，其得分依旧存在相当差异，如美国比加拿大得分高出了 0.68 分（1 个标准差），而将俄罗斯的得分减去 1 个标准差，即 –0.36~0.32，其中一共包含了 31 个国家。可见英国、美国、加拿大等极少数国家表现十分卓越，远远超出了全球平均水平。

3. 发达国家与发展中国家之间的开放数据平台存在显著差异

国际货币基金组织（International Monetary Fund，IMF）2017 年 4 月发布的《世界经济展望》[36]，将参与调查的 46 个国家划分为发达经济体与发展中经济体两组，这一划分实际上与发达国家、发展中国家的划分相对应。经过划分，有 20 个发达经济体，26 个欠发达经济体。采用独立样本 T 检验比较均值，结果显示，T=2.517，两者的均值在 α =0.05 时有显著差异，发达国家显著高于发展中国家。图 7-20 是根据联合国统计的各个国家 2016 年的人均国内生产总值（Gross Domestic Product，GDP）[37]和开放数据网站影响力得分为变量制作的散点图，经过 Pearson 相关检验，二者的相关系数 r

为0.432，p<0.01，具有显著的相关关系。经济发展对于开放数据网站影响力的影响主要体现在两个方面：一是公民层面，相较于发展中国家，发达国家在提升政府透明度方面具有更加迫切的公民需求，当政府对公民需求进行响应时，广泛的公民基础能够使其影响力快速扩散；二是在政府层面，政府有经济实力对开放数据网站进行投资建设，同时出台配套的法律规范，不断推动开放数据活动的进行。这种自下而上推动数据开放的实施与充分的政府政策与政府行动为国家开放数据平台影响力的扩大提供了条件。公民与政府间的良性循环使得网站影响力不断扩大[38]。这种循环在英国、美国、加拿大等国家尤为明显。

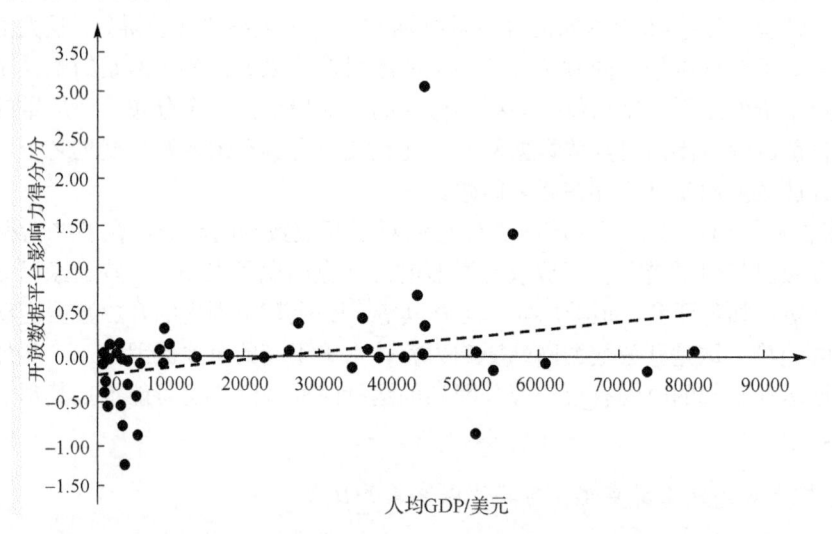

图 7-20　各个国家 2016 年人均 GDP 与开放数据平台影响力得分散点图

而对于发展中国家来说，开放数据活动主要依靠政府自上而下推动，以政府主导模式为主[37,38]，在这种模式下，开放数据网站可能有较大的网页总数，但其他指标表现都有所不足。肯尼亚是这种模式下的典型代表。肯尼亚政府开放数据网站有网页313000 个，但其入链数仅为 2325 个，入链网站数仅为 221 个，可见肯尼亚政府在推动开放数据发展方面投入较多，但社会需求的不足大大限制了开放数据网站影响力的扩大。

开放数据影响力是开放数据晴雨表评价各国开放数据活动的重要指标之一。将各个国家在开放数据晴雨表影响力指标上的得分与本书对各个平台的影响力进行 Pearson 相关分析后，结果显示两者相关系数 r 为 0.432，显著相关，$p<0.01$。尽管两者在具体的评估内容上存在差异，该值依然能够在一定程度上说明开放数据网站的网络影响力与整个开放数据活动的影响力存在着紧密联系，即开放数据网站影响力的扩大与国家开放数据活动相互影响、相互作用，推动开放数据潜能的释放，提升政府透明度，推动社会发展。

我国将建成国家级开放数据平台，这对提升我国政府透明度、释放政府数据潜力、推动社会发展将起到十分重要的作用。目前国际范围内,除了英国、美国、加拿大等少数国家,大部分国家的开放数据平台影响力水平较低。对我国而言,应当大力促进开放数据在全社会范围内的影响,推动政府行动与公民参与相结合,做到真正有利于社会发展的数据开放。

<h2 style="text-align:center">参 考 文 献</h2>

[1] 中国电子报. 开放政府合作伙伴已由 8 个成员国发展为 63 个成员国: 英国开放数据新方案作出 21 项承诺[EB/OL] .[2017-08-19]. http://epaper.cena.com.cn/content/2014-03/25/content_230349.htm.

[2] 开放政府联盟. 已加入国家[EB/OL]. [2017-08-02]. http://www.opengovpartnership.org/countries.

[3] Open Definition. Open government data and content[EB/OL]. [2016-11-03]. https://opendefinition.org/government/.

[4] Open Data Barometer. ODB global report: Third edition[EB/OL]. [2016-11-03]. https://opendatabarometer.org/doc/3rd Edition/ODB-3rd Edition-Global Report.pdf.

[5] 夏义堃. 国际组织开放政府数据评估方法的比较与分析[J]. 图书情报工作, 2015(19): 75-83.

[6] Open Data Barometer. Research handbook [EB/OL]. [2017-08-21]. http://opendatabarometer.org/doc/1stEdition/OpenDataBarometer-ResearchHandbookDownloadVersion.pdf.

[7] Open Government Working Group. The annotated 8 principles of open government data [EB/OL]. [2017-02-12]. https://opengovdata.org.

[8] 罗博. 国外开放政府数据计划: 进展与启示[J]. 情报理论与实践, 2014, 37(12): 138-144.

[9] 张晓娟,王文强,唐长乐. 中美政府数据开放和个人隐私保护的政策法规研究[J]. 情报理论与实践, 2016, 39(1): 38-43.

[10] 张晓娟,唐长乐,王文强. 大数据背景下美国政府信息管理法规与政策的拓展[J]. 情报资料工作, 2016(4): 26-31.

[11] 朱贝,盛小平. 英国政府开放数据政策研究[J]. 图书馆论坛, 2016, 36(3): 121-126.

[12] Datagov. Open data in the United States[EB/OL]. [2017-08-20]. https://www.data.gov/open-gov.

[13] Data. gov. uk[EB/OL]. [2017-08-20]. https://data.gov.uk/data/search.

[14] Data. gouv. fr[EB/OL]. [2016-12-11]. http://www.data.gouv.fr/fr.

[15] 周文泓. 加拿大联邦政府开放数据分析及其对我国的启示[J]. 图书情报知识, 2015(2): 106-114.

[16] Government of Canada.Open government[EB/OL]. [2017-08-20]. https://www.canada.ca/en/transparency/open.html.

[17] Government of Spain. Cases of reuse[EB/OL]. [2016-12-28]. http://datos.gob.es/en/casos-exito.

[18] 李燕,张淑林,陈伟. 英国政府数据开放的实践、经验与启示[J]. 情报科学, 2016, 34(8): 148-152.

[19] 复旦大学数字与移动治理实验室. 中国地方政府数据开放平台报告[EB/OL]. [2018-09-28]. http://www.echinagov.com/news/214045.htm.

[20] Rui P L, Weerakkody V. Evidence of an open government data portal impact on the public sphere[J]. International Journal of Electronic Government Research, 2016, 12(3): 21-36.

[21] 中国软件测评中心. 第十五届中国政府网站绩效评估总报告(节选)第三节 地方政府网站评估指标[EB/OL]. [2017-10-05]. http://www.cstc.org.cn/wzpg2016/zbg/pgbg_detail.jsp?id=128305.

[22] 姜吉栋, 彭洁, 赵辉. 网站影响力评价研究现状综述[J]. 情报科学, 2015(9): 157-161.

[23] Ingwersen P. The calculation of web impact factors[J]. Journal of Documentation, 1998, 54(2): 236-243.

[24] Thelwall M. An initial exploration of the link relationship between UK university web sites[J]. Aslib Proceedings, 2002, 54(2): 118-126.

[25] Rassi M, Dizaji A J, Mousavizadeh Z, et al. Assessment of visibility and web impact factor (WIF) of food science & technology institutes websites based on webometrics scales[J]. Iranian Journal of Nutrition Sciences & Food Technology, 2013, 7(5): 449-458.

[26] Jalal S K, Biswas S C, Mukhopadhyay P. Web impact factor and link analysis of selected Indian universities[J]. Annals of Library & Information Studies, 2010(2): 109-121.

[27] Onyancha O B, Ocholla D N. The performance of South African and Kenyan Universities on the world wide web: A web link analysis[J]. Cybermetrics, 2007, 11(1): 2-10.

[28] 牛力, 韩小汀, 王为久. 政府档案网站影响力评价研究——基于我国省级档案网站的网络计量[J]. 档案学研究, 2013(6): 21-25.

[29] Doroudi F. Web applications of bibliometrics and link analysis[J]. Iranian Journal of Information Processing & Management, 2010, 25(3): 549-567.

[30] Li X. A review of the development and application of the web impact factor[J]. Online Information Review, 2013, 27(6): 407-417.

[31] 曹梅, 闵宇锋. 教育网站影响力评价的实证研究——基于我国31个省级教育门户网站的网络计量[J]. 开放教育研究, 2011, 17(6): 104-110.

[32] World Wide Web Foundation. Open data barometer global report (fourth edition)[EB/OL]. [2017-10-26]. https://opendatabarometer.org/doc/4thEdition/ODB-4thEdition-GlobalReport.pdf.

[33] OpenDatasoft. Resources OpenDatasoft[EB/OL]. [2017-10-02]. https://www.opendatasoft.com.

[34] 李江. 网络影响因子的三大缺陷探析[J]. 图书情报工作, 2008, 52(5): 108-110, 114.

[35] Open Government Partnership. Participants[EB/OL]. [2017-10-02]. https://www.opengovpartnership.org/participants.

[36] International Monetary Fund. World economic outlook[EB/OL]. [2017-11-02]. https://www.imf.org/en/Publications/WEO/Issues/2017/09/19/world-economic-outlook-october-2017.

[37] United Nation. National accounts main aggregates database[DB/OL]. [2017-11-02]. https://unstats.un.org/unsd/snaama/Index.

[38] 张晓娟, 孙成, 向锦鹏, 等. 基于国际评估体系的政府数据开放指标特征与模式分析[J]. 图书与情报, 2017(2): 28-40.

附录 A

部分国家在各指标上的得分情况

序号	国家	网页总数	入链数	入链网站数	全球流量排名	蹦失率/%
1	英国	3100000	3323715	14861	77187	48.5
2	加拿大	291000	1554660	1531	3314	44.4
3	法国	180000	759257	4229	88150	59.7
4	美国	1890000	795849	7237	39072	47.1
5	韩国	184000	159962	1101	127834	31.1
6	澳大利亚	114000	111752	1256	279451	54.8
7	新西兰	5950	3867	403	1240313	40
8	日本	130000	6282	326	438904	58.5
9	荷兰	74000	9281	522	28146	25
10	挪威	3210	16124	367	275541	62.8
11	墨西哥	252000	316470	610	44421	71.7
12	西班牙	81500	74025	746	413452	49.4
13	丹麦	47	1875	11	799374	55.6
14	奥地利	25800	31980	452	708848	43.6
15	瑞典	18600	1625	97	4836463	72.7
16	德国	20700	213232	699	1184494	48
17	乌拉圭	175	5018	132	7392609	null
18	巴西	658000	49054	676	134848	64.8
19	瑞士	31800	2095	197	1263934	34.3
20	意大利	46500	3065342	1428	925988	44.4
21	芬兰	9	45	16	11013965	null
22	菲律宾	48400	1007	199	3280376	64.9
23	新加坡	208000	4130210	963	275709	47.6
24	哥伦比亚	137000	751582	401	362467	58.1
25	俄罗斯	158000	1274891	2324	612301	65.2
26	爱尔兰	20200	44911	145	863396	48.3
27	智利	18500	243713	250	1109174	46.2
28	以色列	99800	2463	101	1489626	32.1
29	比利时	14600	28542	151	1935113	56
30	斯洛伐克	107000	8663	91	null	null
31	捷克	33400	11705	412	11882070	null
32	摩尔多瓦	66700	41429	121	null	null

续表

序号	国家	网页总数	入链数	入链网站数	全球流量排名	蹦失率/%
33	印度	67400	98873	1307	41116	49.6
34	葡萄牙	2280	3028	108	4564038	null
35	肯尼亚	313000	2325	221	1598482	41.9
36	希腊	39300	32548	223	1457790	36.2
37	印度尼西亚	40600	101105	121	205179	52.7
38	格鲁吉亚	30900	32281	84	7526331	79
39	保加利亚	35700	50290	167	null	null
40	牙买加	993	58	22	19473182	null
41	乌克兰	99100	131071	590	406794	51.4
42	南非	439	25	11	4313175	43.8
43	北马其顿	46	79	21	null	null
44	阿尔巴尼亚	23500	88085	87	1015042	45.1
45	突尼斯	2180	4721	80	5958039	57.1
46	巴拉圭	122000	1923	33	2932207	50
47	马来西亚	48400	84461	321	394731	38.9
48	玻利维亚	32600	3	3	16937144	null
49	泰国	2200	8182	158	1168577	44.7
50	克罗地亚	9470	15425	163	null	null
51	阿联酋	12800	22	9	null	null
52	加纳	338	568	82	4443357	51.7
53	坦桑尼亚	158000	707	47	957202	43.6
54	布基纳法索	4050	1529	53	4324561	31.6
55	尼日利亚	1880	329	21	438476	33.6
56	哥斯达黎加	1080	366	54	null	null
57	巴林	102	62779	81	2764924	24.1
58	摩洛哥	185000	4368242	544	1576900	55
59	埃塞俄比亚	122000	88	4	2656502	35.5
60	尼泊尔	7130	1254	38	1566299	65.2
61	乌干达	116000	113	10	2376996	30.5
62	白俄罗斯	4570	1860	73	4802946	75.5
63	孟加拉国	556	8	6	2078532	33
64	塞拉利昂	807	2	1	13539687	null

注：null 表示该国开放数据平台在该指标上未获取数据

附 录 B

部分国家开放数据平台在 F_1 与 F_2 因子上的评分及综合评分

排名	国家	F_1	F_2	综合评分 S	排名	国家	F_1	F_2	综合评分 S
1	英国	5.63	−0.79	3.06	24	德国	−0.10	0.20	−0.01
2	美国	2.39	0.07	1.40	25	乌干达	−0.36	0.79	−0.01
3	加拿大	1.04	0.49	0.72	26	印度尼西亚	−0.15	0.29	−0.02
4	法国	0.89	−0.29	0.45	27	阿尔巴尼亚	−0.24	0.44	−0.03
5	韩国	0.11	1.39	0.40	28	孟加拉国	−0.40	0.77	−0.05
6	荷兰	−0.12	1.79	0.37	29	爱尔兰	−0.24	0.32	−0.06
7	俄罗斯	0.87	−0.75	0.32	30	墨西哥	0.19	−0.74	−0.07
8	马来西亚	−0.15	0.95	0.15	31	泰国	−0.30	0.43	−0.07
9	尼日利亚	−0.27	1.24	0.15	32	日本	−0.14	−0.10	−0.10
10	印度	0.04	0.46	0.14	33	埃塞俄比亚	−0.37	0.44	−0.11
11	以色列	−0.28	0.98	0.08	34	挪威	−0.19	−0.26	−0.17
12	巴西	0.29	−0.42	0.07	35	丹麦	−0.29	−0.03	−0.18
13	瑞士	−0.29	0.94	0.06	36	比利时	−0.34	−0.41	−0.29
14	澳大利亚	0.05	0.11	0.06	37	布基纳法索	−0.57	0.15	−0.30
15	西班牙	−0.07	0.37	0.05	38	巴拉圭	−0.39	−0.41	−0.32
16	乌克兰	−0.05	0.27	0.04	39	尼泊尔	−0.34	−0.77	−0.38
17	奥地利	−0.19	0.61	0.04	40	南非	−0.58	−0.49	−0.45
18	希腊	−0.28	0.77	0.03	41	加纳	−0.57	−0.95	−0.56
19	肯尼亚	−0.14	0.40	0.02	42	菲律宾	−0.43	−1.29	−0.56
20	坦桑尼亚	−0.21	0.53	0.01	43	突尼斯	−0.69	−1.70	−0.81
21	巴林	−0.42	1.01	0.01	44	瑞典	−0.58	−2.17	−0.87
22	智利	−0.14	0.33	0.00	45	白俄罗斯	−0.59	−2.31	−0.90
23	新西兰	−0.27	0.65	0.00	46	格鲁吉亚	−0.77	−3.34	−1.26

彩 图

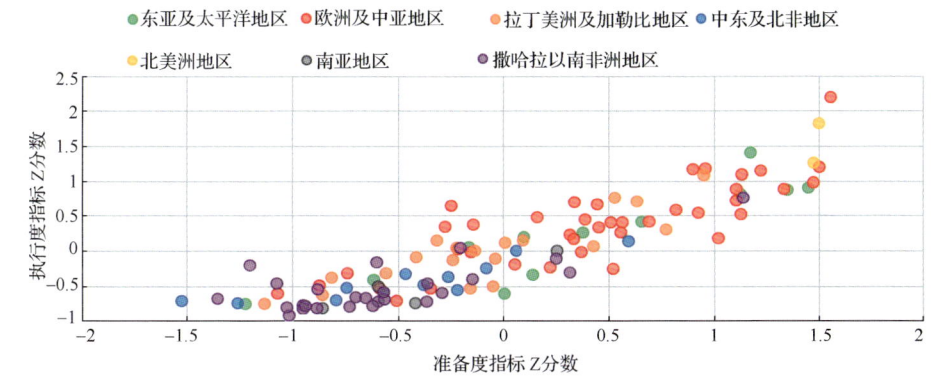

图 7-2 2016 年开放数据晴雨表准备度与执行度散点图

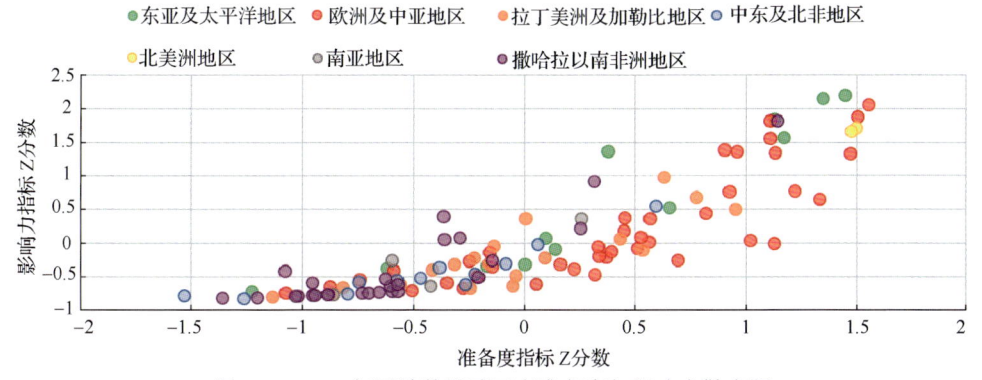

图 7-3 2016 年开放数据晴雨表准备度与影响力散点图

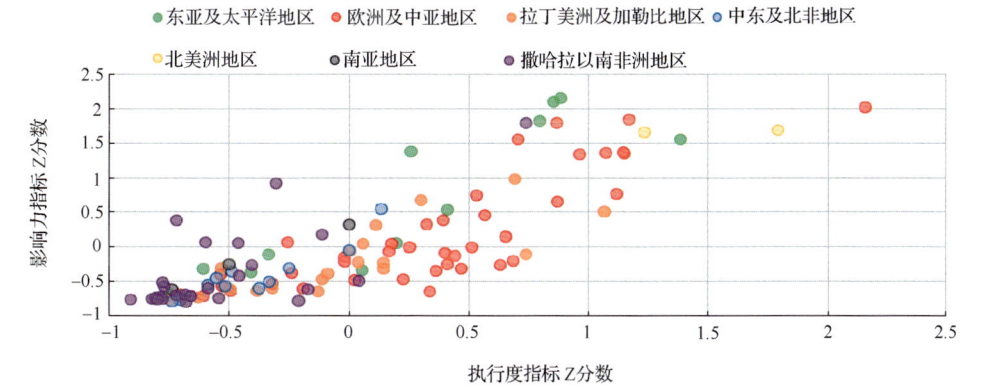

图 7-4 2016 年开放数据晴雨表执行度与影响力散点图

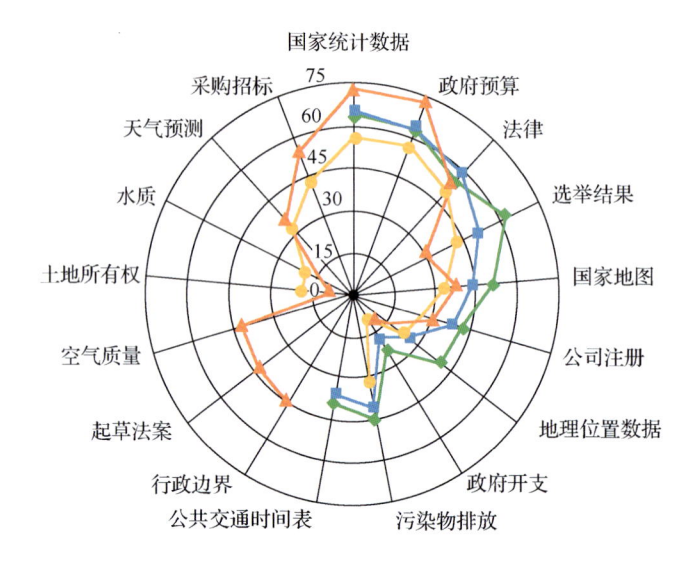

图 7-6 2013~2016 年全球开放数据指数的全球平均指标得分

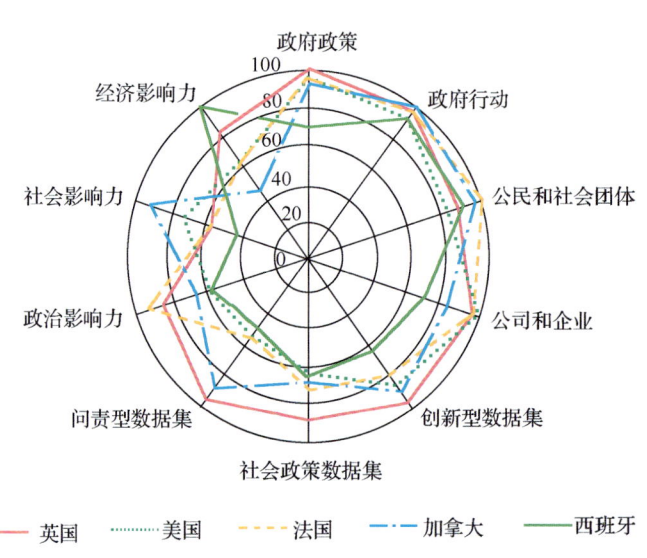

图 7-12 2016 年开放数据晴雨表各国指标得分雷达图

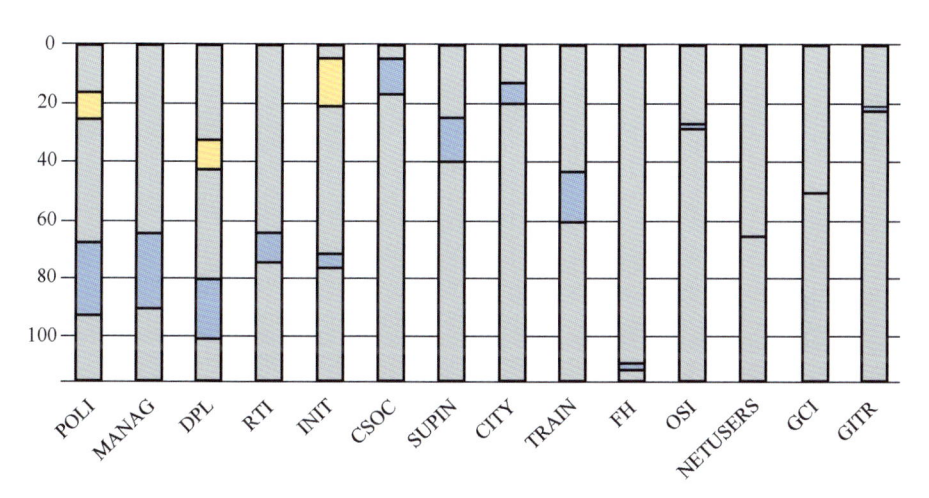

图 7-13 我国准备度提升的预期结果

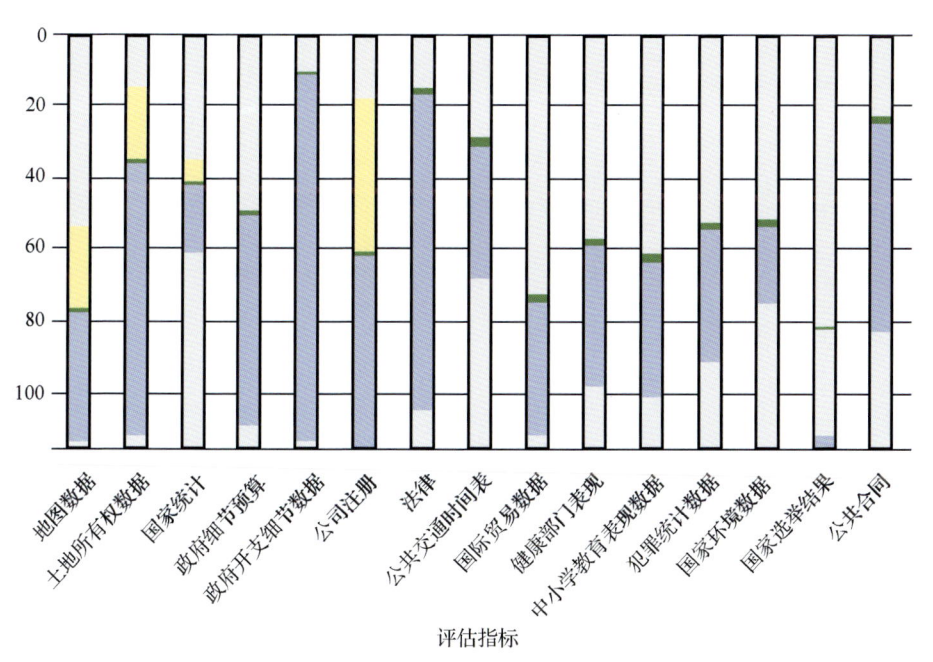

图 7-15 我国执行度提升的预期结果